炮舰外交的终结：转折年代的中英关系
（1949—1950）

吴泉成◎著

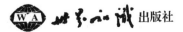

世界知识出版社

图书在版编目（CIP）数据

炮舰外交的终结：转折年代的中英关系：1949-
1950 / 吴泉成著 . --北京：世界知识出版社，2024.5
ISBN 978-7-5012-6636-4

Ⅰ. ①炮… Ⅱ. ①吴… Ⅲ. ①对华政策—研究—英国—
1949-1950 Ⅳ. ①D822. 356. 1

中国国家版本馆 CIP 数据核字（2023）第 065659 号

责任编辑	狄安略　蒋少荣
责任出版	赵　玥
责任校对	张　琨

书　　名	**炮舰外交的终结：转折年代的中英关系（1949—1950）**
	Paojian Waijiao de Zhongjie：Zhuanzhe Niandai de Zhongying Guanxi（1949-1950）
作　　者	吴泉成
出版发行	世界知识出版社
地址邮编	北京市东城区干面胡同 51 号（100010）
网　　址	www.ishizhi.cn
电　　话	010-65233645（市场部）
经　　销	新华书店
印　　刷	北京虎彩文化传播有限公司
开本印张	710 毫米×1000 毫米　1/16　15⅜印张
字　　数	253 千字
版次印次	2024 年 5 月第一版　2024 年 5 月第一次印刷
标准书号	ISBN 978-7-5012-6636-4
定　　价	88.00 元

目 录

第一章 绪论

一、研究意义

1949—1950 年是中国非常重要的历史时期。在这一时期，中国国内经历了解放战争、新中国的成立等重大历史变革。新中国成立后，既有恢复经济建设的重担，又面临着复杂的国际环境，如朝鲜战争爆发、以美国为首的西方集团对新中国实行封锁与禁运等。面对新中国的成立、朝鲜战争的爆发和美国强加给中国的贸易禁运，英国对华政策处于不断调整和变化的过程中。但是，无论是对台湾当局还是刚刚成立的新中国，英国对华政策调整的目标是不变的，即最大程度地维护英国在华经济利益。

第二次世界大战后期，英国就开始考虑在战后恢复其在华经济利益。二战结束后，英国把主要精力放在国内经济恢复和欧洲事务上。在中国问题上，主要是恢复和扩大受日本侵华战争影响的在华商业利益。英国希望战后出现的是一个相对稳定且又亲西方的中国，这不仅是维护英国在整个远东地区政治影响的重要因素，也是维护英国在该地区的经济利益的保障。同时，英国对华政策又有其矛盾的一面。面对中国国共双方矛盾与内战问题，虽然英国保持"中立"态度，但又非真正的中立，如英国曾向国民党租借海军军舰，为国民党军队提供军事训练顾问，还提供船舶协助运输数十万国民党军队到北方反共内战前线，等等。与此同时，恢复和扩大对华贸易（如航运利益和石油贸易）是维护英国在华经济利益的重要内容。为此，英国又不断向国民党政府施加压力，谋求进行新商约谈判，扩大在华贸易活动。然而，由于国民党政府的消极推诿和中国商业团体的反对，特别是美国不断扩大在华商业活动，英国维护和扩大在华商业利益的目标并没有完全实现。1948 年年底到 1949 年年初，当中国政治局势日趋明朗，中国人民解放战争不断取得胜利，国民党军队节节败退之际，为了维护在华巨大的经济利益，英国再一次调整对华政策，谋求对中国共产党采取主动接触的外交策略，但又不愿放弃与国民党政府的官方联系。1949年4月底，南京解放后，英国宣布：英国将致力"与共产党政权建立友好关系，将不影响英国与国民党政府的现有的关系"。[①] 英国的这种骑墙政策既没有给其主动接触中国共产党带来便利，也招致蒋介石政府的强烈不满。同时，英国对华政策中的传统炮舰外交思维仍在作祟。正因为如此，在中国解放战争发展进程中，英国与中国共产党之间发生了"紫石英号（Amethyst）事件"，与国民党之间发生了"安契塞斯号（Anchises）事件"。由于英国对华政策中维护其在华经济利益的初衷，因而在上述事件中，英国又表现出不同的具体策略。

新中国成立后，英国为维护在中国内地经济利益和在香港的利益，不顾美国的反对，率先在外交上承认中华人民共和国。然而，英国依然采取先前的骑墙政策，仍与台湾当局保持联系，如保留在台湾淡水的"领事馆"，这成为中英建交谈判的最大障碍。与此同时，美国对新中国不断强化贸易禁运政策，国民党在美国的怂恿下亦在加强对新中国的封锁，使得英国维护在华经济利益进展得并不顺利。朝鲜战争爆发后，在美国的政治和经济强压之下，英国不得已对新中国实行全面贸易禁运，英国在华商业利益受到严重冲击，这也成为日后英国率先打破美国对华禁运的重要原因。

目前学界对这一时期的英国对华政策已经有了较为深入的研究，如英国对新中国外交承认问题、新中国在联合国代表权问题、新中国对台湾的主权问题等，对这一时期的中英关系已经有了较为详细的阐述。同时，这一时期的英国对华政策中还有一些问题是目前学界关注不多的，如英国对华采取"门内留一只脚"的政策，对中国共产党采取主动的外交策略，拒绝国民党就英国大使馆南迁的请求，坚持英国驻华大使馆和大使留在南京，推动与美国等西方国家达成驻华大使馆留在南京的"共同阵线"（A Common

---

① Evan Luard, *Britain and China* (London: Chatto & Windus, 1962), p.73.

Front），以增加对新中国的外交承认和维护在华经济利益的筹码。但是，由于美国对华政策的调整，即撤走驻华大使司徒雷登（John Leighton Stuart），一度得以维持的"共同阵线"难逃瓦解的命运。又如，英国对华政策调整的主要目标是维护其在华经济利益，本书部分章节内容将重点对英国如何维护其对华航运贸易和石油贸易进行论述。由于朝鲜战争的爆发和以美国为首的西方集团对华实施贸易禁运，即使英国不断调整对华贸易政策，仍无法逃脱对华贸易近乎停滞的结果。再如，新中国成立初期的英国海上越境事件。事件发生在中国人民解放战争的尾声，又正值朝鲜战争的爆发和美国对华贸易禁运的不断加强，英国对华传统的炮舰外交思维仍在作祟。事件发生后，英国一度摆出昔日大国强权外交的姿态。然而，由于自身实力所限和英国在海上越境事件中的法理不足，以及其维护在华经济利益的初衷，英国转而采取了克制的态度。中国政府在该事件上始终保持了克制的态度，既严正谴责英方侵犯中国领海主权的行径，表示坚决捍卫中国领海主权的决心毋庸置疑，同时又采取了有理有利有节的态度，谨慎处理越境事件，即使在美、英对华实施贸易禁运之后，仍然在很大程度上保证了香港的稳定和经济的发展，有利于中英关系的进一步发展。

结合这一时期中国国内、国际形势，分析英国是如何根据自身在华经济利益和对华战略目标，为维护在华利益而采取对中国共产党主动的外交策略，又是如何处理与中国共产党和国民党的矛盾与分歧，以及为维护在华经济利益而采取了哪些措施，可以较为清晰地看到这一时期英国对华政策的发展脉络，以进一步认清英国对华推行现实主义外交政策的本质。

二、研究现状

（一）英国对华政策的研究

20 世纪 70 年代英国外交部相关档案解密以前，英国学者对英国对华政策的研究成果，比较重要的是布莱恩·皮特的著作《英国与中华人民共和国的兴起：1945—1954 年英国态度研究》①。作者借助议会辩论资料、政府档案资料以及媒体报刊等资料，重点研究英国对新中国的承认问题、台湾问题以及英国对朝鲜战争的反应。另一部是简恩的《世界政治中的中国：中英关系研究（1949—1975）》②。该书对新中国成立后到中英正式建交期间的中英关系中的一些重要问题展开论述，如英国对新中国的承认问题、朝鲜战争问题、台湾问题、中国在联合国的合法席位问题等。此外，还有罗伯特·博德曼的《英国与中华人民共和国（1949—1974）》③，作者借助报刊文献等资料，重点梳理了 20 世纪 50 年代的英国对华政策及其变化过程。这一时期，国外学者大都依靠英国政府的公开文件、报刊资料以及其他二手资料进行研究，而且有些学者的研究时间跨度较长。总体上学界在这一时期对新中国成立后的英国对华政策有一定的研究。

　　20 世纪 70 年代中英建立大使级外交关系后，关于中英关系的英国外交档案大量解密，带动了西方学者从事中英关系的研究，邓特唐的《英国遭遇革命的中国，1949—1954》④ 就是其中之一。该书借助英国外交部的解密档案，对新中国成立后，英国对新中国的外交承认、中国在联合国的代表权问题以及两国代办级外交关系的建立等问题予以重点分析和研究。戴维·克莱顿的《重新审视帝国主义：英国与中国的政治、经济关系，1950—1954》⑤ 着重探讨了这一时期英国与中国围绕对新中国的外交承认、台湾问题和贸易禁运等问题上的互动。彼得·洛的《遏制东亚冷战：英国对日本、中国和朝鲜的政策，1948—1953》⑥、迈克·多克瑞等人主编的

---

① Brain Porter, *Britain and the Rise of Communist China：A Study of British Altitudes，1945-1954* (London：Oxford University Press，1967).

② Jagdish P. Jain, *China in World Politics：A Study of Sino-British Relations，1949–1975* (London：Martin Robertson & Co. ，1976).

③ Robert Boardman, *Britain and the People's Republic of China，1949–1974* (London and Basingstoke：Macmillan Press，1976).

④ James Tuck-hong Tang, *Britain's Encounter with Revolutionary China，1949-1954* (St. Martin's Press，1992).

⑤ David Clayton, *Imperialism Revisited：Political and Economic Relations between Britain and China，1950-1954* (Macmillan Press Ltd. ，1997).

⑥ Peter Lowe, *Containing the Cold War in the East Asia：Britain Policies toward Japan，China and Korea，1948-1953* (Manchester and New York：Manchester University Press，1997).

《英国对外政策，1945—1956》① 等专著的部分章节论述了英国对华的政治、经济政策，在研究英国对华政策方面有较大的参考价值。

20 世纪 80 年代以后，一些留学英国的华人学者利用英国解密档案对 20 世纪 50 年代的英国对华政策进行了较多研究，如华人学者邵文光的《中国、英国和商人：政治和商业联系，1949—1957》② 一书考察了 1949—1957 年这一时期中英两国之间政治和商业关系的发展过程，部分内容还涉及美国对华贸易禁运政策对英国对华政策的影响。冯仲平的《英国对华政策，1945—1950》③ 论述了二战结束到朝鲜战争爆发这一历史时期的英国对华政策，受中国国内政治局势的变化以及新中国成立后美国对华政策等因素的影响，英国不断调整对华政策以极力维护其在中国和远东的利益。

有关英国对华政策的研究，国外学界主要集中在新中国成立后的英国对华政策。从现有研究成果来看，多集中在英国对新中国的外交承认、中国在联合国代表权、英国在香港和台湾问题上的政策等问题。学者们也都注意到了英国在实行对华政策中的一些基本出发点，如维护在华的贸易和商业利益，保证英国在香港的利益，离间新中国与苏联的同盟，维持英国在东南亚地区的利益存在，等等。同时，国外学者也意识到，英国对华政策的制定和实施无法避开美国对华政策的影响，甚至受其左右。

由于档案资料的缺乏，国内学界就英国对华政策研究起步较晚。萨本仁、潘兴明的《20 世纪中英关系》④ 和王为民的《百年中英关系》⑤ 全面梳理了近百年来中英两国关系的发展历程，有助于了解两国关系发展的基本脉络和主要特征。徐蓝的《英国与中日战争（1931—1941）》⑥ 一书研究了 1931—1941 年日本侵华战争期间，英国对日本的绥靖政策的产生、演

---

① Michael Dockrill and John Young, *British Foreign Policy*, *1945-1956* (London：The Macmillan Press, 1989).

② Wenguang Shao, *China*, *Britain and British Businessmen*：*Political and Commercial Relations*, *1949-1957* (London：The Macmillan Press, 1991).

③ Feng Zhongping, *The British Government's China Policy*, *1945-1950* (Keele：Keele University Press, 1994).

④ 萨本仁、潘兴明：《20 世纪的中英关系》，上海人民出版社，1996。

⑤ 王为民主编《百年中英关系》，世界知识出版社，2006。

⑥ 徐蓝：《英国与中日战争（1931—1941）》，首都师范大学出版社，2010。

变和最后失败的历史进程，以及这一政策如何不断地鼓励日本法西斯扩大侵华战争，如何对日本发动太平洋战争起到重要作用。李世安的《太平洋战争时期的中英关系》①一书将关注重点放在了太平洋战争时期的中英关系上，并在这一基础上，对英国对中国共产党的态度、国共双方间的矛盾以及国内政治形势进行了深入的研究。该书对英国对解放战争政策的发展以及英国对新中国的外交承认决策的分析在国内有着重要影响。

近些年，随着研究的深入，国内学者把关注的重点放在以下一些新中国成立后英国对华政策中的重大问题上，并且取得了较大的研究成果。

1. 英国对新中国的外交承认问题

这些研究包括金光耀的《1949—1950 年英国对新中国的承认》②、徐友珍的《走向承认：英国承认新中国之决策背景分析》③《走向半外交关系：1950—1954 年的中英建交谈判》④ 等。面对新中国成立的事实，出于维护其在华利益的考虑，受英国国内舆论的变化以及在英国驻华外交官、在华商业团体的推动下，英国政府对新中国的决策取向经历了从力图与新中国建立事实联系到走向事实承认再到法律承认的递进过程。虽然受到美国对华政策的掣肘，两国并未建立大使级外交关系，但是英国保持了在华有限存在与部分既得利益，并成为西方大国与新中国建立官方关系的先行者。中英代办级外交关系的建立亦让西方大国在中美敌对时期向中国打开了一扇观察和对话的窗口。有些学者还将研究视角进行了延伸，关注英美对承认新中国政策的分歧与协调，如徐友珍的《分歧与协调：美英关系中的承认新中国问题（1949—1951 年）》⑤ 和《论美英在承认新中国问题上

---

① 李世安：《太平洋战争时期的中英关系》，中国社会科学出版社，1994。
② 金光耀：《1949—1950 年英国对新中国的承认》，《历史研究》1994 年第 5 期。
③ 徐友珍：《走向承认：英国承认新中国之决策背景分析》，《武汉大学学报（人文科学版）》2004 年第 1 期。
④ 徐友珍：《走向半外交关系：1950—1954 年的中英建交谈判》，《史学集刊》2013 年第 5 期。
⑤ 徐友珍：《分歧与协调：美英关系中的承认新中国问题（1949—1951 年）》，武汉大学出版社，2007。

各行其是的深层原因》①、刘成的《试论英美两国在承认新中国问题上相悖的原因》②、陶文钊的《1949—1950 年美国对华政策与承认问题》③ 等。受英美不同的战略和利益诉求的影响，英美在新中国成立之初在是否承认新中国问题上的立场明显不同：英国主张尽早承认，尽管其决策取向经历了一个从事实承认到法律承认的递进过程；美国则始终坚持反对过早承认和主张有条件承认，具有不承认的实质性倾向，这注定了美国在这一时期不承认新中国的结果。1949 年 7 月至 1950 年年初，美英就承认新中国问题不断进行磋商，但整个协商的过程表明双方各执己见。

2. 新中国在联合国的代表权问题

这方面研究包括王建朗的《新中国成立初年英国关于中国联合国代表权问题的政策演变》④、徐友珍的《1950 年英美向五届联大提交的台湾问题提案》⑤ 等。围绕中国在联合国的代表权问题，英国的投票立场经历了从弃权、赞成中国代表权变更到最终支持美国在联合国搁置对中国代表权问题讨论的演变过程。受美国对新中国和台湾政策的影响，以及考量英国在台湾的利益因素，英国赞成新中国取得合法代表权并不意味着取缔台湾当局的非法"代表"，其政策转轨亦不同步。同时，英美两国在新中国在联合国代表权问题上存在分歧。

3. 中英香港问题

这方面研究包括孙扬的《无果而终：战后中英香港问题交涉（1945—1949）》⑥、陈谦平的《五十年代初期中英外交与香港》、冯仲平的《论战后英国在香港问题上的态度（1945—1949）》、刘存宽的《英国重占香港

① 徐友珍：《论英美在承认新中国问题上各行其是的深层原因》，《世界历史》2006 年第 1 期。
② 刘成：《试论英美两国在承认新中国问题上相悖的原因》，《南京社会科学》1999 年第 10 期。
③ 陶文钊：《1949—1950 年美国对华政策与承认问题》，《历史研究》1993 年第 4 期。
④ 王建朗：《新中国成立初年英国关于中国联合国代表权问题的政策演变》，《中国社会科学》2000 年第 3 期。
⑤ 徐友珍：《1950 年英美向五届联大提交的台湾问题提案》，《世界历史》2005 年第 4 期。
⑥ 孙扬：《无果而终：战后中英香港问题交涉（1945—1949）》，社会科学文献出版社，2014。

与中英受降之争》、刘蜀永的《英国对香港的政策与中国的态度（1948—1952）》、邢悦的《建国前后中英两国对香港的政策及其影响》等，① 研究范围从二战束后的香港地位问题至新中国成立后英对香港的政策。二战胜利后，英国把"保住"香港和当时英国在全球范围的冷战战略联系起来，视香港为英国维护国家利益的重要一环，所以当国民党政府表现出收回香港的意图时，遭到英国政府强烈抵制。在美国总统杜鲁门的默许下，英国坚持独自接收并最终成功重占香港。新中国成立前夕，特别是"紫石英号事件"发生后，英国开始着手"香港防御计划"。新中国成立后，英国政府为保证对香港的控制，积极准备在外交上承认新中国。新中国亦谨慎处理有关香港的各种问题，保证了香港的社会稳定与经济发展，也为日后香港回归奠定了基础。

4．"紫石英号事件"

国内学者依据英国外交部解密档案、中国政府开放的档案以及一些当事人的回忆录，对"紫石英号事件"进行了深入的研究，相关成果有余子道的《"紫石英"号事件与炮舰政策的终结》、陈谦平的《论"紫石英"号事件》、王建朗的《衰落期的炮舰与外交——"紫石英"号事件中的一些问题再探讨》、吴化和张素林的《"紫石英号"事件中的外交谈判》等。② "紫石英号事件"影响深远，可以视为新中国成立前夕中英关系中的一次重大事件。无论是中国共产党还是英国，在处理"紫石英号事件"的问题上都比较克制。英国受实力的限制，无法实施其往昔的炮舰外交政策，不得不以新的目光来审视中国共产党，以新的方法来处理它与新中

---

① 陈谦平：《五十年代初期中英外交与香港》，胡春惠主编《〈五十年来的香港、中国与亚洲〉论文集》，五十年来的香港、中国与亚洲国际学术研讨会，香港，2000；冯仲平：《论战后英国在香港问题上的态度（1945—1949）》，《世界历史》1993 年第 3 期；刘存宽：《英国重占香港与中英受降之争》，《抗日战争研究》1992 年第 2 期；刘蜀永：《英国对香港的政策与中国的态度（1948—1952）》，《中国社会科学》1995 年第 2 期；邢悦：《建国前后中英两国对香港的政策及其影响》，《山西大学学报》1995 年第 4 期。

② 余子道：《"紫石英"号事件与炮舰政策的终结》，《军事历史研究》1989 年第 1 期；陈谦平：《论"紫石英"号事件》，《南京大学学报（哲学·人文·社会科学版）》1998 年第 2 期；王建朗：《衰落期的炮舰与外交——"紫石英"号事件中的一些问题再探讨》，《近代史研究》2001年第 4 期；吴化、张素林：《"紫石英号"事件中的外交谈判》，《中共党史研究》2009 年第 3 期。

的关系。中国共产党在该事件中保持了审慎的处理态度，同时也向世界表明了中国共产党在维护国家主权方面不可低估的决心，这对于饱受帝国主义炮舰政策侵略与伤害达百年之久的中国人民而言，亦是扬眉吐气的时刻。"紫石英号事件"标志着列强炮舰政策在中国的终结，对于此后新中国外交的影响是不言而喻的。

5. 台湾问题

徐友珍的《1950 年英美向五届联大提交的台湾问题提案》、李世安的《战后英国在中国台湾问题上的两面政策》和《评朝鲜战争初期英国艾德礼政府的对台湾政策》、王建朗的《台湾法律地位的扭曲：英国有关政策的演变及与美国的分歧（1949—1951）》以及一些学者在自己的专著中的部分章节探讨了中英关系中的台湾问题。[①] 对于英国而言，其在台湾并无突出的现实利益，但是受到美国在亚洲冷战战略的影响以及在意识形态上对新中国的敌视，英国对台湾实行了自相矛盾的政策。新中国成立后，美英两国准备接受新中国解放台湾的可能。英国主张在适当的时候把台湾归还中华人民共和国，并建议由联合国成立特别委员会考虑将台湾归还中国的时机和条件。[②] 但是在朝鲜战争爆发后，美国转变对台政策，加强对台湾当局的军事援助，并把第七舰队置于台湾海峡，阻挠新中国解放台湾。英国出于现实考虑，不愿因台湾问题激怒中国而影响香港以及英国在中国的经济利益和英国在东南亚地区殖民地的统治，同时又要巩固美英特殊关系，因而采取了两面性政策，提出英国要遵守《开罗宣言》的承诺，将台湾交还中国，但并未明确是国民党政府还是中华人民共和国，并在台湾淡水留有"领事馆"。这与英国在外交上承认新中国的政策相悖，也成为英国在当时未能与新中国建交的一个重要原因。

---

① 李世安：《战后英国在中国台湾问题上的两面政策》，《世界历史》1994 年第 6 期；李世安：《评朝鲜战争初期英国艾德礼政府的对台湾政策》，《中国人民大学学报》1995 年第 2 期；王建朗：《台湾法律地位的扭曲：英国有关政策的演变及与美国的分歧（1949—1951）》，《近代史研究》2001 年第 1 期；徐友珍：《1950 年英美向五届联大提交的台湾问题提案》，《世界历史》2005 年第 4 期；徐友珍：《分歧与协调：美英关系中的承认新中国问题（1949—1951 年）》，武汉大学出版社，2007。

② 徐友珍：《分歧与协调：美英关系中的承认新中国问题（1949—1951 年）》，第 191 页。

（二）英美对华政策的比较研究

20 世纪 70—80 年代，伴随着英美外交档案的大量解密，很多学者开始对英美对华政策的比较研究给予关注。美国学者爱德温·W. 马丁的《抉择与分歧：英美对共产党在中国胜利的反应》① 利用了英、美两国最新解密的外交档案，主要对新中国成立前后以及新中国成立初期的英、美对华政策的差异和分歧进行分析，其中对美国驻华大使司徒雷登与中国共产党代表黄华接触的细节给予较多关注。华人学者翟强的《龙、狮和鹰：1949—1958 年的中、英、美关系》② 是一部影响力很大的著作。作者不仅利用英、美的最新解密档案，而且还借助华人的优势，使用了大量中文文献资料，为深入研究这一时期的中、英、美三国的互动提供了有力的材料支撑。该著作把研究框架放在更加宏大的中、英、美三国之间的三角关系大框架下，研究了从 1949—1958 年中、英、美三国之间的互动，包括了英、美对新中国的外交承认问题、中国在联合国的席位问题、朝鲜战争以及两次台海危机等重大事件，并且分析了中、英、美三国政策的形成及其相互影响和彼此的制约因素。

近些年，国内学者开始关注新中国成立前后英美对华政策的比较研究。徐友珍的《分歧与协调：美英关系中的承认新中国问题（1949—1951年）》就是其中之一。作者利用英国外交部和美国国务院的官方解密档案、美国总统公共文献、英国外交大臣的个人回忆录以及一些英、美、中各方当事人的回忆录，把研究框架定在 1949—1951 年新中国诞生、亚洲形势急剧变化、英美对华政策分歧最突出的这一关键时间段，重点就英、美对新中国的外交承认问题、新中国在联合国的代表权问题、新中国对台湾领土主权问题和新中国在对日媾和中的签约权等问题进行了详细的分析，而且侧重于英、美对华政策的互动研究。该著作在档案和文献的利用和解

---

① 爱德温·W. 马丁：《抉择与分歧：英美对共产党在中国胜利的反应》，姜中才、韩华等译，中共党史资料出版社，1990。

② Zhai Qiang, *The Dragon, the Lion, and the Eagle：Chinese-British-American Relations, 1949-1958*（New York：Cornell University Press, 1992）.

读方面，充分就不同文献予以比照，对关键文献进行完整解读。在丰富的档案文献基础上，作者对英、美在承认新中国等问题上形成和存在的分歧、双方在协调分歧的阶段变化及其结局进行了梳理，特别是在对新中国外交承认等问题的分析中，还加入了国际法的相关知识。不仅如此，作者还进一步深入挖掘了导致英、美对新中国承认问题上出现分歧的深层原因，诸如参与、影响、决策外交的其他政府部门以及政党政治、公众舆论、利益集团以及各自盟友的态度在特定时期和特定问题上的影响，并就英美在这一问题上的分歧与协调的结果对东亚局势所产生的影响进行了分析。该著作是国内学界近期对英美对华政策研究的一部有重要影响的著作。

此外，石俊杰的《分歧与协调：英美对华政策比较研究（1949—1969）》①对英美对华政策的比较研究也予以关注，不仅利用了英美的外交解密档案，还把研究时段延伸到 20 世纪 60 年代末，就对新中国的外交承认、朝鲜战争、对华贸易禁运、台湾问题、中国在联合国的合法席位问题以及越南战争等问题，英美如何协调双方存在的分歧及其结果进行了分析。此外，还有一些研究，如时殷弘的《英国、印度和美国对华政策》、郭又新的《盟友之间的争执——冷战初期美英在对华贸易管制上的分歧》和薛谋洪、吕杰的《英美特殊关系与英国对华政策（1949—1954）》②等，从不同角度研究了英美在新中国成立前后的对华政策。

三、研究内容

目前国内学界对 1949—1950 年的英国对华政策的研究已经取得大量成果，研究视角主要在英美两国的对华政策方面。同时，目前的研究成果也主要集中在一些问题上，如中英之间的香港问题、英美对新中国的承认问

---

① 石俊杰：《分歧与协调：英美对华政策比较研究（1949—1969）》，浙江大学出版社，2011。

② 时殷弘：《英国、印度与美国对华政策（1949—1950）》，《复旦学报（社会科学版）》1991 年第 6 期。郭又新：《盟友间的争执——冷战初期美英在对华贸易管制上的分歧》，《东南亚研究》2003 年第 2 期。薛谋洪、吕杰：《英美特殊关系与英国对华政策（1949—1954）》，西安交通大学出版社，2003。

题、英美对新中国在联合国代表权问题的态度、朝鲜战争、英美对华贸易禁运以及台海危机等问题。随着英国对华政策档案的解密以及中英两国学者研究的进一步深入，1949—1950年新中国成立前后之际的一些尚未被学者们所关注的问题有了更加便利的研究条件。

1949—1950年，正值中国革命形势飞速发展，国民党统治旧中国的结束，中国共产党领导下的新中国成立的时期，英国为了维护其在华经济利益，开始对中国共产党及新中国采取主动的外交政策。同时，伴随着解放战争进程的发展和新中国的成立，在调整对华政策的过程中，英国与国民党、中国共产党、美国在对华政策的诸多问题上发生了碰撞。本书在现有研究成果基础上，对新中国成立前后英国对华政策中的一些问题展开论述。

（一）1949年英国驻华大使馆南迁和"共同阵线"问题

该问题是英国对新中国采取主动外交政策的一个重要问题。1949年年初，英国对中国日趋明朗的发展形势作出判断与分析，为了维护英国在中国内地及香港的利益，能在与中国共产党建立联系和对新中国外交承认问题上争取主动，英国采取"门内留一只脚"的政策，即英国驻华使领馆留在原地，特别是英国驻华大使馆留在南京，而不随国民党政府迁往广州。英国还积极推动美国等西方国家达成各国驻华大使馆留在南京的"共同阵线"，以增加与中国共产党主动接触的筹码，并多次拒绝国民党政府要求英国大使馆南迁广州的请求。1949年春夏之交时，毛泽东和中共中央先后提出了"另起炉灶""打扫干净屋子再请客"以及"一边倒"的外交方针，中国共产党坚持不承认国民党政府时期的"外交关系"，视其"在华外交人员"为普通侨民，坚决清除帝国主义在华一切特权和影响，站在以苏联为首的社会主义阵营一边，所以英国想借大使馆留在南京和"共同阵线"谋求与中国共产党外交上的主动并和中国共产党建立联系的企图一直未能成功。美国随着对华政策的调整，先行撤回其驻华大使司徒雷登，英国极力维持的"共同阵线"随之瓦解。但是，英国在外交上承认新中国的既定政策和维护英国在华经济利益的初衷未变。本书第二章将对英国政府内部对英国驻华大使留在南京的决策以及英国促成和维持"共同阵线"及其瓦解过程展开详细论述。

（二）"紫石英号事件"

"紫石英号事件"是中英关系中的一次重要事件，对中英关系产生了重要影响。关于"紫石英号事件"问题，国内已经有了较为翔实的研究。本书在学界前辈研究的基础上，根据英国外交部的解密档案，不仅对该事件的发生过程，中英双方对该事件的态度和围绕该事件的谈判进行梳理并展开分析，还在此基础上，进一步挖掘关于该事件细节上的一些档案信息，如关于"紫石英号"的撤离问题。在事件的全过程中，英国在"紫石英号"的撤离问题上有过几次决策，为何前几次没能实施？又如，英国外交部、远东舰队和"紫石英号"舰长在关于军舰撤离问题的决策过程中各自发挥了什么样的作用？英国外交部、海军部和英国议会关于该事件又有怎样的互动。本书第三章通过对这些信息的梳理，就上述问题进行较为详细的分析。

（三）"安契塞斯号事件"以及英国与国民党的封锁与反封锁之争

新中国成立前夕，英国不断调整对华政策以维护自身在华经济利益，而上海又是英国在华商业利益最为集中的地方。上海解放后，上海市军管会为恢复上海经济建设重开上海对外航运。为阻止上海市军管会恢复上海经济的努力，国民党对上海及附近港口实行封锁，还对刚进入上海港的英国太古轮船公司（China Steam Navigation Co. Ltd.）商船"安契塞斯号"实施了两次轰炸。事件发生后，英国不仅对国民党表示强烈抗议，还否认其封锁的合法性并试图武装护航，但英国又受制于自身政治、经济实力，未能实现在该事件上的预期目标。"安契塞斯号事件"以及国民党的封锁，严重影响英国在上海的商业利益以及英国在东亚的航运贸易。但是，该事件并没有恶化英国与国民党的关系，英国在台湾淡水仍留有"领事馆"，英国与中国台湾地区仍保持着贸易关系，这恰恰反映出英国现实主义外交政策的特性。本书第四章围绕"安契塞斯号事件"以及英国与国民党围绕封锁与反封锁之争展开论述。

（四）英国对华航运贸易和石油贸易问题

1949 年年初，英国不断调整对华政策，将大使馆和大使留在南京并为此推动西方国家大使馆留在南京的"共同阵线"，主要目标就是维护英国在华经济利益，其中英国对华航运贸易和石油贸易又是英国在华重要的商业利益。1948 年年底至 1949 年年初，英国外交部、英国驻华大使、英国在华轮船公司和石油公司为维护在华航运贸易利益和石油贸易利益，试图既与解放区恢复和发展贸易关系，又与国民党控制地区保持贸易往来。但是，受到中国解放战争、新中国成立后废除外国在华特权、朝鲜战争爆发、美国等西方国家对华实施贸易禁运等因素的影响，英国政府和英国轮船公司、石油公司维护其对华航运贸易和石油贸易的努力付诸东流。本书第五章、第六章就英国为维护在华航运贸易和石油贸易而进行的政策调整和采取的措施以及英国对华贸易停滞进行论述。

（五）1950 年英国海上越境事件

新中国成立后，中国人民解放战争并没有停止，人民解放军与国民党仍在作战。1950 年 5—8 月，中国人民解放军发起解放广东万山群岛战役，万山群岛回到祖国的怀抱。由于万山群岛临近香港，在解放万山群岛战役期间，发生了英国军舰和空军进入中国内地海域、空域的越境事件。事件发生后，英国一度试图对中国实行昔日的炮舰外交政策，还提出所谓无害通过权并试图武装护航。在中英双方建交谈判陷入僵局，以及朝鲜战争爆发、美国实施对华贸易禁运等复杂环境下，加之英国政府自知法理上的不足，也为防止因该事件而影响英国在华利益，英国遂改变强硬的态度。中国政府始终保持克制和冷静的态度，中英双方为了维护香港的稳定作出了妥协，事件得以解决，在很大程度上保证了香港的稳定和经济的发展。该事件也为中国维护海权积累了经验。本书第七章围绕英国海上越境事件展开详细分析。

需要说明的是，当时中英双方对领海范围①、相关岛礁名称、双边关系、台湾问题等的认识存在分歧。新中国政府对于英方侵犯中国领海主权等行径予以了坚决的斗争，妥善处理了相关事件，捍卫了国家的主权和利益。

（六）结论

第八章是全书的结论，笔者试图在本章对相关史实进行梳理，围绕这一时期英国对华政策调整过程中的一些问题进行分析、总结，就目前国内学界在英国对华政策研究中的一些疑点提出自己的看法，总结英国对华政策调整与变化的相关因素、产生的影响以及启示。

---

① 1931年国民党政府照搬英、美等国的领海宽度和划法，规定中国的领海范围为3海里，毗连区为12海里，而这对于海岸线漫长但海军力量薄弱的中国来说实际是不利的。第二次世界大战后，英、美等海军强国仍主张领海宽度为3海里，而很多新兴的发展中国家多主张12海里，甚至更宽的领海宽度。新中国成立后，党和国家高度重视领海主权，颁布了一系列涉及领海问题的规章制度，并于1958年发表《中华人民共和国政府关于领海的声明》。该声明规定："中华人民共和国的领海宽度为12海里。这项规定适用于中华人民共和国的一切领土，包括中国大陆及其沿海岛屿，和同大陆及其沿海岛屿隔有公海的台湾及其周围各岛、澎湖列岛、东沙群岛、西沙群岛、中沙群岛、南沙群岛以及其他属于中国的岛屿。"该声明标志着新中国领海制度的初步建立，也成为捍卫我国领海主权、维护国家海洋权利的有力武器。1982年《联合国海洋法公约》通过。该公约规定："每一国家有权确定其领海的宽度，直至从按照本公约确定的基线量起不超过12海里的界限为止。"当前，世界上大多数国家都已采用12海里的领海制度。

第二章 1949 年英国大使馆南迁和 "共同阵线" 问题

　　1949 年年初，随着中国人民解放战争进程的推进，华北人民政府迁往北平，国民党政府准备南迁至广州，新中国的成立只是时间问题。为维护在华政治、经济利益，英国开始调整对华政策，采取对中国共产党主动的外交策略，即 "门内留一只脚"（Keeping a Foot in the Door）的政策，英国驻华大使馆和大使留在南京，以便在中国人民解放军解放南京后与中国共产党建立事实上的联系。虽然美国在承认新中国的问题上与英国背道而驰，但是两国就驻华大使馆和大使是否随国民党政府迁往广州的问题上达成一致，即两国驻华大使馆和大使留在南京，直到南京解放，而不随国民党政府迁往广州。不仅如此，英国还力促法国等其他西方国家同意采取与英、美一样的政策，并达成各国驻华大使馆和大使留在南京的 "共同阵线"（A Common Front）。① 英国试图借 "共同阵线" 对中国共产党施加政治和外交压力，谋求增加其在对新中国外交承认问题上的筹码，以达到维护其在华经济利益的目的。

　　面对以英、美为首的西方国家达成的 "共同阵线"，国民党政府不断向英、美等西方国家施加压力，希望英、美等西方国家同意其驻华大使馆和大使随国民党政府迁往广州，以表示对国民党政府 "道义" 上的支持。②

---

　　① "Possible Move from Nanking of the Chinese Government," From Nanking to Foreign Office, 17th January, 1949, FO 371/75794/786/10118/10.

　　② "Proposal of the Chinese Government That the British Embassy Should Follow Them Should They Leave Nanking for Canton," 14th January, 1949, FO 371/75794/788/10118/10, Foreign Office to Nanking.

出于维护在华政治、经济利益并应国民党政府的请求，英、美等西方国家只好派出外交代表随国民党政府迁往广州。南京解放后，英、美驻华大使尝试与中国共产党接触。然而，中共中央坚持不承认国民党政府时期的"外交关系"，不承认国民党政府时期的任何"外交机构"和"外交人员"的身份。虽然美国驻华大使司徒雷登与中国共产党接触，但并未达到影响中国共产党对外政策的预期目标。英国则更显被动，英国驻华大使施谛文（Ralph Clarmont Skine Stevenson）多次尝试与中国共产党接触，如试图借助解决"紫石英号事件"与中国共产党建立联系，却均未能如愿。与此同时，美国国务院出台对华政策白皮书并撤回美国驻华大使司徒雷登，"共同阵线"只剩下英国在苦苦支撑。新中国成立后，施谛文回国，英国极力推动西方国家驻华大使馆和大使留在南京的"共同阵线"瓦解，英国谋求与中国共产党建立事实上的联系，以达到维护其在华经济利益的企图失败。1950 年 1 月，英国率先在外交上承认中华人民共和国，中英双方开始了艰难的建交谈判。

第一节　英国大使馆南迁和"共同阵线"问题的缘起

1949 年年初，在中国人民解放军相继解放天津、北平之后，华北大部分地区解放，为解放长江以南地区奠定了基础。2 月初，华北人民政府迁到北平，为成立新中国做准备工作。与此同时，国民党政府一方面请求英、美等西方国家调停国共内战，另一方面准备南迁至广州。世界反法西斯战争胜利后，遭受战争重创的英国将主要精力放在国内经济恢复建设和欧洲事务上。在中国问题上，英国政策的目标是维护和扩大其在华经济利益。它一方面承认国民党政府作为反法西斯战争中大国的地位；另一方面国民党挑起内战后，英国在国共双方内战中采取"中立"政策。1948 年年底到 1949 年年初，面对中国政治局势的变化和解放战争的发展，英国开始调整对华政策，而形成新的对华政策就成为首先要解决的问题。

1948 年 11 月，密切关注中国局势发展的英国驻华代理大使蓝姆

（Lamb）向英国外交部提交了关于中国局势的报告，报告认为"共产主义最终支配整个中国是不可阻挡的，希望可以利用之后中国内部出现的变化，需要接受目前令人不快的政治局势，而不是试图支持一个没有希望的腐朽政权或是试图借助军队在南方建立新政府"，建议英国调整对中国的外交政策。① 此外，英国获悉国民党政府不仅准备迁往广州，还希望各国驻华大使馆也能迁往广州。② 12 月 4 日，英国外交部助理次官德宁（Maberly Esler Dening）向英国外交大臣贝文（Ernest Bevin）提交了外交部远东司关于中国局势的备忘录，认为"蒋介石领导下的国民党政府实际上已经失去了对长江以北地区的控制，面对来自共产党军队的压力，国民党军队不可能守住长江南岸区域。虽然蒋介石政府准备迁往广州，但也只是无效的抵抗。国民党政府已经腐败，共产党政权在管理和纪律上远远胜过国民党政府，共产党即将控制整个中国。如果对共产党采取拒绝的政策，将会难以利用英国在这些城市的资源。英国需要尽早制定新的对华政策"。③

12 月初，根据施谛文的建议以及德宁的备忘录，外交大臣贝文综合多方面意见，向英国内阁提交了题为"共产党中国局势"的备忘录。贝文认为，"共产党控制整个中国只是时间问题，而且共产党中国的胜利会对中国香港、马来亚、新加坡等地以及东南亚的外国属地，如印度支那、印度尼西亚等地区造成影响，会促使这些地区的共产党活动不断增强。同时，由于共产党政权缺乏经济建设和管理的经验，所以共产党在建立新政权后，不得不与外国发展贸易关系。英国在华有着大量的投资和企业，英国在中国沿海航运和内河航运上也有着重要的商业利益"。鉴于英国在华有重要的经济利益，贝文建议英国对新中国采取主动的外交政策，称"如果没有真正危险，我们将努力留在原地，与共产党政权保持事实上的联系"，

---

① "Appreciation of the Overall Military Situation in China Area by Area," From Nanking to Foreign Office, 18th November, 1948, FO 371/69542/16258.

② "Chinese Government Evacuation Plans," From Nanking to Foreign Office, 18th November, 1948, FO 371/69545/17208.

③ "Draft Paper on the Present Situation in China," Foreign Office Minute, 4th December, 1948, FO 371/69546/17560.

即"门内留一只脚"的政策。[①]

在中国解放战争进入胜利阶段后，英国驻华大使、英国外交部就对华政策相继表态，反映出了英国维护在华经济利益的迫切性，也表明英国已经开始在外交上准备采取对中国共产党主动的政策，而首先需要处理的问题就是英国驻华大使馆和大使的去留问题。贝文在备忘录里已经清楚地表明"努力留在原地"和"门内留一只脚"，这就意味着英国外交部要求英国驻华大使馆和大使，以及英国在中国其他城市的领事馆留在原地，等待新中国成立后，谋求与新政权建立联系。

1949 年 1 月初，节节败退的国民党政府请求英、美等国家调停国共内战，同时准备南迁到广州。1 月中旬，国民党政府外交部陆续通知英、美等外国驻华大使馆，希望外国驻华大使馆和大使能随国民党政府迁往广州。1 月 14 日，国民党政府驻英国大使郑天锡会见英国外交大臣贝文，郑天锡表示，"根据现在南京的严峻形势，国民政府准备迁往广州"。郑天锡向贝文建议，"作为团结和道义上的支持，希望英国政府可以允许英国驻华大使馆和大使随国民政府迁往广州"。由于英国外交部已经有了新的对华政策，对于郑天锡的要求，贝文并没有正面答复。此外，英国外交部也获悉，英国大量在华商业团体，如英商中华协会已经表示准备留在原地，并没有计划撤离中国。"如果英国驻华大使馆撤离，会导致英国在华商业团体陷入困境，在华利益受到损害。所以，大使馆和大使撤离的决定是不明智的。"[②]

在向英国发出大使馆南迁请求的同时，国民党政府还询问美国驻华大使司徒雷登的态度。司徒雷登表示，美国大使馆的迁移必须等待美国国务院的决定。在收到国务院的进一步说明之前，美国大使馆仍留在南京。就中国局势和大使馆是否迁移的问题，司徒雷登向美国国务院表明：一方面，"国民党政府的迁移表明，政府的权威、军事力量受到削弱，任何跟

---

①　"The Implications on British Policy and Interests in the Far East of a Communist Domination of China," Foreign Office Minute, 8th December, 1948, FO 371/69546/17564.

②　"Proposal of the Chinese Government That the British Embassy Should Follow Them Should They Leave Nanking for Canton," Foreign Office Minute, 14th January, 1949, FO 371/75794/788.

随它流亡的外国政府，都可能冒着与共产党新政权难以建立联系的风险"；另一方面，"需要维持国民党政府在国内和国际上的威望，目前国民党政府还是名义上的全国政府。更重要的是，即使国民党政府迁到南方，'自由主义国家'承认国民党政府，也有利于争取在联合国安理会确保投出友好的一票"。考虑到其他国家都在观望美国的态度，所以司徒雷登向国务院建议：（1）直到国民党政府主要机构迁到广州，美国大使馆才接受邀请迁往广州；（2）可以派大使级参赞路易斯·克拉克（Lewis Clark）前往广州，对外宣布美国将在广州建立大使馆。①不难看出，司徒雷登此项建议有着双重目的：其一，其本人继续留在南京，准备与解放南京后的中国共产党进行接触，试探中国共产党的对外政策；其二，由于美国的对华政策尚未明朗，派出克拉克前往广州，继续保持与国民党政府的联系，也是回应国民党政府所提出的"道义"上的支持。此举可谓一举两得，也反映出美国对中国局势和在对华政策上的观望态度。

1月15日，国民党政府外交次长叶公超正式通知英国驻华大使施谛文，希望英国驻华大使馆和大使能迁往广州，并表示会为大使馆提供交通运输的便利和在广州的驻地，并表明国民党政府也会向其他国家提出同样的请求。施谛文向英国外交部报告此事，认为国民党政府外交部此举是一种外交策略，意图破坏外国驻华大使馆的团结。施谛文坚持认为，根据以往的经验，英国驻华大使馆应该留在南京。同时，施谛文还致电英国驻广州领事柯希尔（Coghill），询问有关广州的情况。英国外交部回复施谛文，提出"努力与其他外国政府驻华大使馆达成'共同阵线'"的建议，即外国驻华大使馆一致同意不迁往广州的共同主张。施谛文表示会遵照外交部的要求，尽快与其他国家驻华大使馆进行磋商。②

1月下旬，郑天锡再次前往英国外交部，询问关于英国大使馆迁往广州的事宜。国民党政府之所以如此看重英国大使馆是否愿意迁往广州，是

---

① *FRUS*, 1949, The Far East: China, Vol. 8, pp. 657–659.

② "Possible Move from Nanking of the Chinese Government and the Request of the Chinese Ambassador in London That the Embassy Move with It," From Nanking to Foreign Office, 15th January, 1949, FO 371/75794/762.

因为已经知晓英国正主动谋求与中国共产党建立联系，而美国尚没有明确的对华政策，其他西方国家也对国民党政府南迁广州表现冷淡。若英国和其他西方国家在驻华大使馆是否留在南京的问题上趋于一致，即外国驻华大使馆留在南京而不随国民党政府迁往广州，这对于即将崩溃的国民党政府无异于雪上加霜，也会使其在国际社会上处于极为被动的境地。郑天锡表示，国民党政府将通知英国政府最终前往广州的日期，希望英国政府就英国驻华大使馆是否迁往广州一事尽快作出答复。对于国民党政府不断向英国施加的压力，外交大臣贝文答复郑天锡，英国政府不能对国民党政府作出承诺，表示会根据中国局势的发展而适时地作出决定。① 与此同时，英国外交部获得消息，国民党政府也向荷兰、法国等国家驻华大使馆询问有关大使馆是否随国民党政府迁往广州的事宜。

　　1 月 18 日，英国外交部助理次官斯卡莱特（Peter W. Scarlett）就中国问题和局势，向英国内阁提交了备忘录。在备忘录中，斯卡莱特表明了英国在承认新中国问题上的态度，还提到因外交承认问题所涉及英国驻华大使馆是否迁往广州的问题。斯卡莱特认为，承认问题涉及法律和政治问题。法律给出了承认或不承认各国政府的基本原则，但是适用于特定的情况，实际的政治局势对承认问题有着很大的影响。鉴于当时国民党政府请求英、美等国家调停中国国共的内战，中国有可能会出现一个以国共两党为主的联合政府，也有可能出现两个独立的且相互竞争的政府。针对第一种假设，斯卡莱特认为，联合政府主要由国民党和中国共产党组成，而且很可能是由中国共产党实际上掌握着政府的主导权。"在这种情况下，无论是在法律上，还是在事实上，都有必要承认这个联合政府是中国的实际政府。从法律上讲，我认为没有理由不承认，如果我们不这样做，我们会遇到无数的困难。真正的问题是，英国是否应该从一开始就承认由共产党主导的联合政府作为整个中国的事实上的政府，还是应该在法律上承认（de jure）该联合政府。如果我们只是事实上的承认（de facto），我们必须

① "Proposal of the Chinese Government That the British Embassy Should Follow Them Should They Leave Nanking for Canton," Foreign Office Minute, 14th January, 1949, FO 371/75794/788.

等待确认该联合政府是否得到整个中国的支持，特别是我们不确定联合政府是否会按照现有的国民党政府宪法原则予以建立。无论我们事实上还是法律上承认，我们只能承认一个公认的中国政府。同时，我们也必须清楚在联合政府中，国民党和共产党双方谁将派出驻联合国安理会的中国代表。"①

在第一种假设中，斯卡莱特提到两个问题：由中国共产党主导的联合政府和法律上还是事实上承认该联合政府。依照斯卡莱特的判断，根据当时中国解放战争形势的发展以及中国共产党在全国人民中的声望，若是中国出现联合政府，中国共产党将在该联合政府中发挥主导作用。如果出现这种局面，就会面临一个实际的问题，即对这个联合政府的承认问题。斯卡莱特提到两种承认方式，法律上的承认和事实上的承认。根据承认的内容和法律效力，国际法一般将外交承认分为法律上的承认和事实上的承认两种。法律上的承认也指正式承认，是承认国给予被承认国的新政府以一种完全的、永久的正式承认。这种承认意味着承认国与被承认国之间建立全面的正式外交关系。事实上的承认是一种非正式的承认，往往是因为既存国家对新生政府地位的巩固尚抱有怀疑的态度，或者是基于其他政治上的考虑暂时不愿与之建立正式关系，具有临时的、不稳定的性质。②承认一经作出，就会产生一系列的法律效果，法律上的承认将产生全面的法律效力，如两国关系正常化，双方可以建立正式外交关系和领事关系，双方可以缔结政治、经济、文化等各方面的条约或协定，承认被承认国的法律效力和司法管辖权的行政管辖权，承认被承认国的国家及其财产的司法豁免权。事实上承认的效果不如法律上的承认效果广泛，其效果主要有：承认被承认国的国内立法、司法权力和行政权力；被承认的国家在承认国法院享有司法豁免权；双方可以建立经济、贸易关系，缔结通商协定或其他非政治协定；接受被承认国的领事和商务代表；等等。③ 根据国际法关于承

---

① "Decision of the Chinese Government to move to Canton," Foreign Office Minute, 18th January, 1949, FO 371/75794/935.

② 梁西主编《国际法》（第一版），武汉大学出版社，1993，第98—100页。

③ 梁西主编《国际法》（第三版），武汉大学出版社，2011，第94—95页。

认的相关原则，可以从斯卡莱特的备忘录中看出，虽然英国政府已经明确英国的对华外交政策倾向于中国共产党，但是由于英国在意识形态和社会制度上对共产主义敌视，因而斯卡莱特以及英国外交部对可能出现的中国共产党主导的联合政府还是持犹豫态度，特别是涉及联合政府向联合国安理会派出代表的决定权问题，英国政府尚不能确定。

斯卡莱特又提出第二种假设：若是英、美调停失败，而国民党政府又可能不会完全崩溃，中国可能出现两个政府，这两个政府都声明是中国政府。一个是原先的国民党政府；另一个是在中国共产党领导下建立的新政府，或是由其主导的联合政府，该联合政府可能控制着中国的大部分地区。斯卡莱特认为中国当时局势与西班牙内战初期的情形类似。西班牙内战期间，出现了两个并立的政权，即共和政府军与人民阵线左翼联盟对抗以佛朗哥为首的右翼集团。在西班牙内战中，英国公开采取所谓的不干涉的"中立"政策，对这两个政权都予以承认。需要注意的是，英国之所以对西班牙采取"中立"政策和这种外交承认模式，有其深层的利益考虑。一方面，英国对西班牙共产主义仇视。西班牙内战前夕，左翼集团"人民阵线"组阁，这使英国政府担心苏联会借此不断向共和政府"渗透"，"威胁"英国在西班牙的政治和经济利益，特别是英国在西班牙大量的企业、投资以及进出口贸易。另一方面，该政策有英国对西班牙法西斯绥靖政策的影子。英国回避对共和政府军的任何直接或间接的军事援助，以避免与支持佛朗哥政权的德国和意大利发生直接冲突。更为重要的是，英国同时承认西班牙国内两个政权的做法只是策略性的，随着西班牙内战的进程发展很快作出调整。1939年2月，在西班牙共和政府军不断失利的情况下，英国公开与共和政府断绝外交关系，只承认佛朗哥政权。英国此举对佛朗哥独裁政权的建立起到了加速作用。

面对中国解放战争形势的发展，斯卡莱特提出英国对西班牙内战期间出现的两个政权都予以承认的外交模式，其意图在于将这种外交承认模式放到中国。斯卡莱特坦言："由于实际的困难，以及无法解决的法律问题，如果某种形式的承认没有给予实际上有效控制大面积领土的政府，将会使英国在该国家处于被动局面，所以必须建议英国应该对中国将可能出现的两个政府各给予某种形式的承认。英国既可以承认实际上真正控制中国大部分领土的共产党政府，也可以继续承认国民党政府作为整个中国法律上的政府。从法律根据来看，尽管在第二种假设下，更适合简单地承认两个政府作为实际上的中国政府，但如果是这样的话，没有人知道哪个政府将任命驻联合国安理会的代表。"此外，斯卡莱特还提出了第三种假设，即"国共双方没有建立联合政府，国共双方的内战继续。从法律的角度而言，更适合承认国民党政府为法律上的中国政府，共产党政府为实际上控制中国的政府。在这种情况下，应该由法律上承认的国民党政府派驻安理会的代表"。①

不难看出，斯卡莱特的主张立足于维护英国在华利益的前提下，在政治利益上倾向于国民党政府。斯卡莱特认为："当在一个单一主权国家内有两个政府，而且两个都是有实际控制区域的受到承认的政府，其中只有一个是可以代表法律上的国家的政府。结合西班牙内战的情况，英国大使应该派给法律上承认的政府，而向另一个事实上承认的政府派出外交代表。除了某些细节外，事实上的承认和法律上的承认并无多大差别。但是，事实上承认的政府并不具备处置海外资产的权力，也无权制定新的国籍法。"② 从斯卡莱特的主张中可以明确看到，即使英国在事实上承认即将成立的新中国，也并不会承认其处置中国海外资产的权力和派驻安理会外交代表的权力。但是，斯卡莱特很快也否认了第三种假设中关于派驻大使的问题。虽然英国准备对国民党政府予以法律上的承认，按照法律规定英国大使也应该派驻给法律上承认的政府。但是，斯卡莱特本人就认为国民党政府已经无法有效管理整个中国，纵然美国政府提供援助也无法改变当时的局面。此外，英国外交部也已经明确表示英国驻华大使馆和大使施谛文要留在南京，而不跟随国民党政府迁往广州。由于斯卡莱特主要负责远东事务，也深得贝文赏识，所以他在这份备忘录中的一些主张对英国对华政策有着重要影响。

---

① "Decision of the Chinese Government to Move to Canton," Foreign Office Minute, 27th January, 1949, FO 371/75794/935.

② Ibid.

　　面对国民党政府不断施加压力和中国快速发展的战争局势，贝文又提出一个新的解决方案：无论国民党政府怎么做，英国驻华大使馆和大使应留在南京；如果国民党政府要迁往广州，英国可以派出外交顾问或是外交代表随国民党政府前往广州。同时，根据斯卡莱特备忘录中提到的中国可能出现联合政府的假设以及安理会代表权的问题，英国外交部有人认为，"只要中央政府（指国民党政府）仍然存在，它就仍然是中国的合法政府，从而要阻止联合国和其他国际机构给予'联合政府'安理会代表席位，即使会使英国面临着尴尬的局面，而这种尴尬局面的持续时间取决于中央政府（指国民党政府）的存在时间。如果战争双方的和平谈判无法取得结果，共产党几乎肯定会继续进行战争，关于中国在联合国安理会代表权的问题的持续时间也可能会延长"。[1]

　　就外国驻华大使馆是否迁往广州的问题，国民党政府不仅向英国政府施加压力，还多次询问法国、荷兰等国家的态度。英国驻法国大使奥·哈维（O. Harvey）从法国外交部获悉，国民党政府希望法国驻华大使馆可以跟随其迁往广州，只在南京留下外交领事。国民党政府还进一步声明，如果外国大使馆不随国民党政府迁往广州，国民党政府希望外国驻华大使馆和大使可以全部撤走，只留下低级别的外交代表。奥·哈维还获悉，法国外交部中有部分人表示，鉴于目前中国的革命形势以及国民党政府准备迁往广州，将来中国可能出现两个政府，一个在广州，另一个在南京。[2] 从哈维给英国外交部的报告中可以看出国民党政府在外国驻华大使馆迁往广州问题上的迫切心情，也反映出英国、法国等部分西方国家认为解放南京后，在南京可能会出现新的全国政府，这也是英国等西方国家倾向将驻华大使馆留在南京的一个重要原因。1 月 18 日，郑天锡再一次会见贝文，重申了之前的请求，并明确表示，如果英国大使馆留在南京，意味着英国准备承认中国共产党。郑天锡强调，尽管中国共产党目前在军事上占据优

---

　　① "Decision of the Chinese Government to Move to Canton," Foreign Office Minute, 28th January, 1949, FO 371/75794/935.

　　② From Paris to Foreign Office, 28th January, 1949, FO 371/75794/935.

势，但是中国还有非常多的区域尚在国民党政府控制中。① 然而，鉴于中国解放战争的发展进程，英国外交部致电施谛文，一方面想获得此时南京的局势报告，另一方面希望后者进一步弄清楚其他国家驻华大使馆和大使在面对国民党政府不断施加压力后的态度是否有所变化。②

就在郑天锡会见贝文的同一天，国民党政府外交部正式通知各国驻华大使馆，国民党政府已经决定迁往广州，希望各国驻华大使馆能于 1 月 21 日开始搬迁。19 日下午，施谛文紧急会见美国、法国、荷兰、比利时、加拿大和澳大利亚等国驻华大使，磋商如何应对当时的局势。③ 在会议上，施谛文说明英国的态度，美国大使司徒雷登表示各国外交使团应团结一致，以"统一阵线"（United front）应对国民党政府要求大使馆南迁的压力；加拿大、荷兰、泰国、印度和埃及等国大使表示会效仿英、美两国的做法，大使馆不会随国民党政府南迁广州，并会向本国政府建议，只派高级外交代表前往广州。施谛文一再强调，各国大使应在大使馆南迁问题上保持一致。④ 在这次会议上，司徒雷登提出的"统一阵线"与英国主张的"共同阵线"如出一辙，而其他国家驻华大使在大使馆留在南京和"共同阵线"问题上的共识，表明各国认识到中国人民解放战争取得胜利的趋势已经不可逆转，国民党已经失去了全体中国人民的支持，为了维护各自在华的政治、经济利益，在对华政策的倾向上开始趋于一致，这也就为英国推动各国外交使团留在南京和建立"共同阵线"创造了条件。之后，施谛文将与各国大使商讨情况报告给英国外交部。施谛文在报告中提到，就目前的中国形势，参会的各外国大使一致认为，国民党政府要求各国驻华大

① "Request by the Chinese Ambassador That the Secretary of State Give Instructions That in the Event of a Move from Nanking by the Chinese Government the Embassy Should Follow," From Foreign Office to Nanking, 18th January, 1949, FO 371/75794/1010.

② "Proposal of the Chinese Government That the British Embassy Should Follow Them Should They Leave Nanking for Canton," From Foreign Office to Nanking, 20th January, 1949, FO 371/75794/788.

③ From Nanking to Foreign Office, 19th January, 1949, FO 371/75794/951.

④ "The Ambassador in China (Stuart) to the Secretary of State," January 19, *FRUS*, 1949, The Far East：China, Vol. 8, pp. 658-659. 学界认为，司徒雷登首次提出"统一阵线"是在 1949 年 4 月底。但英国外交部档案显示，在这次会谈中，司徒雷登表达了这一提法。在司徒雷登于 1 月 19 日发往国务院的电报中，也使用了这一说法。

使馆南迁的政治性相当明显，此举在于向整个中国显示，外国政府与国民党政府团结一致。各国驻华大使应该采取一致的行动，因为各国大使馆离开南京是不明智的；当国民党政府完成南迁后，各国作为对国民党政府"道义"上的支持，可以向广州派出高级外交代表。同时，各国大使也对国民党政府外交部提出质疑：迁往广州的国民党政府是一个留守政府，南京也只是一个不完整的政府，其政府机构如何分工？国民党政府外交部是留在南京还是前往广州？蒋介石是否准备前往广州？如果外国政府派出外交代表前往广州，那么这些外交使团留在南京的资产和人员由谁来提供保护？此外，大部分外国驻华大使表示，需要进一步等待本国政府的回复。①此时，由于美国新国务卿迪安·艾奇逊（Dean Acheson）尚未正式就任，美国国务院在国民党政府南迁和美国驻华大使馆是否南迁的问题上也没有明确表态，施谛文认为美国驻华大使司徒雷登也在等待美国国务院的指示。

然而，法国的表态却令英国外交部和施谛文感到不安，而且英国外交部也担心其维系的"共同阵线"因法国政府的犹豫而出现松动。法国外交部表示，法国对其驻华大使馆是否需要继续留在南京持怀疑态度。"虽然共产党将占领长江区域，但是共产党在南方的政权可能不会持续很长时间。我们根据局势的发展，考虑是否可以先撤回法国驻上海的领事。如果法国大使馆继续留在南京，会让外界认为，法国对即将在南京出现的共产党新政府予以某种程度的认可。"法国外交部还提出："承认共产党新政府问题必须等待各国政府决定，而且联合国也会很快出现这种情况，即苏联极有可能会声明，共产党新政府应该拥有在联合国安理会的代表权。只要我们的大使馆留在共产党新政府所在地，并在事实上与国民党政府没有任何关系，到时在联合国讨论共产党新政府在联合国安理会的代表权问题就可能会大打折扣。"②

---

① "Move to Canton of the Chinese Government," From Nanking to Foreign Office, 20th January, 1949, FO 371/75794/1103.

② "Problem of Wether Foreign Missions Should Remain in Nanking," From Paris to Foreign Office, 21st January, 1949, FO 371/75794/1126.

对于法国的态度，英国外交部并不赞同，施谛文更是坚决反对。施谛文认为，外国驻华大使馆应该留在南京，"我们不能相信中央政府（指国民党政府）离开首都后，可以进行有效的抵抗。如果中央政府（指国民党政府）可以进行有效抵抗，到时我们与中央政府（指国民党政府）进行关于大使馆返回南京的谈判，可能会因承认在南京建立过的共产党新政府而面临尴尬局面"。施谛文也不同意法国提出的先撤走其驻上海领事的建议，"法国撤走其在上海领事馆不会有重要影响，如果南京被共产党控制，几乎可以肯定的是不久共产党也会接管上海，而且中国政府（指国民党政府）并没有要求在上海的外国领事馆跟随中国政府（指国民党政府）南迁。如果国共之间和平谈判能够达成好的结果，那共产党将主导有着'广泛基础'的联合政府。如果是这样的话，共产党控制的联合政府将继承现有政府在联合国安理会的代表权。此外，无论是从国际法规出发，还是出于维护英国在华巨大的商业利益，英国不太可能长期辩称，共产党主导的联合政府不能有效地控制中国的大部分区域，如果长期拒绝承认此种情况下的中国，对于英国而言也将是非常困难的"。"换言之，如果英国大使馆撤离南京，我们相信一旦共产党控制南京后，很可能会要求英国对其给予外交承认，以作为英国大使馆重回南京的代价。所以，外国大使馆撤离南京远不能推迟承认共产党新政府的问题"。①

从施谛文的表态中可以看出，施谛文不仅坚持英国大使馆留在南京，还说明其他国家驻华大使馆留在南京的必要性，即不要因外国驻华大使馆离开南京，在日后与新中国建立外交关系的问题上造成被动。此外，从施谛文的意见中还可看出非常重要的一点，即施谛文认为解放南京后，中国共产党很可能会在南京建立新的全国政府，这也是施谛文以及英国外交部坚持英国大使馆留在南京的重要原因。其目的就是以大使馆留在南京和"共同阵线"，向中国共产党施加政治和外交压力，谋求在新中国的外交承认问题上的政治筹码，争取有利于英国的因素，进而达到维护英国在华经济利益的目的。施谛文不仅建议英国外交部电令英国驻法国大使奥·哈维督

---

① From Nanking to Foreign Office, 28th January, 1949, FO 371/75794/1126.

促法国外交部作出正确的决定，还建议法国驻华大使尽快向法国政府作出说明。2月1日，英国外交部助理次官德宁会见法国驻英大使罗什（M. Roche）。后者表示，法国政府可能让法国大使前往上海，这是为了避免较早承认共产党政权，因为法国需要更加谨慎面对在印度支那的困难。德宁则声明："如果撤走大使，重返的代价就是承认问题。如果我们留下来，我们就可以主动与新政府建立联系，目前北大西洋国家和西方联盟已经决定各国驻华大使留在南京。"罗什表示会向本国政府作出说明。①

与此同时，英国外交部再次就英国驻华大使馆留在南京的问题向英国内阁提交备忘录。贝文在备忘录中表示，目前的中国的局势相当紧急。1月19日，驻南京的外交使团相继接到通知，即国民党政府将于1月21日迁往广州。同时，国民党政府驻英国大使不断向英国政府施加压力，提出作为"道义"上的支持，要求大使馆和施谛文随国民党政府迁往广州。1月20日，国民党政府外交部再次催促施谛文。施谛文也向外交部发回报告，"尽管国民党政府外交部可能前往广州，但是政府的其他部门分散在华南地区的一些城市。21日，蒋介石宣布下野，李宗仁任代总统。李宗仁试图努力与中国共产党达成协议，如果和谈成功，有可能出现由中国共产党主导的联合政府。然而，蒋介石的辞职只是一种策略，他在国民党中的地位会成为李宗仁与中国共产党达成妥协的障碍"。施谛文坚持大使馆应该留在南京，等待中国共产党进入南京。就此英国外交部再次向英国内阁提交备忘录，认为"无论在共产党在联合政府中的支配角色上，还是作为军事上的胜利者上，我们都同意施谛文的意见，因为一旦国民党政府离开首都，其不一定能够在其他地区维持存在和对中国有效的控制。如果大使馆跟随国民党政府迁往广州，我们担心共产党在控制南京后，会要求我们正式承认共产党新政府，以作为英国大使馆重返南京的代价。相反，如果大使馆留在南京，施谛文既可以继续在实际上协调英国在华现有商业贸易等事务，也不会尴尬地面临新政府提出的承认问题。我们也认为，由于英

---

① "Move to Canton of the Chinese Government: French Desire to Leave Nanking to Avoid Early Recognition of the Communist Government," Foreign Office Minute, 1st February, 1949, FO 371/75794/1833.

国在华商业利益决定了我们需要冒共产党控制中国后的风险，大使留在南京也是对英国在华商业团体在道义上的支持。施谛文也与其他西方国家驻华大使们就当时中国的局势进行过磋商，认为随国民党政府迁往广州不是明智之举。作为折中的办法，可以在广州建立自己的外交代表机构。在进一步弄清楚国民党政府的真实意图之前，大使馆不应该作出搬迁决定。大使馆留在南京是一个明智的建议，对南京的纯粹军事威胁可能不会立即出现。因此，没有必要作出仓促撤离的决定。目前，美国国务院还没有明确说明美国驻华大使馆的去向"。① 从贝文的备忘录中可知，无论是施谛文还是英国外交部都在关注美国在大使馆南迁问题上的态度。换言之，美国在大使馆是否南迁的问题上对于英国及其所推动的"共同阵线"有着重要影响。

第二节　英国大使馆留在南京和"共同阵线"的形成

1949 年年初，国民党政府准备迁往广州，为了获得西方国家的支持，不断向英、美等西方国家施加压力，要求这些国家驻华大使馆随国民党政府迁往广州。英国政府为了抵制国民党政府的外交压力，也为防止其他国家驻华大使馆随国民党政府迁往广州，如法国，力促法国等国同意英国提出的建议，即外国驻华大使馆留在南京而不迁往广州的"共同阵线"。一方面，英国外交部向施谛文建议，继续协调外国驻华大使在该问题上的态度。另一方面，鉴于美国的态度还不明朗，英国急需明确美国的政策。虽然国民党政府从 1 月初就开始催促美国大使馆尽快迁往广州，而且司徒雷登也提出过建立各国大使留在南京的"统一阵线"，但因新任国务卿迪安·艾奇逊尚未到任，美国国务院就中国问题以及英国提出的"共同阵线"尚未表态，所以司徒雷登在等待美国国务院在该问题上的政策，也就

---

① "Possible Move of H. M. Ambassador from Nanking Brief for the Secretary of State for Use at a Cabinet Meeting on 24th January," Foreign Office Minute, 22nd January, 1949, FO 371/75794/1476.

没有明确答复国民党政府的请求。

早在 1948 年 12 月，面对国民党政府可能离开南京的形势，美国国务院就采取"等等看"的政策，要求司徒雷登等待国务院的指示。[①] 1949 年 1 月下旬，艾奇逊就任国务卿，开始着手处理中国问题。在艾奇逊的授意之下，美国国家安全委员会起草了两份对华政策报告，也就是日后的国家安全委员会第 34/2 号和第 41 号文件。其中，第 34/2 号文件明确表示，鉴于中国共产党即将控制整个中国，而美国对蒋介石的援助又无法达到预期的目标，因此美国应该"在局势明朗之前，继续承认国民党政府"，"避免给外界留有干涉的印象，同时又要借助政治和经济手段，利用中国和俄国之间的任何裂痕"。[②] 第 41 号文件主张，"美国在中国的首要目标是防止中国成为苏联的'附庸'"，"在保证基本安全的前提下，利用恢复中国与日本及西方国家的贸易关系以实现扩大莫斯科与中国共产党之间裂痕的目标"。[③] 1 月 26 日，美国国务院远东司司长巴特沃思（Walter W. Butterworth）向国务院提交关于"美国大使和大使馆在南京的形势"的备忘录。巴特沃思认为，司徒雷登继续留在南京可能对美国有利，因为司徒雷登中文流利，又是燕京大学前校长。中国共产党有部分领导人是燕京大学的毕业生，联系和沟通起来可能比较方便。美国在南京、上海以及长江广大区域有着重要的经济利益和外交人员以及大量侨民，若要保护和推进美国在这些地区的利益，就需要有官方代表与该地区共产党政府保持联系。李宗仁准备与中国共产党谈判，但结果不容乐观，李宗仁政府也无法抵抗共产党军队渡过长江。鉴于此种形势，美国应派出外交代表随国民党政府前往广州，而让大使本人留在南京。[④] 美国国家安全委员会也向杜鲁门建议，司徒雷登留

---

① "Possible Removal of a Section of the Chinese Government from Nanking: United States Department Proposal to Await Development," From Washington to Foreign Office, 3rd December, 1948, FO 371/69545/17067.

② *FRUS*, 1949, The Far East: China, Vol. 9, pp. 492-495.

③ Ibid., pp. 828-833.

④ "Memorandum by the Director of the Office of Far East Affairs（Butterworth）to the Under Secretary of State（Lovett），" January 26, *FRUS*, 1949, The Far East: China, Vol. 8, pp. 664-667.

在南京以进一步观察中国共产党的态度，并获得杜鲁门同意。① 美国国务院对华政策的出台，说明美国意识到中国局势已经明朗，先前对国民党的经济援助并没达到战胜中国共产党的预期目标。在对华政策问题上，虽然英国更多是出于维护在华经济利益而采取对中国共产党的主动，而美国则主要从政治利益考虑，"尽量利用中苏之间的摩擦，防止中国成为苏联的'附庸'"。② 但为促使中国共产党的对外政策朝着符合西方国家利益诉求的方向发展，美国认为将美国驻华大使馆和大使留在南京，准备与中国共产党接触，并借此影响中国共产党的对外政策，也不失为一个重要的选择。美国在驻华大使馆和大使问题上的明确表态，为英国推动外国驻华外交使团留在南京和推动"共同阵线"奠定了基础。

得到美国国务院的表态后，英国外交部向国民党政府正式声明，英国驻华大使馆和大使施谛文将留在南京，会派出高级别的外交代表跟随国民党政府前往广州。③ 英美两国就大使馆是否留在南京的问题先后明确表态，在"共同阵线"问题上也达成一致。更重要的是，英、美两国的态度对其他西方国家在大使馆和大使留在南京的问题上产生重要影响，如法国一改原先的迟疑态度，决定将法国大使和大使馆留在南京。④

在关注美、法等西方国家态度的同时，英国还密切关注着苏联驻华大使馆的动向。英、美等西方国家一度认为苏联驻华大使馆会留在南京，等待中国人民解放军解放南京。国民党政府通知苏联政府和苏联驻华大使罗申，国民党政府决定迁往广州，希望苏联大使馆能够迁往广州，苏联政府表示同意国民党政府的请求。1月中旬，有南京报纸公开进行报道，"苏

① "United States Proposal that the United States Embassy Remain in Nanking and a Senior Official Follow the Chinese Government to Canton Provided Certain other Governments do Likewise," From Washington to Foreign Office, 26th January, 1949, FO 371/75794/1451.

② "NSC34/1, United States Policy Toward China," January 11, *FRUS*, 1949, The Far East: China, Vol. 9, pp. 474-475.

③ "Proposed Move from Nanking of the Chinese Government," From Foreign Office to Nanking, 27th January, 1949, FO 371/75794/1390/10118/10.

④ "Movements of H. M. Ambassador in China: Proposal that Sir Stevenson Shall Stay in Nanking and Send His Chinese Counsellor with the Chinese Government," Foreign Office Minute, 27th January, 1949, FO 371/75794/1547.

联、捷克和波兰大使馆已经同意随国民党政府前往广州"。罗申对此非常
不满,认为"这是中国政府(指国民党政府)的诡计,目的是让苏联政府
难堪"。① 由于英、美等西方国家在国民党政府请求这些国家驻华大使馆南
迁的问题上令国民党政府大失所望,国民党政府通过报纸大肆宣传苏联政
府的态度,其中很可能包含着在这一问题上继续向西方国家施加外交压力
的意图。

事实上,国民党政府也没有放弃继续说服英、美等西方国家改变其政
策的尝试。1 月 29 日,郑天锡再一次拜会贝文,希望英国可以改变原先的
政策。同一天,叶公超在南京会见英国驻华大使施谛文,希望施谛文可以
请示英国政府,允许英国大使馆和其本人前往广州。然而,英国对国民党
政府的请求再无答复。② 截至 2 月 3 日,即国民党政府迁至广州前夕,西
方主要国家驻华大使馆和大使均留在南京,只派出高级别外交代表跟随国
民党政府到达广州。例如,美国派出大使级参赞和负责经济事务的外交官
员在内约 10 人组成外交代表团,英国和英联邦国家均派出参赞或外交秘
书,意大利、泰国、瑞典、挪威都采取了类似英国和美国的做法。缅甸则
以外交人员不足为由,没有向广州派出外交代表。③ 至此,英、美等西方
国家与国民党政府之间围绕西方国家驻华大使馆是否迁往广州的第一次交
锋,以国民党政府的失败告终,英国所希望并积极推动的"共同阵线"初
步形成。这表明英、美等西方国家对国民党政府腐败统治感到失望,根据
中国革命形势的发展,在对华政策上作出调整,也体现了各国维护自身在
华现实利益的需要。

然而,围绕英国大使馆南迁问题的争论并没有结束,鉴于中国局势的
发展以及英国在华巨大的商业利益,英国国内对英国大使馆南迁问题的关
注度不断提高,特别是英国议会要求英国外交部就英国大使馆南迁和"共

---

① From Nanking to Foreign Office, 20th January, 1949, FO 371/75794/1099.

② "Further Request by the Chinese Government That Instructions Be Given for the Embassy at Nanking to Accompany the Government to Canton," From Chinese Embassy to Foreign Office, 29th January, 1949, FO 371/75794/1592.

③ "Move of Chinese Government to Canton," From Nanking to Foreign Office, 7th February, 1949, FO 371/75794/2172.

同阵线"问题作出解释。2月14日，在英国议会质询中，英国下院议员蒂林（Mr. Teeling）就英国大使馆留在南京而没有随国民党政府迁往广州一事，要求国务大臣赫克特·麦克尼尔（Hector McNeil）给出答复。麦克尼尔表示："外交部主要根据中国战争局势的发展作出决定。国民党政府和大使都告知我们，国民党政府将于2月5日迁到广州，但是国民党政府代总统和外交部长依然留在南京。施谛文也多次向外交部提出建议，外交部内部就此问题也进行过磋商。我们认为，国民党政府一旦离开南京将会瓦解。因此，施谛文认为，英国大使馆和大使应该留在南京，与即将建立的共产党新政府建立正式联系，只派出地位相当于大使级的参赞前往广州负责特别事务，以及保持与国民党政府的既有联系。外交部也对此表示同意。我们与美国国务卿艾奇逊磋商此事后，美国也决定其驻华大使馆和大使司徒雷登留在南京，只向广州派出高级外交官员。其他西方国家也同意照此方案行事。"麦克尼尔向蒂林明确说明，无论中国局势如何发展，英国政府和外交部都将继续维护和发展英国在华商业利益。① 正如麦克尼尔所说，英国对华政策的调整完全服务于英国在华经济利益，英国始终密切关注中国局势的发展，以不使英国在华商业利益受损。此时正值国共双方准备和谈，英国外交部和施谛文必然会密切关注国共双方和谈的进展和结果。

2月17日，根据国共双方和谈接触的情况以及双方军事行动，施谛文给英国外交部再次提交了一份关于中国局势的报告。施谛文认为："尽管代总统李宗仁想要达成和谈，但是不可能会形成全国性的解决方案，和谈有可能会被打破。就国民党政府目前的军事力量和士气，其不可能有效抵抗共产党军队进一步的军事行动，外国政府向广州派出的外交代表团也不会对国民党的抵抗产生任何积极影响。""如果现在还有外国政府派外交代表团前往广州，共产党会视该国放弃了在中国内战中的'中立'政策，无疑会对在共产党控制地区的该国侨民和公司造成不利影响。因此，大使馆

---

① "Nanking Embassy: Question about Leaving the Ambassador at Nanking with a Representative at Canton," Parliamentary Question, 14th February, 1949, FO 371/75795/2473.

应留在南京直至共产党解放南京后，视共产党对外国驻华大使馆的态度再决定是否撤离。""在此期间，各国驻华大使馆还需要着手做一系列的事情，如督促本国在共产党控制地区的各自所属领事馆尽快与当地共产党政权建立联系，以保护各国在华侨民和商业公司的贸易利益；各国大使向本国政府提出建议，对共产党可能在华北或华中建立的临时政府给予事实上的承认。""目前大使馆和大使留在南京，可能会在共产党控制长江中下游地区后形成对我们有益的局面。当共产党控制南京后，在如何处理与外国大使馆的关系上可能会面临困难，共产党可能会采取措施限制大使馆人员的行动，但我们估计这种可能性应该不存在。"①

在报告中，施谛文明确表明自己对国民党的军事抵抗和国共双方和谈并不抱有希望。此外，在施谛文看来，中国人民解放军解放南京后，中国共产党必将面临如何对待外国驻华使馆和外交代表的问题，以及如何处理与外国的关系问题。英国到时也将视中共对外国政府和外国大使馆采取何种政策，再决定英国大使馆是否撤离南京。同时，施谛文还是主张在南京解放后尽快与中国共产党建立联系，以便在外交承认新中国和维护英国在华利益问题上争取主动，所以这也是施谛文一直建议英国外交部、英国大使馆和其本人留在南京的一个重要原因。只有英国大使馆和大使留在南京，英国才能与解放南京后的中国共产党接触，并与新政府讨论关于建立外交关系和外交承认的问题；相反，正如前文所言，也是施谛文和英国外交部所担心的，若是英国大使馆随国民党政府南迁到广州，在南京出现新的全国性政府后，届时英国大使馆再想迁回南京，在施谛文看来，中国共产党则可能会以建立外交关系为条件，向英国提出"苛刻"的要求，会使英国处于外交上被动的局面，进而也会对英国在华经济利益造成不利影响。为了在承认新中国的问题上争取主动，施谛文不仅建议英国驻北平总领事包士敦（M. P. Buxton）尝试与华北人民政府接触，还向英国外交部建议应该对华北人民政府予以临时承认，在南京解放前与中国共产党方面建立事实上的联系。他认为此举既可以试探中国共产党的对外政策，又可

---

① From Nanking to Foreign Office, 17th February, 1949, FO 371/75795/2543.

以维护英国在华北地区的商业利益。但是，华北人民政府不承认外国派驻国民党政府中的外交人员的外交官身份，只认可其为普通侨民，这在日后的"紫石英号事件"中表现得更为明显。

3月初，中国人民解放军与国民党军队在长江两岸的对峙局势日益紧张，跟随国民党政府到达广州的各国外交代表也没有起到国民党所谓的道义上的预想作用。3月17日，施谛文与美国、法国、比利时、荷兰等国留在南京的大使们进行磋商，讨论的主要议题是"建议各自政府撤回现在广州的高级外交代表，或是在人员配置上进行调整；如果愿意的话，也可以暂时保留大使级办事处"。就英国自身而言，施谛文向英国外交部建议，"可以把英国领事柯希尔从广州撤回南京，由低级别外交代表代替其位置，留一名武官、一名密码员、一名无线电发报员和一名打字员"。① 面对国民党政府三番五次请求英国大使馆迁往广州，英国政府不仅没有答应，还推动包括美国在内的西方国家也不要答应国民党政府的请求，并达成各国驻华大使馆和大使留在南京的"共同阵线"。英国此举已经引起国民党政府的强烈不满，若是此时再撤回广州的外交代表，实则是把英国与国民党的外交关系又一次降级，势必会引起后者更加强烈的反应。况且，施谛文的这种做法还涉及很多问题，特别是会影响当时英国在广州和台湾地区的航运贸易和石油贸易。因此，英国外交部对施谛文的建议比较谨慎，就此事咨询美国国务院的意见，视后者对此事反应再答复施谛文。参加商讨的美国大使司徒雷登也把与英国等外国大使的讨论情况汇报给艾奇逊，但是司徒雷登并不同意施谛文的建议。司徒雷登认为："需要进一步观察国共双方和谈情况以及双方军事行动事态的发展，在弄清楚国民党政府在广州的组阁情况和国民党在广州会保留哪些机构前，不应再有明显的外交政策调整。对美国在广州的外交代表路易斯·克拉克（Lewis Clark）以及其随员人数也不应做调整。"② 对此，艾奇逊同意司徒雷登的意见。美国在此问题

---

① "Movements of the Chinese Government," From Nanking to Foreign Office, 16th March, 1949, FO 371/75795/4009.

② "Diplomatic Representation at Canton," From Washington to Foreign Office, 24th March, 1949, FO 371/75795/4394.

上的表态，说明美国政府虽然把美国大使馆和大使留在南京，但并不会完全放弃国民党政府。

同时，中国国内也在关注着外国在南京外交代表团的活动，有媒体报道，"南京的外国使团分为几种：首先是苏联、捷克斯洛伐克、波兰；接下来是美国领衔的，有菲律宾、希腊和一些西欧国家；第三类是英国集团，包括英国以及受其影响的缅甸、埃及。外国大使们彼此询问去留的问题。大国表现的是不为所动，特别是欧洲国家，他们在中国有着丰富的经验。英国大使留下来的决定让人吃惊，但是也有理由可以解释。虽然有些人认为英国应该退出中国，但是有一部分英国人在中国共产党的解放区，因此英国大使馆仍将密切关注局势，为制定对中国的新政策提供具体的建议。留在南京的外国大使们也发现，目前比去广州的形势要乐观。现在他们全神贯注于共产党与他们主动联系。留在南京的外国大使们，对李宗仁政府给予道义上的支持。战争阴云笼罩南京，外交使团是否会离开？根据以往的经验，他们不会，除非有很好的理由离开"。① 考虑到美国的明确表态，以及中国报纸的报道所引起的关注，出于审慎的考虑，英国外交部拒绝了施谛文的建议，关于从广州撤回英国外交代表的问题告一段落，但这不意味着英国大使馆和大使南迁问题的结束。随着国共和谈再次陷入僵局，以及国民党政府准备从广州迁往重庆，该问题又一次被提上议事日程。

4 月初，李宗仁告知美国大使司徒雷登，根据近期谈判情况，国共和谈可能破裂，解放军近期可能会渡过长江，建议在南京的外国大使馆迁往南方。施谛文得知此消息后，推测如果渡江战役发生，李宗仁可能前往广州，或者是广西。② 同时，中共中央和中央军委宣布，如果国民党拒绝中国共产党提出的八项和平条件，中国人民解放军将于 4 月 12 日或以后发起渡江战役。4 月 7 日，面对紧迫的局势，施谛文再度召集留在南京的各国

---

① From Nanking to Foreign Office, 22nd March, 1949, FO 371/75795/4913.

② "Likelihood That in the Event of a Communist Crossing of the Yangtse the Acting President Would Terminate the Peking Negotiations and Move the Government to Canton," From Nanking to Foreign Office, 5th April, 1949, FO 371/75795/4939/10118/10.

外交使团，商讨关于李宗仁要求外国大使馆撤离一事。司徒雷登表示其会留在南京；法国大使则表示，需要请示法国外交部是否可以授予其自行决定权，如果局势紧张，法国大使馆是否可以自行决定撤离；印度大使表示可能会前往上海；加拿大大使已经去了上海，但表示即日回到南京；荷兰、意大利、澳大利亚等国大使表示，政府已经授权其参照美国和英国的决定。① 各国大使意见不一，这令施谛文忧心忡忡，特别是担心之前达成的"共同阵线"功亏一篑。

鉴于美国在此问题上的态度会对其他国家产生重要影响，所以，英国外交部急需再次确认美国国务院的态度。4 月 9 日，英国外交部把南京的局势告知英国驻美大使奥·弗兰克斯（O. Franks），也提出了英国外交部的意见，让弗兰克斯与美国国务院进行磋商。英国外交部表示："目前英国有两个方案可供选择：一个是大使馆和大使留在南京，无论是谁建立新政府，并力劝更多的国家与英国保持政策的一致性；另一个是，如果美国政府撤走美国大使馆和大使司徒雷登，或是派司徒雷登前往广州，英国也将撤回施谛文。""就第一种方案，英国保持'门内留一只脚'的政策，如果施谛文留在南京，英国对最终在南京建立的共产党政府的承认问题保持开放态度。目前的局势是，由于这完全是一个共产党的政权，我们可能会被迫以共产党的方式承认其新政府。如果局势艰难，英国有可能会撤回大使施谛文。""关于第二种方案，我们将冒失去与共产党中国建立令人满意关系的机会，以及冒有损于英国在共产党解放区的商业利益的风险，而且在共产党解放区的英国领事地位可能会面临困难，到时也不得不将他们撤回。""作为变通的办法，我们可以撤回大使而留下普通的外交代表，并在事实上承认共产党政府，在法律上承认国民党政府（如英国对待西班牙的外交政策）。目前还不能确定国民党政府是否可以维持对长江以南的有效控制，如果答案是否定的，这对英国把大使馆迁往广州并没有益处。"英国外交部进一步表示，"英国在这件事上的政策比其他国家更加困难。相

---

① "Possiblity That the Unites States Embassy Might Move to Canton after All," From Nanking to Foreign Office，7th April，1949，FO 371/75795/5057.

比较美国政府，英国在华商业利益会面临很大的风险。英国政府所采取的行动将比任何其他国家所采取的行动产生更大的影响，所以英国要权衡采取每一个行动的结果。另外，还有其他原因促使我们采取不同于美国的态度，即我们需要与英联邦国家共同维持之前达成的'共同阵线'。所以，经过内部商讨权衡，英国最终决定把大使馆和大使留在南京，但也授权大使施谛文根据局势决定是否撤回"。①

弗兰克斯向美国国务卿艾奇逊说明英国的态度，艾奇逊向弗兰克斯表示："美国会让大使馆留在南京以维护之前达成的'共同阵线'，但允许司徒雷登根据中国形势的发展，酌情伺机选择是否撤离南京；在确保大使馆人员和美国侨民安全的前提下，司徒雷登也可以回华盛顿汇报中国的局势。"② 从艾奇逊的表态可以看出，在国共和谈陷入僵局和中国人民解放军即将发起渡江战役前夕，美国在大使馆南迁这一问题上保持与英国的一致政策，同时也再一次影响了其他国家在该问题上的政策。加拿大表示，同意采取与英美两国一致的态度，即加拿大驻华大使馆和大使留在南京，但如果局势紧急，大使可以咨询英联邦国家意见后，自行决定是否撤离南京。③ 澳大利亚也同意参照英、美两国的态度。法国则态度犹豫不决，认为"法国大使馆已经无法与共产党解放区的领事馆联系，如果法国大使馆留在南京，是否能为自己的领事馆提供帮助值得怀疑。共产党控制南京后，法国大使馆也有可能遇到类似的处境。如果大使馆随国民党政府南下至广州，可以留下外交工作人员代替大使的工作，把大使馆留在一个不同的政府之下是不切实际的"。此外，法国外交部还表示，法国在印度支那与中国有共同的边界，所以法国需要尽可能地支持苟延残喘的国民党政府，虽然法国也认为国民党政府已经无法维持对中国有效的统治。然而，鉴于共产党最终将控制整个中国，较早争取与共产党建立联系也值得考虑。④ 经过

① From Foreign Office to Washington, 9th April, 1949, FO 371/75795/5057.

② "Movement of the Chinese Government," From Washington to Foreign Office, 9th April, 1949, FO 371/75795/5129.

③ From Ottawa to Foreign Office, 11th April, 1949, FO 371/75795/5057.

④ "Movement of the Chinese Government," From Paris to Foreign Office, 9th April, 1949, FO 371/75795/5130.

权衡并且由于顾及与英美两国的关系，法国在南京解放前夕才最终宣布，法国大使馆仍然留在南京。①

4月11日，施谛文再次拜会司徒雷登，以确认美国大使馆和大使是否随国民党政府前往广州。司徒雷登表示，大使馆将派一名参赞随国民党政府前往广州，大使馆多数人员同意大使馆和大使留在南京；如果国务院要召回其本人，司徒雷登会安排相关外交人员负责有关事务。施谛文说明其已经与英联邦国家和其他北大西洋国家代表再次确认，如果国民党政府离开南京，各国大使将留在南京，维持先前达成的"共同阵线"。施谛文还向司徒雷登建议，若是美国国务院要召回大使司徒雷登，其希望可以延迟到南京解放后再召回。② 施谛文还就美国召回司徒雷登一事请求英国外交部确认美国国务院的态度。4月22日，美国国务院答复英国外交部，"已经明确告知司徒雷登，直到共产党军队解放南京后，在确保大使馆和使馆人员安全的前提下，才会召回大使磋商关于中国的局势"。③

在国共和谈破裂，中国人民解放军发起渡江战役前夕，李宗仁请求外国驻华大使馆迁往广州，这也是时隔两个多月后，国民党政府再次提出这一问题。诚然，各国既有衡量中国局势变化对本国在华利益的影响及由此调整对华政策的需要，也需要考虑英美两国的对华政策，但是英国在其中所起到的作用不言而喻。一方面，英国坚持了先前的"门内留一只脚"的政策，继续把英国大使馆和大使留在南京，以便南京解放后直接与中国共产党建立联系，进一步商讨关于外交承认问题等事宜；另一方面，英国外交部以及大使施谛文努力与西方国家和留在南京的各国大使磋商关于各国大使馆和大使继续留在南京的可能性，这其中美国的态度又有着重要影响。南京解放前夕，英国所努力推动的西方主要国家驻华大使馆和大使留在南京的"共同阵线"得到维持。国民党政府在与英国围绕大使馆南迁问

---

① "Move of Chinese Government to Canton," From Nanking to Foreign Office, 23rd April, 1949, FO 371/75795/5709.

② "Question of Movement to Canton of the Chinese Government," From Nanking to Foreign Office, 12th April, 1949, FO 371/75795/5228.

③ From Nanking to Foreign Office, 23rd April, 1949, FO 371/75795/5709.

题的第二次交锋中，又一次遭遇挫败。但是，作为"共同阵线"的主要国家，英美各自在华利益和对华政策的具体目标不同，在承认新中国的问题上态度也截然相反，虽然英国所推动的"共同阵线"得以保存，但其存在的基础已然松动。

英国以将大使馆和大使留在南京和推动"共同阵线"为手段，谋求在对华政策上的主动的意图还遭到中国共产党的坚决抵制。早在 1947 年 2 月 1 日，中共中央发表声明，不承认国民党政府签订的一切卖国协定，其中包括通过外交谈判，要求或允许外国海陆空军驻扎和活动于本国领海、领土、领空，进入或占领、共同建设或共同使用本国国防要塞和军事基地，要求或允许外国军事人员或其他人员，参与本国海、陆、空军事力量的组织、装备、训练、运输与军事行动，洞悉本国的军事秘密和其他国家秘密，允许外国干涉本国内政的严重事项。[①] 1949 年 1 月 19 日，中共中央通过关于外交工作的指示，声明当时其与任何外国尚无正式外交关系，不承认这些国家派在中国的代表为外交人员。中共中央采取这种态度，可使其在外交上争取主动地位，不受过去任何屈辱的外交传统束缚。指示称，原则上，帝国主义在华的特权必须取消，中华民族的独立解放必须实现，这种立场是坚定不移的。凡属被国民党政府所承认的资本主义国家大使馆、公使馆、领事馆及其所属的外交机关和外交人员，在人民共和国和这些国家建立正式外交关系以前，一概不承认，只视其为普通外国侨民，但合法利益应予切实保护。[②] 1949 年春夏之交时，毛泽东和中共中央先后提出了"另起炉灶"和"打扫干净屋子再请客"的外交方针。"另起炉灶"就是不承认国民党政府同各国建立的旧外交关系，而要在新的基础上同各国另行建立新的外交关系；"打扫干净屋子再请客"就是要对旧中国同外国签订的一切条约和协定重新审查，在清除帝国主义在华特权和影响后，再让

---

① 中央档案馆编《中共中央文件选集》（第 16 册），中共中央党校出版社，1992，第 401—402 页。

② 中央档案馆编《中共中央文件选集》（第 18 册），中共中央党校出版社，1992，第 44—49 页。

客人进来。① 3 月 5 日，毛泽东在党的七届二中全会的报告中提出，"不承认国民党时代的任何外国外交机关和外交人员的合法地位，不承认国民党时代的一切卖国条约的继续存在"，将驻在旧中国的各国使节只当作普通侨民对待。"关于帝国主义对我国的承认问题，不但现在不应急于去解决，而且就是在全国胜利以后的一个相当时期内也不必急于去解决。我们愿意按照平等原则同一切国家建立外交关系。"② 这就为新中国确立了与外国建立外交关系的基本原则，就使得英国寄希望借助大使馆和大使留在南京以及"共同阵线"，寻求外交主动的预期政治目标不会实现。

第三节　南京解放后英国大使馆问题和 "共同阵线" 的瓦解

4 月 23 日，中国人民解放军解放南京，国民党的反动统治宣告结束。南京解放后，中国共产党成立南京市军管会，着手维护社会稳定和恢复经济建设。南京市军管会贯彻中共中央的政策，即不承认外国政府与国民党政府的外交关系，也不承认外国政府在华的大使、领事的外交官身份，只承认其为普通外国侨民。与此同时，施谛文获悉美国国务院准备召回司徒雷登，使得施谛文对先前达成的"共同阵线"感到忧虑。4 月 25 日，北大西洋公约组织国家驻华大使再次会商，施谛文在会议上公开表示，不希望因为美国的行事破坏"共同阵线"，其他国家大使支持施谛文，但也表示需要请示本国政府，决定本国大使是否继续留在南京。③ 4 月 29 日，英国驻美大使馆参赞葛拉维拜会美国国务院中国事务处斯普劳斯（Philip D. Sprouse），葛拉维强调外国使团留在南京和维护"共同阵线"的重要性。斯普劳斯安

---

① 裴坚章主编《中华人民共和国外交史（1949—1956）》，世界知识出版社，1994，第 2—3 页。

② 《毛泽东选集》（第四卷），人民出版社，1991，第 1434 页。

③ "The Ambassador in China（Stuart）to the Secretary of State," April 25, *FRUS*, 1949, The Far East：China, Vol. 8, p. 686.

抚葛拉维,"美国召回大使不意味着要撤回大使"。① 然而,英国对美国的疑虑未消,并且英国已经开始单独行动。在中国人民解放军发起渡江战役前夕,英国海军远东舰队"紫石英号"护卫舰无视人民解放军的警告,擅自闯入中国人民解放军渡江前线炮兵部队防区,从而在长江引发中国人民解放军与英国军舰相互炮击的"紫石英号事件"。4月30日,中国人民解放军总部发表由毛泽东起草的声明,就"紫石英号事件"谴责英国的炮舰政策,重申:人民政府愿意考虑同各外国建立外交关系,这种关系必须建立在平等、互利、互相尊重主权和领土完整的基础上,首先是不能帮助国民党反动派。人民政府不愿意接受任何外国政府所给予的任何带威胁性的行动。外国政府如果愿意考虑同我们建立外交关系,它就必须断绝与国民党残余力量的关系。② 南京解放后,为使"紫石英号"能够顺利撤离,英国大使施谛文多次向南京市军管会和时任南京市市长刘伯承发出请求,均遭到中方的严正拒绝。之后,在中英双方围绕解决"紫石英号事件"的谈判中,英方又谋求通过外交途径或是在高级别代表间进行谈判,并试图借助该事件与中国共产党建立外交上的联系,亦均被中方严词拒绝,英国外交部和施谛文的希望再次落空。

相比较英国的被动局面,美国尝试与中国共产党接触,并得到中方的回应。5月初,司徒雷登派其私人助理傅泾波主动与南京市军管会外事处处长黄华接触。因未建立外交关系,所以毛泽东指示黄华可与司徒雷登进行非正式会谈,以探查美国政府的目的。③ 5月11日,在与傅泾波的会谈中,黄华表示,中方不承认美国以及其他国家的外交官身份,而且中国共产党会给中国人民带来区别于美英旧式民主的新式民主。在会谈中,傅泾波获悉,中国共产党可能于6月在南京或是北平召开政治协商会议,全国

---

① "Memorandum of Conversation, by Mr. Robert N. Magill of the Division of Chinese Affairs," April 29, *FRUS*, 1949, The Far East: China, Vol. 8, pp. 732–735.

② 中华人民共和国外交部、中共中央文献研究室编《毛泽东外交文选》,中央文献出版社、世界知识出版社,1994,第84—85页。

③ 中共中央文献研究室编《毛泽东年谱(1893—1949)》(下),人民出版社、中央文献出版社,1993,第500—501页。

政府可能在秋季早些时候建立。① 司徒雷登向艾奇逊汇报了会谈情况，"最近有消息显示，南京可能作为首都，大使馆也认为共产党新政府有可能在这里建立。所以，大使馆和大使应该留在南京，直到确认南京不是首都。即使中央政府在其他地方建立，在确认新政府宣布新首都之前，大使仍应留在南京"。② 会谈期间，司徒雷登向黄华透露前往北平的想法。对此，中共中央希望以燕京大学校长陆志韦的名义邀请司徒雷登前往北平。③ 6月中旬，经中方允许，司徒雷登在傅泾波陪同下前往上海，了解了上海经济恢复建设以及美国在上海的商业利益的情况。④

施谛文是否知晓司徒雷登与黄华的会谈和司徒雷登的上海之行，不得而知。这一时期英国想借助解决"紫石英号事件"与中国共产党建立事实上的联系，却一直未能如愿，围绕"紫石英号事件"的谈判也因英方的消极态度而迟滞不前，美国大使司徒雷登却与中国共产党接触并进行了多次会谈。这表明中国共产党已经有意在抵制英、美等西方国家的"共同阵线"，既让英国坐了冷板凳，同时也试探了美国的对华政策，分化英美等西方国家就大使馆和大使留在南京，以对中国共产党施加政治压力，进而谋求外交上的主动的图谋。南京解放后，英国已经意识到继续与国民党保持外交联系会对英国在承认新中国问题上造成困难。施谛文也向司徒雷登表示："只要各国继续在外交上承认国民党，保持与国民党政权的联系，共产党会拒绝与各国建立事实上的联系。外国政府在南京留下外交使团的目标，不是仅通过留下大使就可以实现的，这也就不可能让所有外交使团采取一致的行动。"⑤ 就在英国对大使馆留在南京却没有达到预期目标而感到沮丧之时，美国对华政策的调整以及在大使留在南京问题上态度的转

① "The Ambassador in China (Stuart) to the Secretary of State," May 11, *FRUS*, 1949, The Far East: China, Vol. 8, pp. 741–742.

② "The Ambassador in China (Stuart) to the Secretary of State," May 13, *FRUS*, 1949, The Far East: China, Vol. 8, pp. 744–745.

③ 项文惠：《广博之师——陆志韦传》，杭州出版社，2004，第71页。

④ "The Ambassador in China (Stuart) to the Secretary of State," June 19, *FRUS*, 1949, The Far East: China, Vol. 8, p. 763.

⑤ "The Ambassador in China (Stuart) to the Secretary of State," June 15, *FRUS*, 1949, The Far East: China, Vol. 8, pp. 757–758.

变，进一步加快了"共同阵线"的破产。6 月 16 日，美国国务院要求司徒雷登尽快回国。[①] 受美国对华政策变化的影响，其他国家态度也发生变化。"加拿大、荷兰大使准备回国；法国大使表示，共产党即将解放云南，它与印度支那接壤，因此法国需要处理好与共产党的关系，所以法国大使暂时不会撤回；比利时、意大利和葡萄牙大使则没有明确表态。"[②]

英国政府和施谛文还面临着其他问题，一个问题是，美国大使司徒雷登准备离开中国，同时美国开始相继关闭它在乌鲁木齐、昆明、上海等地的 6 个领事馆，并且在广州解放前，将关闭美国在广州的领事馆。一方面，从 1949 年 1 月开始，在英国的不断推动之下，英美等主要西方国家不顾国民党政府的多次请求，在驻华大使馆和大使留在南京的问题上达成一致，也就是建立"共同阵线"。之后，英国密切关注其他国家对华政策的变化，尤其是美国的对华政策及其在大使馆和大使留在南京问题上的态度，极力维持之前达成的"共同阵线"。然而，令英国失望和被动的是，南京解放后，英国大使施谛文为解决"紫石英号事件"，试图与中国共产党取得官方联系的尝试遭遇挫败，而美国大使司徒雷登却与中国共产党代表黄华进行了多次会谈。另一方面，美国对对中国共产党政策作出新的调整，不仅准备撤回大使馆和司徒雷登，还要关闭在华其他城市的领事馆。美国的这些举动并没有与英国进行商讨，这对于英国而言，既使其产生不平衡的心态，又使英国积极努力推动的"共同阵线"因美国的率先撤出而功亏一篑，也会对英国在承认新中国的问题上谋求主动的意图造成不利影响。

另一个问题是，英国面临着是否向重庆派出外交代表的问题。6 月初，随着中国人民解放军南下进程的不断推进，已经迁到广州的国民党政府再次决定迁往重庆。6 月 13 日，国民党政府驻英国大使郑天锡再度请求英国外交部派出外交代表随国民党政府前往重庆。[③] 英国外交部猜测，国民党

---

① "The Acting Secretary of State to the Ambassador in China (Stuart)," June 16, *FRUS*, 1949, The Far East: China, Vol. 8, pp. 758–759.

② "The Ambassador in China (Stuart) to the Secretary of State," June 18, *FRUS*, 1949, The Far East: China, Vol. 8, pp. 761–762.

③ "Possible Move to Chungking of the Chinese Government," From Foreign Office to Washington, 14th June, 1949, FO 371/75796/8521.

政府会向美国、法国等政府提出同样的要求，这就关系到英国是否会派出外交代表，如果派出，将派什么级别的外交代表前往重庆。得到英国外交部的肯定答复后，施谛文认为，"从目前的局势来看，如果我们考虑派出外交代表的话，不可能从共产党解放区派出外交代表，可以考虑派一名总领事随国民党政府前往重庆，吉勒特（Mr. Gillett，吉勒特曾担任英国驻喀什总领事）是可以考虑的人选。在吉勒特到达重庆之前，可由英国驻广州领事柯希尔前往重庆暂时负责领事的相关事务"。① 施谛文之所以认为不能从南京派出英国外交代表，是因为南京已经解放，如果从在南京的英国大使馆向重庆派出外交代表，就会让本就处于尴尬地位的大使馆和施谛文更加被动，会使英国在承认即将成立的新中国的问题上更加不利。英国同意向重庆派出外交代表有自己的考虑，特别是斯卡莱特，他不同意施谛文的建议。斯卡莱特与德宁交换意见，认为英国在重庆和台湾淡水已经有领事馆，如果国民党政府前往重庆，应将柯希尔另派到其他地方而不是作为外交代表前往重庆。柯希尔应暂时留在广州。② 此时，柯希尔正与国民党政府就"安契塞斯号事件"进行谈判，一时也无法离开广州。③ 英国殖民地部也不同意施谛文的建议，加之英国外交部内部对此建议本就有分歧，最后外交部同意柯希尔暂留广州，视局势再定是撤回南京还是回国。④ 6月底，英国驻美大使奥·弗兰克斯从美国国务院获悉，美国决定派一名低级别外交代表前往重庆。⑤ 受美国态度的影响，其他西方国家表示，如果国民党政府撤往重庆，这些国家在广州的外交代表也将前往重庆，各国驻南京的大使馆和大使暂且不动。⑥ 但也有一些国家表示反对，提出他们在重庆并没领事馆，鉴于当时中国的革命形势已经明朗，再跟随国民党政府，

---

① "Possible Move to Chungking of the Chinese Government," From Nanking to Foreign Office, 17th June, 1949, FO 371/75796/8838.

② "Difficulities Which Mr. Coghill Fears He Will Encounter in the Event of His Withdrawal to Hong Kong," From Canton to Foreign Office, 5th July, 1949, FO 371/75796/9844.

③ From Canton to Foreign Office, 5th July, 1949, FO 371/75796/9844.

④ From Nanking to Foreign Office, 20th July, 1949, FO 371/75796/10815.

⑤ "Probable Move of the Chinese Nationalist Government to Chungking," From Washington to Foreign Office, 28th June, 1949, FO 371/75796/8878.

⑥ From Washington to Foreign Office, 28th June, 1949, FO 371/75796/8878.

向重庆派出外交代表已经没有必要。① 直到广州解放前夕，已经公开宣布派外交代表前往重庆的只有英国、美国、法国、意大利和韩国，其他国家均表示视局势发展而定。②

6 月 30 日，毛泽东发表《论人民民主专政》一文，提出"一边倒"的外交方针，即站在当时以苏联为首的社会主义阵营一边。③ "一边倒"外交方针的提出，表明在新中国成立前夕，中共中央与当时国内外敌对势力进行了针锋相对的斗争，这为维护国家主权和领土完整奠定了基础。同时，美国加快撤走司徒雷登的进程。7 月 12 日，国务院再次催促司徒雷登于 7 月 18 日离开南京。④ 美国如此急切催促司徒雷登回国，是因为杜鲁门即将发表《美国与中国的关系》白皮书。该白皮书不仅为美国对华政策失败做辩护，也表明美国急于从中国脱身。8 月 2 日，司徒雷登离开中国，留在南京的外国驻华外交使团的"共同阵线"只剩下英国独自支撑。施谛文无奈表示，希望在新中国成立之前，政府可以将其撤回。⑤ 10 月 1 日，中华人民共和国宣告成立。中央人民政府正式宣布：本政府为代表中华人民共和国全国人民的唯一合法政府。凡愿遵守平等、互利及互相尊重领土主权等项原则的任何外国政府，本政府均愿与之建立外交关系。⑥ 新中国成立后，施谛文黯然离开南京，由英国原驻上海领事馆商务参赞胡阶森（J. C. Hutchison）负责相关事务。英国借助大使馆和大使留在南京和推动外国驻华外交使团留在南京的"共同阵线"瓦解，以此谋求在对新中国外交承认问题上的主动和借此维护英国在华商业利益的企图成为泡影。

---

① "Possible Move to Chungking of the Chinese Nationalist Government," From Nanking to Foreign Office, 2nd July, 1949, FO 371/75796/9728.

② "Departure of the Chinese Ministry of Foreign Affairs from Canton," From Canton to Foreign Office, 12th October, 1949, FO 371/75796/15345.

③ 中华人民共和国外交部、中共中央文献研究室编《毛泽东外交文选》，第 93 页。

④ "The Ambassador in China (Stuart) to the Secretary of State," July 11, *FRUS*, 1949, The Far East：China, Vol. 8, p. 781.

⑤ "The Counselor of Embassy in China (Jones) to the Secretary of State," August 6, *FRUS*, 1949, The Far East：China, Vol. 8, p. 813.

⑥ 中华人民共和国外交部、中共中央文献研究室编《毛泽东外交文选》，第 116 页。

小　结

1949 年年初，中国政治局势日趋明朗，为了维护英国在华商业利益，英国提出"门内留一只脚"的对华政策，开始采取对中国共产党主动的外交策略，其中首要问题就是英国驻华大使馆和大使的南迁问题。英国外交部、英国驻华大使均认为国民党政府的腐败统治已经失去中国人民的支持，随着中国人民解放战争进程的推进，南京解放近在咫尺，全中国的解放也只是时间问题。同时，英国外交部和大使施谛文猜测，解放后的南京可能会成为新中国的首都。为了与中国共产党尽快建立联系，特别是在解放南京后，能为在外交上承认新中国的问题上争取主动，以达到维护英国在华商业利益的目的，英国政府坚持英国驻华大使馆和大使留在南京。然而，国民党政府不断向英国、美国等西方国家施加压力，请求这些国家驻华大使馆随其迁往广州。为了打破国民党的企图，在英国积极推动之下，英、美等西方国家达成"共同阵线"，即西方主要国家驻华大使馆和大使留在南京，而不随国民党政府迁往广州。英国借助大使馆和大使留在南京，以及以此推动外国驻华外交使团留在南京的"共同阵线"，是英国对华"门内留一只脚"政策的一部分。但是，英国在对待中国的问题上又采取了"骑墙"政策。南京解放前后，为了维护在华利益，英国把大使馆和大使留在南京，又派出外交代表随国民党政府前往广州、重庆。

毛泽东和中共中央先后提出"另起炉灶""打扫干净屋子再请客"和"一边倒"的外交方针，指出"应当采取有步骤地彻底地摧毁帝国主义在中国的控制权的方针"；坚持在互相尊重主权、领土完整和平等互利的基础上，经过谈判，与世界各国建立新的外交关系；肃清帝国主义在华特权，以恢复和巩固中国的独立和主权，为同世界各国建立和发展新的平等互利合作关系开辟道路。[①] 正是如此，在英国大使馆南迁问题及其所推动

---

① 裴坚章主编《中华人民共和国外交史（1949—1956）》，第 2 页。

的"共同阵线"面前，相比较国民党，中国共产党掌握了主动权，加速了英美等西方国家"共同阵线"的瓦解，这也是旧中国时期帝国主义对华强权思维终结的缩影。

纵观 1949 年英国大使馆和大使的南迁以及"共同阵线"问题，其反映了第二次世界大战结束后英国对华外交战略的调整。一方面，"共同阵线"是英国"三环外交"战略①在对华政策上的具体体现。英国旨在联合美国以及加拿大、澳大利亚等英联邦国家和法国等欧洲国家，借助外国驻华使团留在南京的"共同阵线"这一脆弱联盟，维护英国在华传统商业利益和诸多政治、经济特权。维持英美特殊关系，是英国"三环外交"战略的基石。因此，在英国大使馆南迁以及"共同阵线"问题上有着浓厚的美国因素。另一方面，虽然英国在意识形态上对社会主义国家持敌视态度，但具体策略又有所不同。1946 年 3 月，英国前首相丘吉尔在美国发表了"铁幕"演说，攻击苏联和东欧社会主义国家，拉开了美苏冷战的序幕。1948 年柏林危机中，英国全力支持美国对抗苏联。1949 年年初，面对中国政治局势日趋明朗，国民党败局已定，代表广大中国人民意愿的新中国即将成立，英国开始调整对华政策，对即将成立的新中国采取主动的外交政策。英国驻华大使馆和大使留在南京以及其推动的"共同阵线"就是其对华政策调整的一部分。当美国撤回司徒雷登后，外国驻华使团留在南京的"共同阵线"瓦解，英国对新中国在外交上的被动并没有改变。1950 年 1 月 6 日，英国正式承认中华人民共和国中央人民政府为法律上的中国政府，终止与国民党政权的"外交关系"，却在台湾淡水仍留有"领事馆"。这恰恰反映了英国对华现实主义的外交政策传统。

---

① 1948 年 10 月，丘吉尔提出"三环外交"：第一环是英联邦，包括英国及其自治领、殖民地；第二环是英语世界，包括英国、美国等讲英语的国家；第三环是联合起来的欧洲。英国居于这三环的相交点，起重要作用。其中，维持英美特殊关系是"三环外交"中最为关键一环。"三环外交"战略的提出，表明英国既依靠英联邦的力量，又要借助美国和西欧以维护英国的国际地位和政治影响力。

第三章　"紫石英号事件"和
英国对华炮舰外交政策的终结[①]

1949 年初，面对中国政治、军事局势的变化，英国开始调整对华政策。英国外交部提出"门内留一只脚"的政策。一方面，英国把驻华使领馆留在原地，准备与中共建立联系，为英国在新中国的外交承认问题上谋求主动，以维护英国在华长期形成的商业利益，稳定其在华的贸易地位。另一方面，英国希望通过与中国共产党建立起事实上的联系，影响中国共产党的对外政策，避免中国共产党以及即将成立的新中国倒向社会主义苏联。然而，英国对中国共产党外交主动的策略，并不等于英国改变了对中国传统的炮舰外交思维。在中国解放战争不断发展的进程中，英国为了维护在华利益和特权，不顾已经废除的外国船舶在华沿海贸易与内河航行权，公然派出军舰以保护侨民为由再次进入中国内河。此举不仅侵犯了中国主权，还在长江引发了举世瞩目的"紫石英号事件"。

1949 年 4 月 20 日，在中国人民解放军发起渡江战役前夕，英国军舰"紫石英号"以保护侨民为由，由上海溯江而上闯入长江北岸中国人民解放军前线部队防区。"紫石英号"不仅无视中国人民解放军警告，还与中国人民解放军前线部队发生炮战，并且英国远东舰队派出 3 艘英国军舰前来救援"紫石英号"，再次与中国人民解放军发生炮战，这一系列炮击事件被称为"紫石英号事件"。"紫石英号事件"发生在南京解放前夕，也是

---

① 关于"紫石英号事件"，国内已经有较多的研究成果。见陈谦平：《论"紫石英"号事件》，《南京大学学报（哲学·人文·社会科学版）》1998 年第 2 期；王建朗：《衰落期的炮舰与外交——"紫石英"号事件中的一些问题再探讨》，《近代史研究》2001 年第 4 期；董晨鹏：《炮打紫石英号：中英长江事件始末》，云南人民出版社，2000。

新中国成立前夕,英国与中国人民解放军间的一次重大历史事件,对中英两国关系产生了重要影响。事件发生后,中国共产党和英国都保持了克制和冷静的态度,都希望通过谈判的方式解决该问题。然而,由于英国态度消极,既不承认错误也不愿承担相应的责任,谈判多次陷入僵局。最后"紫石英号"趁夜逃离,这不失为僵持不下的双方谈判和该事件的一种解决方式,也标志着英国对华炮舰外交政策的终结。"紫石英号事件"清楚地向全世界表明,中国共产党在维护中国国家主权方面有着不可低估的决心,其坚定性非以往历届政府所能相比。[1] 对中国人民而言,它是中国人民解放军与外国列强的第一次武力对抗,它的胜利从实践上印证了毛泽东提出的"帝国主义和一切反动派都是纸老虎"的论断,对于新中国的外交影响是不言而喻的。由此,西方列强将不得不以新的目光来审视中国共产党,以新的方法来处理它们与新中国的关系。

第一节 "紫石英号事件"的发生

抗日战争爆发后,日本法西斯不断扩大对中国的侵略战争,英国在华经济利益遭到巨大冲击。为了避免更大的损失,英国不断收缩在华投资。德国入侵波兰后,英国的主要精力在欧洲战场,更是无暇顾及中国和远东地区的英国利益。1943年1月,随着欧洲反法西斯战争进程的推进,并且考虑到中国在亚洲反法西斯战场中的重要作用,英国与美国分别与中国政府签订《中英新约》和《中美新约》,废除了英美两国自近代以来在中国取得的诸多特权,其中之一就是废除外国船舶在中国内河航运与沿海贸易权,这自然包括外国商船和军舰。但是,英国并没有放弃重新获取在中国内河航运和沿海贸易特权的诉求。世界反法西斯战争胜利后,出于维护在华商业利益、发展对华贸易和扩大对华投资的需要,英国开始千方百计寻求恢复在中国的航运贸易权。由于战后英国的主要任务在于国内经济恢复

---

① 王建朗:《衰落期的炮舰与外交——"紫石英"号事件中的一些问题再探讨》。

与处理欧洲事务，并不愿卷入中国事务，因而面对中国解放战争，英国采取"中立"政策。为恢复在中国的航运贸易权，英国开始与国民党政府接触，以援助国民党政府海军军舰的方式争取主动。1945年1月初，国民党政府开始与英国政府商谈租借英国军舰事宜。4月，中英双方达成军舰租借协定。根据双方协议，英国政府租借给国民党政府数艘军舰。① 这与英国的"中立"政策相悖，从某种程度而言，是变相地援助国民党政府。解放战争爆发后，英国不同于美国向国民党政府提供武器、经济、人员上的援助，而是一直采取措施谋求恢复和扩大对华航运贸易，这其中就必然涉及再次获得在中国内河航运的相应权利。1946年11月，美国与国民党政府签订《中美友好通商航海条约》（简称《中美商约》），根据条约规定，美国船舶享有在中国口岸、领水内的航行自由，享有内河航行与沿海贸易的权利。然而，英国却没能获得如此待遇。因此，英国轮船公司和英商中华协会对国民党政府对英美的差别性待遇强烈不满，多次要求国民党政府开放内河航运与沿海贸易。1947年3月，迫于英国政府压力，国民党政府决定对外开放包括广州、上海、青岛、天津等在内的15处沿海港口，但不包括长江沿岸的内河港口。② 10月，国民党政府行政院宣布，中国对外封闭内河航运的政策不会改变。③ 换言之，英国取得了在中国沿海贸易的权利，但是包括军舰在内的英国船舶仍然无权进入中国内河。

　　1948年11月，中国人民解放战争飞速发展。鉴于中国局势日益明朗，国民党政府的财政经济秩序已经混乱，美国从上海派出两艘美国军舰前往南京，停泊在南京港，借以增强美国侨民的信心。④ 英国驻华大使施谛文见此也向国民党政府提出请求，称由于中国战争局势的发展，要求允许英国船舶在上海至南京段的长江航行，并在南京停泊一艘英国皇家海军军

---

① "Transfer of His Majesty's Ships to the Chinese Navy," Foreign Office to Chungking, 5th May, 1945, FO 371/46173/F2696.

② Foreign Office Minute, 27th November, 1947, FO 371/63278/F15777.

③ 吴东之主编《中国外交史：中华民国时期（1911—1949）》，河南人民出版社，1990，第715页。

④ "Situation in Shanghai: Question of Evacuation Protection," From Nanking to Foreign Office, 11th November, 1948, FO 371/69541/F15905.

舰，以"起到稳定的作用并给予当地英国侨民信心，在必要时亦可作为撤退人员和物资之用"。[①] 英国的请求得到国民党政府的许可，英国远东舰队随即向南京派出英国军舰一艘，军舰一个月左右轮换一次，以在局势混乱时为英国驻华大使馆和侨民提供物资援助，以及在需要的时候撤离英国侨民。[②] 通过此举，英国军舰变相地再次获得在中国内河航行的权利。1949年年初，随着平津战役结束，华北地区基本解放，中国人民解放军到达长江北岸。2月，华北人民政府迁到北平，中共中央开始着手与国民党就国内和平问题进行谈判。

3月下旬，英国海军"伴侣号"（Consort）驱逐舰按照原定计划携带物资到达南京，并定于4月12日由澳大利亚护卫舰"肖尔黑文号"（Shoalhaven）进行替换。4月初，国共和平谈判陷入僵局。与此同时，中国人民解放军渡江战役总前委报送中央军委"关于京沪杭战役实施纲要的请示"，其中提出将于4月15日发起全线渡江战役，得到中央军委批复。[③] 当英方得知中国人民解放军可能于4月中旬进行渡江战役，英国远东舰队副总司令马登（Alexander Madden）决定推迟澳大利亚军舰"肖尔黑文号"替换"伴侣号"的原定计划。然而，由于江水情形与国共和谈需要，中央军委决定把渡江战役时间推迟一星期。[④] 因没有看到中国人民解放军于4月中旬发起渡江战役，英国远东舰队随即再次决定替换"伴侣号"。在此敏感时刻，英国远东舰队依然向南京派出军舰，不排除其中有着大国强权思维在作祟。由于"肖尔黑文号"军舰准备于4月底去日本，马登随即改派护卫舰"紫石英号"前往南京执行轮换"伴侣号"的任务。4月20日，国民党政府拒绝在和平协定上签字。随后，中央军委决定，中国人民解放军将于4月21日发起渡江战役。

4月20日上午，英国海军护卫舰"紫石英号"溯江而上，进入中国人

---

① "Withdraw of H. M. Ships from Nanking," From Nanking to Foreign Office, 24th April, 1945, FO 371/75939/F5738.

② 陈谦平：《论"紫石英"号事件》。

③ 中央档案馆编《中共中央文件选集》（第18册），中共中央党校出版社，1992，第203—208页。

④ 同上书，第219页。

民解放军三野三江营的防区，北岸中国人民解放军前线炮兵对"紫石英号"发出警告，该舰随即还击，双方展开了激烈炮战，"紫石英号"中弹负伤在玫瑰岛（Rose Island）附近搁浅。"紫石英号"遭到炮击后，英国最初无法确认是中国人民解放军还是国民党部队与"紫石英号"发生炮战。[①] 一方面，英国外交部向国民党进行确认，得到答复后又请求国民党协助援救"紫石英号"；另一方面，英国外交部要求英国驻北平总领事包士敦（M. P. Buxton）设法和中共中央与中央军委取得联系，以确认是否是长江北岸的人民解放军与"紫石英号"发生炮战。英国远东舰队获悉"紫石英号"发生炮战，马登命令停泊在南京的"伴侣号"前去救援"紫石英号"，同时又率领远东舰队旗舰"伦敦号"（London）巡洋舰以及"黑天鹅号"（Black Swan）护卫舰，由上海急驶前往江阴，试图实施救援。这3艘英国军舰在救援"紫石英号"过程中再次闯入中国人民解放军前沿阵地防区，与北岸人民解放军炮兵再次发生炮战，其中"伴侣号"和"伦敦号"中弹负伤与"黑天鹅号"一并逃走。炮击事件发生后，"紫石英号"上有部分船员受伤，尤其是其舰长斯金纳（B. W. Skinner）受重伤。同时，炮击也造成人民解放军前线部队大量人员伤亡。4月22日，为给予"紫石英号"伤员实施救治，也为侦察"紫石英号"附近水域中国人民解放军的部署情况，远东舰队又派出"桑德兰"（Sunderland）水上飞机，飞机上载有军医，携带药品与医疗设备。"紫石英号"要求"桑德兰"飞机尽可能停靠在其附近，并试图用舰载小艇接收医生。[②] 中国人民解放军发现英国"桑德兰"军用飞机靠近"紫石英号"军舰，对其发出警告。"桑德兰"飞机匆匆放下军医后撤离。[③] 为确保救助行动的进行以及"紫石英号"的安全，英国驻华大使施谛文（Ralph Stevenson）再次尝试通过驻北

[①] "Bombardment of H. M. S. Amethyst in Yangtze River," From Nanking to Foreign Office, 20th April, 1949, FO 371/75887/F5476.

[②] "Attack on H. M. S. Amethyst," Admiralty Communicated, 20th April, 1949, FO 371/75887/F5593.

[③] "Firing on H. M. Ships on Yangtse," Admiralty Communicated, 22nd April, 1949, FO 371/75889/F5915.

平总领事包士敦和中共中央与中央军委联系。[1] 然而，英方沟通未果。

4月21日，毛泽东和朱德发布《向全国进军的命令》，命令中国人民解放军"奋勇前进，坚决、彻底、干净、全部地歼灭中国境内的一切反动派，解放全国人民，保卫中国领土主权的独立和完整"。[2] 同日，中央军委收到渡江战役总前委粟裕、张震等人关于英国军舰"紫石英号事件"的电报，报告有两艘英国军舰闯入三江营第三野战军防区，一艘搁浅，一艘被击伤逃走。就此，中央军委回电粟、张并告总前委，刘伯承、张际春、李达："你们所说的外舰可能是国民党伪装的，亦可能是真的，不管真假，凡擅自进入战区妨碍我渡江作战的兵舰，均可轰击，并应一律当作国民党兵舰去对付。"4月22日，中央军委从英国驻北平总领事包士敦给朱德总司令的信中获悉，侵入长江中国人民解放军前沿阵地防区的均为英国军舰，随即再次致电总前委，粟裕、张震、刘伯承、张际春、李达："（一）兹将英国驻北平总领事包士敦来函一件转给你们；（二）英国人要求我军对于英舰两艘营救被击损之英舰（'紫石英号'）船员一事予以便利，我们意见在英舰不妨碍我军渡江作战的条件下，可予以营救之便利；（三）对于英国人要求该二舰于营救事务完毕后，仍须开往南京护侨一事不能同意，应令该二英舰向下游开去。但如该二英舰不听劝告，仍开南京，只要不向我军开炮及不妨碍我军渡江，你们也不要攻击他们。"[3] 中央军委就"紫石英号事件"，两日连续发两封电报，态度发生变化。从中可以看出，中央军委最初并没有想到英国军舰会在中国人民解放军发起渡江战役前夕出现在长江水域。起初，中共中央主要关注点集中在国共和谈以及国民党拒绝签署和平协议后发起渡江战役，也就意味着该事件的发生属于偶然。在确认是与英国军舰发生炮战后，中共中央和中央军委开始审慎考虑如何处理此事。但是有一点可以肯定，中共中央坚决维护中国主权的立场未变。之

---

[1] "Attack on H. M. S. Amethyst-Future Instructions to H. M. Consul General, Peking, as to Representations to be Made to the Communist Authorities," From Nanking to Foreign Office, 20th April, 1949, FO 371/75887/F5551.

[2] 中共中央文献研究室编《毛泽东年谱（1893—1949）》（下），中央文献出版社，2013，第486页。

[3] 同上书，第486—487页。

后中共中央就解决该事件与英方展开的谈判，也始终坚持了这一原则。

"紫石英号事件"在英国国内引起轩然大波。英国民众和部分报纸就该事件向英国政府提出质疑，如英国《工人日报》（Daily Worker）提出，中国共产党给国民党政府签署和平协定的最后期限是 4 月 20 日晚 12 点，而"紫石英号"遭到炮击是在当天上午 9 点，"紫石英号"遭到炮击是在国民党政府接受和平协定最后期限前的数小时，而且英国远东舰队应该清楚，国共双方之间并没有真正休战或是停战。国民党政府也承认收到"紫石英号"正驶向南京的消息，但中国共产党方面却不知晓此事。也就是说，英国远东舰队将军舰派往中国内陆水域，而且是正在交战的区域。英国公众要求知道：是谁给"紫石英号"发出了前往长江作战区域的命令？为什么英国的海军会在此时出现在中国？为了避免卷入中国内战，英国所有在华军事力量以及海军舰艇都必须撤出中国。①《曼彻斯特卫报》（Manchester Guardian）报道，英国驻北平领事正试图与华北人民政府建立联系，以要求中国共产党方面停止炮击英国军舰。虽然 1948 年 10 月以来，国民党政府已经同意英国军舰在长江上航行，供应英国驻华大使馆和英国侨民所需的日常物资，但是中国共产党方面显然对此并不知晓，所以才发生炮击事件。英国政府与中国共产党方面是否建立起联系？英国政府如何处理该事件？②《每日邮报》（Daily Mail）的态度更为强硬，认为负有和平任务的 4 艘英国军舰在长江上航行时遭到中国共产党沿岸部队的炮击，英国政府应该对中国共产党的炮击采取报复性措施。③

英国议会将该事件视为英国海军的耻辱，要求首相艾德礼（Clement Attlee）和外交大臣贝文（Ernest Bevin）对此事件进行调查，英国前首相丘吉尔（Winston Churchill）更是质疑英国外交部和海军部为何没有密切关注中国革命的形势，以及为何没有向中国派出航空母舰而只是普通军舰，要求艾德礼就此事件对中国共产党采取必要的措施。④ 英国国防大臣亚历

---

① Daily Worker, 22nd April, 1949, FO 371/75888/F5827.

② Manchester Guardian, 22nd April, 1949, FO 371/75888/F5827.

③ Daily Mail, 22nd April, 1949, FO 371/75888/F5827.

④ 王建朗：《衰落期的炮舰与外交——"紫石英"号事件中的一些问题再探讨》，第 6 页。

山大（A. V. Alexander）就此事件与外交部助理次官德宁（M. E. Dening）会谈，他质疑英国外交部：为何没有就解放军炮击英国军舰的行为提出抗议？目前英国政府仅是要求解放军停止对英国军舰炮击，这样的做法是否足够？德宁表示，就目前中国革命形势和所收集情报显示，解放军是否会接受英国政府的抗议，是值得怀疑的。①

英国首相艾德礼和外交大臣贝文不愿公开表示对解放军的抗议，希望谨慎处理该事件，更重要的是他们不愿因"紫石英号事件"而影响英国既定的对华政策。英国已经决定英国驻华大使馆和大使施谛文留在南京，还与美国等西方国家达成大使馆和大使留在南京的"共同阵线"，其目的就是尽快与解放南京后的中国共产党建立事实上的联系，以达到维护英国在华商业利益的目的。事件发生后，由于"紫石英号"遭到炮击后受损，在长江搁浅而无法移动，"紫石英号"舰长斯金纳在炮战中受伤不治，远东舰队司令部决定利用中国人民解放军尚未完全解放镇江之机，派英国驻华大使馆武官海军少校克仁斯（Kerans）从南京赶往镇江，登上"紫石英号"代替原舰长负责"紫石英号"相关事务，防止因无人指挥而使军舰被中国人民解放军俘获，并且考虑把"紫石英号"拖往南京的可能性。② 克仁斯本人在日后与中方代表就"紫石英号事件"的谈判中，特别是在"紫石英号"逃跑决策中起到了相当重要的作用。需要注意的是，克仁斯之所以能够顺利登上"紫石英号"，恰恰是因为中共中央和中央军委作出了在"英舰不妨碍我军渡江作战的条件下，可予以营救之便利"的正确决定，这也为以后中英双方就该事件进行谈判奠定了基础。

克仁斯接管"紫石英号"后，英国外交部还尝试直接与中国人民解放军前线部队取得联系，以求尽快解决该事件。4月23日，施谛文派出大使馆三等秘书尤德（Edward Youde）穿越解放区，试图直接与长江北岸人民解放军前线司令部取得联系，期望中国人民解放军前线部队停止炮击英国

---

① "Firing on H. M. Ships—Meeting between Mr Alexander, Minister of Defence, and Mr Dening," Foreign Office Minute, 22nd April, 1949, FO 371/75889/F5938.

② "Report on the Situation on the Yangtze," From Nanking to Foreign Office, 22nd April, 1949, FO 371/75888/F5699.

军舰和飞机，也为"紫石英号"提供必要的医疗救助和物资补充。[1]尤德得到的回复是，人民解放军之所以再次警告"伴侣号"等3艘英国军舰，是因为英国军舰没有得到中国人民解放军许可而贸然进入中国内河，并且还是国共双方交战区域。[2] 中国人民解放军渡江总前委对克仁斯和尤德态度不同。炮击事件发生后，人民解放军沿岸部队对"紫石英号"采取密切关注的政策，对克仁斯登上"紫石英号"也未加阻拦，表明中国共产党在事件发生后采取了谨慎的态度，也予以英国军舰营救之便利，以妥善解决该事件。鉴于尤德的外交人员身份，中国人民解放军前线部队司令部坚持先前华北人民政府的决定，即不承认国民党政府与任何外国政府已有的外交关系，而且表示英国军舰不顾中国人民解放军的警告，在已经发生炮击事件之后，擅自再次进入中国内河的行为无视中国领水主权。同时，对于尤德提出允许"紫石英号"不受干扰前往上海的请求，前线司令部严词拒绝，表示"紫石英号"以及其他英国军舰没有得到中方许可而擅自闯入交战区域，是英国军舰错误在先，况且英国军舰对中国人民解放军前线部队的炮击造成了大量军民伤亡，并拒绝承认尤德提出所谓的英国军舰"自卫权"的辩解。虽然尤德受到中方的礼遇，但是中方也明确表示仅把尤德视为普通外国侨民，而不是英国外交官。中国人民解放军前线部队司令部表示，会对外国人的人身和财产给予充分的保护。当施谛文得知尤德的请求被拒绝后，认为有必要就此事继续与中国共产党沟通，并且向英国外交部建议不要公开尤德与中国共产党方面会谈的细节，以免影响任何与中国共产党后续谈判的可能性。[3]面对中方指责英国军舰的炮舰外交行径，施谛文认为最好的办法是避免卷入争议。他再次辩称：此时英国军舰在长江航行只肩负人道主义与和平使命，只是为了保护外国人和外国政府财产的安

---

① "Attack on H. M. S. Amethyst-Future Instructions to H. M. Consul General, Peking, as to Representations to be Made to the Communist Authorities," From Nanking to Foreign Office, 20th April, 1949, FO 371/75887/F5551.

② "H. M. S. Amethyst," Admiralty Communicated, 24th April, 1949, FO 371/75890/F6064.

③ "Firing on H. M. Ships-Mr Youde's Contact with the Communist Authorities," From Nanking to Foreign Office, 24th April, 1949, FO 371/75888/F5713.

全，以及在局势混乱时撤出英国侨民。[1]

事件发生后也出现了耐人寻味的一幕。"紫石英号事件"发生后，国民党和美国都采取了观望态度。一方面，事件发生后，英国外交部立刻就向国民党确认是否是国民党部队与"紫石英号"发生了炮战，当然也被后者否认。之后，李宗仁和白崇禧也只是就"紫石英号"和"伴侣号"遭到炮击以及造成的人员伤亡对英国大使施谛文表达了惋惜。[2] 国民党此时关注重点是长江北岸的中国人民解放军何时发起渡江战役，以及双方之间不可避免的决战，而对于英国海军与人民解放军之间的突发事件，并不愿过多卷入其中。另一方面，美国海军部和国务院同样一开始无法确认是国共双方中的哪一方与英国军舰发生炮战。此外，在中国人民解放军即将发起渡江战役的敏感时刻，无论英国军舰与国共哪一方发生炮战，美国同样不愿卷入其中。3 月初，美国国家安全委员会批准了美国国务院提交的NSC41 号文件，文件主旨就是利用"共产党与克里姆林宫之间的摩擦萌芽"，借助美国的经济力量这一"对中国共产党政权有效的武器""增强莫斯科与中国共产党之间的严重分歧"，促使在中国"出现一个独立的共产主义政权"，"防止中国成为苏联的'附庸'"。[3] 早在 2 月初，美国就开始酝酿对华贸易禁运政策。虽然美国此时对中国共产党的遏制倾向在不断加强，英美就对华禁运问题分歧不断，但是美国驻华大使司徒雷登没有随国民党政府前往广州，而是留在南京，这就说明了美国政府此时已经有与中国共产党进行接触的意图，目的在于试探中国共产党的态度以及试图进一步影响中国共产党的对外政策。美国不愿此时介入"紫石英号事件"，以免引起中国共产党的不满，并对日后司徒雷登与中国共产党的接触造成不利影响。

"紫石英号事件"发生时，上海尚未解放。英国海军在上海港有海军基

① "Firing on H. M. Ships-Best Method of Countering Communist Broadcast Propaganda," From Sir Stevenson to Sir Coates, 24th April, 1949, FO 371/75888/F5717.

② "Firing on British Ships-Message of Sympathy from Acting President Li Tsung-jen, and General Pai Ching-Hsi," From Sir Stevenson to Sir Coates, 21st April, 1949, FO 371/75887/F5621.

③ NSC41, U. S. Policy Regarding Trade With China, February 28, *FRUS*, 1949, The Far East: China, Vol. 9, pp. 826-833.

地，"伦敦号"以及"黑天鹅号"亦是由上海出发前去救援"紫石英号"。美国海军在上海同样有海军停泊，有军用"休息号"（Repose）医疗船、"约翰·W. 托马森号"（John W. Thomason）驱逐舰、"春田号"（Springfield）巡洋舰。① 由于美国政府不愿卷入英国海军与中国共产党之间"紫石英号事件"的冲突中，因而美国军舰未采取行动。事件发生后，美国国务卿艾奇逊也仅表示象征性的同情。② 出于英美盟友关系，当受伤的"伴侣号""伦敦号"和"黑天鹅号"返回上海港后，美国派出海军医疗船提供修复帮助。位于常州的美国教会医院对英国军舰上的伤员进行了救治。③

第二节　中英对"紫石英号事件"的反应

4月22日，鉴于中国人民解放军尚未完全解放镇江，克仁斯也已经登上"紫石英号"代替因伤不治的原舰长，施谛文向英国外交部提出，在没有进一步人员伤亡的前提下，"紫石英号"仍然有机会撤到南京。但是，由于"紫石英号"已经搁浅而无法移动，英国远东舰队武力救援失败，派出飞机进行医疗救助的计划也未能成功，英国外交部、海军部通过克仁斯与"紫石英号"重新建立了电报联系，也了解了军舰受损情况和伤员情况。为了避免进一步的人员伤亡，也为防止军舰被中国人民解放军俘获，英国外交部不得已制订了放弃和凿沉"紫石英号"，舰上船员从镇江登岸乘火车前往上海的计划，即弃舰、登岸、沉船的计划。④ 英国外交部借助尤德正在与人民解放军前线司令部进行沟通之机，为"紫石英号"上的人员撤离争取恰当时机。克仁斯依照外交部和施谛文的指示，着手准备伺机撤

---

① "H. M. S. Amethyst," Admiralty Communicated, 27th April, 1949, FO 371/75891/F6313.

② "Message of Sympathy from the Secretary of State to Flag Officer Second in Command Far East Station," Foreign Office Minute, 22nd April, 1949, FO 371/75889/F5870.

③ "H. M. S. Amethyst," Admiralty Communicated, 24th April, 1949, FO 371/75890/F6065.

④ "Firing on H. M. Ships on the Yangtse," Admiralty Communicated, 22nd April, 1949, FO 371/75889/F5915. 在该份档案中，关于"紫石英号"的撤离与凿沉，分别使用了"evacuate"和"sink her"。

离，并做好凿沉"紫石英号"的准备。与此同时，英国外交部与海军部进行协商，讨论有关"紫石英号"人员逃离的时机和准备工作，以确保在逃离过程中，不会再造成人员伤亡。[①] 经过权衡，海军部决定，避免进一步的人员伤亡是当前最重要的考虑。远东舰队副司令马登下令克仁斯带领"紫石英号"船员安全登岸，并且准备破坏"紫石英号"。英国海军部告知远东舰队，将于6月重新派遣"芒特湾号"（Mounts Bay）巡洋舰到达远东舰队基地，以补充因放弃"紫石英号"而造成的远东舰队军舰数量的不足。[②]

然而，由于中国人民解放军迅速推进渡江战役进程，镇江地区的长江南北两岸已经由中国人民解放军接管，"紫石英号"军舰的英方人员的登岸计划已经变得不可能。英国外交部和远东舰队再次经过权衡，不得已放弃之前的弃舰、登岸、沉船计划。英国作出这种政策调整，由多种因素促成。首先，"紫石英号事件"已经引起英国国内民众的高度关注。英国政府准备实施弃舰、登岸和沉船计划本是不得已而为之，这对于当年称霸世界的英国海军来说自然是颜面扫地，甚至会对英国在东南亚的殖民统治产生不利影响。况且，国内民众已经关注此事，若是坚持采取弃舰、沉船的办法，将导致本就因先前炮击事件备受指责的艾德礼政府面临更大的压力。其次，南京已经解放。"紫石英号事件"发生当天，英国方面考虑中国人民解放军尚未完全解放镇江，"紫石英号"船员还有通过弃舰、登岸的方式撤离到上海的可能性。但是，随着南京、镇江及附近区域相继解放，英舰上的英国海军若是登岸，极有可能被中国人民解放军俘获。这也是英国政府无法面对的，使得英国方面不得不放弃原计划。再次，英国保守党也在密切关注着"紫石英号事件"。事件发生后，前首相丘吉尔就质询过艾德礼政府，而现在再采用弃舰、登岸和沉船的办法，可能会给保守党制造攻击工党政府提供口实，这亦是艾德礼政府不能接受的。"紫石英号"搁浅长江后，已经占领长江两岸的人民解放军再没有对英国军舰采取进一步行动，也没有俘获军舰的迹象。远东舰队副司令马登开始考虑是否

---

① "Firing on H. M. Ships on the Yangtse," Admiralty Communicated, 22nd April, 1949, FO 371/75889/F5916. 在该份档案中，关于"紫石英号"撤离，使用到"escape"。

② "H. M. S. Amethyst," Admiralty Communicated, 25th April, 1949, FO 371/75890/F6065.

真的有必要实行之前弃舰、登岸、沉船的计划。对于军舰上的伤员，马登电令克仁斯设法与中国人民解放军前线司令部取得联系，允许军舰上的伤员上岸进行治疗。最后，英国外交部、英国驻华大使馆已经令驻北平总领事包士敦就该事件与华北人民政府进行沟通，若是此时还采取弃舰、登岸、沉船的办法，也会不利于该事件的和平解决。

4 月 26 日，英国议会就"紫石英号事件"提出质询。艾德礼表示："英国海军向南京派出军舰是得到国民党政府的许可的，此举也是为了确保长江航运的开放。英国军舰只要没有进入国共双方交战区域，中国共产党就没有理由对英国军舰的航行进行蓄意且有组织的攻击。当'紫石英号'由上海向南京航行时，长江尚且不是国共双方交战区。目前的证据显示，炮击事件可能是偶发事件而非中国共产党精心设计。"在质询中，就英国议会主要关心的"紫石英号事件"以及英国军舰在中国长江航行等 5个问题，艾德礼及海军部一一作出答复。

问题 1：为什么是用一艘军舰而不是飞机来为大使馆和英国侨民供给日常物资？

海军第一大臣作出解释。早在 1948 年下半年，鉴于中国形势的发展，南京的局势也日趋紧张，为保证英国驻华大使馆和英国侨民安全和日常生活物资供应，以及出于对大使馆人员和侨民撤离时提供帮助的需要，更重要的是为了保证长江航运的开放，稳固英国在南京的影响和商业利益，海军大臣霍尔（Viscount Hall）和远东舰队司令布朗特（Patrick Brind）认为有必要向南京派出军舰，而且实行军舰定期轮替。英国外交部和英国驻华大使向国民党政府提出申请，也得到南京国民党政府的许可。"紫石英号"一直承担着给英国驻华大使馆和英国侨民供应物资的任务。除"紫石英号"外，英国远东舰队还派出其他军舰。如 1948 年 12 月，"康斯坦斯号"（Constance）驱逐舰帮助捷克驻华大使馆部分人员撤离。同年 12 月，"敏捷号"（Alacrity）护卫舰撤离了一部分大使馆的物资。1949 年 1 月，"伴侣号"驱逐舰撤离了部分大使馆的物资。不久，"黑天鹅号"（Black Swan）护卫舰帮助撤离了部分使馆工作人员。3 月，"伴侣号"给英国大使馆带来了 2250 加仑的燃油，并给加拿大、澳大利亚和瑞士等国家驻华使馆带来部分物资。按照原计划,"伴侣号"将由澳大利亚护卫舰"肖尔黑文号"来替换。4 月初,中国共产党向国民党发出最后通牒:若国民党拒绝中国共产党提出的八项和平条件,人民解放军将于 4 月 12 日或以后发起渡江战役。① 由于两艘军舰的交接时间与中国共产党发起渡江战役的时间接近,4 月 7 日,施谛文与澳大利亚驻华大使协商推迟英国与澳大利亚军舰的替换时间。4 月 14日,鉴于中国共产党没有按先前所定时间发起渡江战役,以及无法预测长江下游地区战争态势的发展,此时要派遣一艘英国军舰到达该区域时应更加慎重,因而施谛文向远东舰队建议暂不执行替换"伴侣号"的计划。然而,远东舰队副司令马登依然决定派出其他军舰替换"伴侣号",由于军舰"肖而黑文号"于 4 月底要到日本执行任务,所以马登派出"紫石英号"于 19 日从上海驶往南京。②

艾德礼答复了没有使用飞机的问题。虽然可以使用英国飞机向南京供给物资,以保证大使馆和英国侨民的物资供应。但需要注意的是,飞机在南京起降时所使用的机场属于国民党政府。鉴于当时国共在长江两岸对峙以及南京的局势,中国的机场随时会有中止使用的可能。因此,英国政府放弃使用飞机供应物资的计划。③

问题 2:为什么没有给予"紫石英号"战斗机援助?

艾德礼认为:"紫石英号"进行的是一次非常正常且在和平时期的航行,也没有在长江上强行航行的意图。这不是一次战争行动,而中国人也对英国军舰的航行习以为常。若是提供战斗机护航,会使国民党政府认为是挑衅,而且很可能会产生反作用。在国共双方作战区域和政治局势动荡时期,考虑到我们要维护商业活动的平稳进行,所以要避免因我们的意图被误解而造成的不必要麻烦。

问题 3:为什么没有给"伦敦号"和"黑天鹅号"提供空中援助?

艾德礼表示,马登派出"伦敦号"和"黑天鹅号"的主要意图是给

---

① 张宪文:《中华民国史纲》,河南人民出版社,1985,第 749 页。

② "Summary of Service Rendered by H. M. Ships Stationed at Nanking," Admiralty Communicated, 3rd May, 1949, FO 371/75891/F6398, 陈谦平:《论"紫石英"号事件》。

③ "The Yangtse Incident," Admiralty Communicated, 5th May, 1949, FO 371/75891/F6448.

"紫石英号"提供救助，特别是尽可能快地提供医疗救助以确保军舰上不会有进一步的人员伤亡。没有对这两艘军舰提供空中援助，是为了明确显示这两艘军舰的身份与和平意图。如果可能的话，这两艘军舰也可能会不遭遇抵抗或是以最小的代价带回"紫石英号"。此外，远东舰队司令布朗特认为该事件的发生可能是由于中国共产党方面的误解，而且当时所有的证据也都证明了这一点。

关于为什么没有使用英国空军轰炸机，他表示，距离中国最近可使用的重型轰炸机部署在新加坡，而目前有三架可供使用，若是从新加坡飞到上海则需要 36 小时。为了达到预期的轰炸效果，这些重型轰炸机需要至少8 个小时的时间来对付解放军在长江两岸 60 英里范围内部署的大量炮兵，更重要的是，到目前为止有许多解放军炮兵阵地的部署位置还不是很清楚。①如果没有前期的侦察照片和高精确度的地图，飞机很难在空中看清地面目标。所以，马登认为，两三天之内不可能在长江区域使用空中援助。即使要使用空中援助，英国空军飞机也只能在国民党的飞机场起飞，但是这就等同于英国加入中国的内战。因此，对"伦敦号"和"黑天鹅号"给予空中援助是一次明显的战争行为，特别是在"紫石英号事件"发生后。从目前中国内战的形势来看，一旦共产党军队遭到进攻，他们必定会武力还击，因此采取有限的空中支援以减少英国人伤亡的做法是值得怀疑的。此外，马登认为不采取任何军事行动以避免引起挑衅或表示敌意的行动，也是为了表明英国的"中立"意图。

问题 4：为什么海军部没有密切关注中国的形势和军舰的动向？

艾德礼表示，总体政策和获得英国民众的支持在一段时间内是困难的。早在 1949 年 1 月，该问题就被提出过。中国的革命形势已经日趋明朗，英国政府对此一直予以关注。关于英国军舰的动向，他说，以一天的时间间隔去掌握军舰的行程是不切实际的，必须通过当地的高级海军军官与驻华大使馆沟通后，才能够掌握当地局势变化。

---

① "H. M. S. Amethyst," Admiralty Communicated, 3rd May, 1949, FO 371/75891/F6471.

问题 5：为什么当时没有派出航空母舰？

艾德礼表示，早在 1947 年，英国航空母舰就已经从中国撤出，一部分原因是训练设备不足，另一部分原因是经济问题。由于没有航空母舰，也就不存在使用航空母舰的问题。①

从艾德礼对议会相关质询的答复，不难看出两点：一方面，这反映出英国对华政策的调整以及英国自身实力的衰弱。早在 1949 年年初，英国已经制定出"门内留一只脚"的政策。"紫石英号事件"发生前夕，英国外交部以及大使施谛文多次拒绝国民党政府关于英国大使馆南迁广州的请求，而选择留在南京就已经说明这一问题。事件发生后，英国海军部有过从新加坡派出远程轰炸机进行空中支援的考虑，但因诸多现实困难以及不愿因此而被动卷入中国内战未实施。若是在中国人民解放军发起渡江战役之时，英国的轰炸机出现在长江上空，必定会被视为侵犯中国主权的行为，也必定会招致全体中国人民的强烈抗议，甚至有可能发生与中国军队的武力冲突。这不仅会影响英国对中国政策的调整，更有可能遭遇国际社会的谴责，所以远东舰队只是派出普通军舰和医疗飞机对"紫石英号"进行救援。艾德礼的答复反映出英国受自身力量所限，往日对中国强硬的炮舰外交已经日薄崦嵫。另一方面，艾德礼尽量争取议会对政府就"紫石英号事件"处理方式持肯定的态度。议会中有部分仇视共产主义的势力，如有着相当影响力的前首相丘吉尔。他一向仇视共产主义，在该事件上更是主张政府应该对中国共产党采取强硬政策。艾德礼政府需要尽量稳定这部分人的敌对情绪，以免影响国内民众，给英国政府在处理"紫石英号事件"上带来不利的影响。艾德礼、外交大臣贝文、英国驻华大使相对比较克制，特别是英国外交部希望英国政府和相关部门保持冷静，并要求对"紫石英号事件"的处理过程予以保密，以方便该事件的妥善解决。他们的态度对英国政府就"紫石英号事件"的处理政策发挥了重要影响。当然，中国共产党方面的克制态度也是该事件没有再升级的一个非常重要的原因。

---

① "The Yangtse Incident," Admiralty Communicated, 5th May, 1949, FO 371/75891/F6448.

4月30日，针对丘吉尔在4月26日议会质询时的发言，毛泽东起草了驳斥丘吉尔言论的声明：英国军舰闯入中国人民解放军的防区，并向人民解放军开炮，造成人民解放军252人的伤亡。中国人民解放军有理由要求英国政府承认错误，并予以道歉和赔偿。英国军舰无权进入中国内河。艾德礼称，人民解放军"准备让英舰'紫石英号'开往南京，但要有一个条件，就是该舰要协助人民解放军渡江"。声明驳斥艾德礼是在撒谎，称人民解放军并没有允许"紫石英号"开往南京。人民解放军不希望任何外国武装力量帮助渡江。"相反，人民解放军要求英国、美国、法国在长江黄浦江和在中国其他各处的军舰、军用飞机、陆战队等项武装力量，迅速撤离中国的领水、领海、领土、领空，不要帮助中国人民的敌人打内战。中国人民革命军事委员会和人民政府直到现在还没有同任何外国政府建立外交关系。""中国人民革命军事委员会和人民政府愿意考虑同各外国建立外交关系，这种关系必须建立在平等、互利、互相尊重主权和领土完整的基础上，首先是不能帮助国民党反动派。中国人民革命军事委员会和人民政府不愿意接受任何外国政府所给予的任何带威胁性的行动。外国政府如果愿意考虑同我们建立外交关系，它就必须断绝同国民党残余力量的关系，并且把它在中国的武装力量撤回去。"①

中国共产党关注英国政府对"紫石英号事件"的政策的同时，英国方面也在关注着中国共产党方面对此事件的态度，特别是4月30日毛泽东的声明。施谛文向英国外交部提交的报告中也提到此事，施谛文认为，此时英国政府应该避免宣称英国海军在中国水域享有航行权，或者是关于共产党同样享有在泰晤士河的航行权的相关言论。就目前而言，英国应该保留就英舰伤亡人员向中国共产党要求赔偿的诉求，而且这个问题应该留到决定提出强烈的要求，以抵消中国共产党类似的要求的时候。

此外，施谛文还根据当时的形势，就英方与中方即将进行解决"紫石英号事件"的谈判向英国外交部提出五点建议。

第一，重申英国军舰航行的和平目的，通过媒体宣传英国军舰在中国

---

① 《毛泽东选集》（第四卷），人民出版社，1991，第1460—1461页。

至少待五个月的事实,并确保其行动和目标都是公开的。同时,强调英国军舰在中国港口的主要目的是保护在华英国侨民和其他国家的侨民,英国军舰的存在不仅是在国民党政府时期,也包括在局势混乱时期。

第二,重申英国军舰在中国水域航行已得到国民党政府的许可。

第三,根据大使馆获得的消息,如果国民党政府无法答复中国共产党提出的和平条款,解放军将发起渡江战役,而中国共产党给的最后期限是4月20日午夜。但是,最后期限又是相对的,华北人民政府,按照新华社广播所说,发起渡江战役的日期是4月22日,这是需要注意的。

第四,"紫石英号事件"发生在4月20日上午,距离解放军发起渡江战役还有十几个小时。因此,英国军舰在长江航行本不应该遭到炮击。事实上,可以假定,最初炮击可能是由解放军炮兵的错误行动引起的,进而炮击造成英国军舰大量人员的伤亡。英国军舰不得不还击,也使解放军为此付出代价。

第五,英国政府并没有允许英国军舰在其他国家的领水范围内自由行动,这是受到普遍认可的,但是避免暴风雨等危险和进行救援则是例外。根据英国政府1943年与国民党政府签订的《中英新约》的规定,英国自愿放弃了之前英国船舶可以在中国领水自由航行的权利。但是,英国政府愿意接受有关友好国家希望英国军舰进入其领水进行访问的请求,正如英国政府同样希望其他友好国家军舰来访而进入英国水域。现在,备受关注的英国4艘军舰遭到炮击的事实,说明英国军舰继续在中国水域停留是不受中国共产党欢迎的。在这种情形下,英国政府不会在中国共产党控制时期派遣军舰进入中国水域,英国将撤回在上海港的英国海军。但是,这样一来,英国政府将不得不放弃稳定当地社会秩序的努力,保持地区秩序和保护英国侨民生命与财产安全只能依靠有效控制上海地区的国民党政权。[①]

南京解放后,施谛文多次向南京市军管会外事处提出申请,希望能就"紫石英号事件"与中方接触。中国共产党坚持不承认英国驻南京和北平

---

① "Forthcoming Debate on the Yangtse Incident," From Nanking to Foreign Office, 2nd May, 1949, FO 371/75890/F6246.

使领馆的外交人员身份，只认可其为一般的外国侨民，所以施谛文一直未能与南京市军管会取得进一步的联系。中方也已明确告知施谛文，会保证"紫石英号"的安全。但是，中方也警告施谛文，若"紫石英号"自行顺江而下，可能会再次遭到中方警告。5月2日，中国人民解放军谈判代表登上"紫石英号"，也重申了上述中方的声明。

与此同时，英国政府希望可以低调处理该事件。南京解放后，施谛文就希望能与南京市军管会外事处进行沟通，尽快让"紫石英号"离开中国水域，希望中国人民解放军能够提供安全通行权，而且要求不予公开这一过程，① 但是遭到中方严词拒绝。英国外交部、海军部经过协商后认为，在当时的形势下，考虑到军舰已经无法移动以及军舰的安全问题，救出"紫石英号"的最好办法，就是军舰待在原地，与中国共产党进行谈判。不仅如此，英国外交部认为，如果公开双方之间的谈判，可能危及该事件成功解决以及营救出"紫石英号"，② 所以希望中英双方对谈判予以保密。

5月5日，英国内阁就中国问题和"紫石英号事件"再次进行讨论，从英国外交部助理次官德宁提交的备忘录能知道其大致内容。德宁认为，就在华利益而言，英国远大于其他国家。1948年至1949年年初，仍有大量英国商人留在中国。英国驻华大使馆和领事馆仍留有部分人员，以观察中国内战形势的发展，除非受中国战争形势所迫时才会撤退，但是到目前为止这种态势尚未出现。"虽然英国承认国民党政府，但并不等于说英国和国民党政府是中国内战冲突的一方。"早在1945年年底，英国外交部就提出不干涉中国内部事务，更不愿卷入国共双方的内战，中国人有权最终决定自己的命运。"事实上，共产党声明在意识形态上不同于我们，并不是我们干预中国内政的理由。"德宁在备忘录中再次就为什么会向中国派出军舰作出说明，"首相已经在议会中声明，英国军舰在中国水域的航行

---

① "H. M. S. Amethyst-Aid-Memoire to the Communist Authorities in Nanking Requesting a Safe-Conduct for the Ship," From Nanking to Foreign Office, 6th May, 1949, FO 371/75891/F6496. 施谛文在发给外交部的电文中出现了"no（repeat no）publicity"，可见其对该事件处理的谨慎。

② "Further Information Concerning the Attack on H. M. S. Amethyst," Admiralty Communicated, 6th May, FO 371/75891/F6522.

是得到国民党政府许可的。由于中国正值内战，交战双方都不能完全控制局势，这就（使中国）将会出现社会秩序的动荡。英国派出军舰是为了维护当地社会秩序的稳定。在必要的时候，军舰还可以帮助撤出英国侨民。同时，英国军舰访问其他国家港口是正常国际交流的一部分"。"出现在中国水域的英国军舰，纯粹是出于人道主义目的。如果英国战机出现在中国领空，就有可能意味着卷入中国内战，而且派出的战机也冒着被击落的危险，更会把事态进一步复杂化。目前，共产党军队正在向上海推进。共产党是否会立即解放上海，目前尚不明朗。""上海有大量英国侨民，所以英国向上海派出军舰也是准备应对紧急情况，对英国侨民提供保护，以及在必要时撤走侨民。"①

德宁还就英国对中国共产党的政策和未来前景提出自己的意见。英国通过中国共产党在广播中的声明了解中国共产党的态度。一方面，中国共产党表示，中国人民反对英国和美国等帝国主义对中国的侵略；另一方面，人民政府保护所有在华外国侨民的正常活动。英国对此理解为，中国共产党在其解放区内可以保证英国侨民的安全，不会干扰其正常的贸易活动。但是，英国还无法确定在解放区内是否已经恢复了正常的贸易秩序。可以确定的是，目前的混乱不会从整体上影响中国的经济，特别是像天津、上海这样的大城市的经济。关于未来的前景，鉴于目前中国形势依然不明朗，预测事情的进展是既无益也不会令人满意的。目前，部分外国外交代表团仍待在南京。根据施谛文的建议，英国政府将与其他有同样想法的国家进行协商后再做决定。英国已经在广州有领事馆，以方便与已经迁到广州的国民党政府保持沟通和联系。在此之前，英国外交部已经说明，中国当前的形势已经不再需要英国军舰出于人道主义目的的航行，所以将从中国撤回英国军舰。关于英国与中国关系的预期，英国希望继续保持与中国人民的友好关系，保持贸易往来和文化交流。在共产党解放区，中国

---

① "Foreign Office Notes for the Debate on China Held in the House of Commons on 5th May 1949," Foreign Office Memorandum, 7th May, 1949, FO 371/75891/F6588.

人民是否会被允许与英国保持这些关系还有待观察。①

从德宁的备忘录中不难发现，英国为了维护其在华经济利益，不愿卷入中国内战，而持"中立"政策。当然，这并不是完全的"中立"。抗战胜利后，英国政府曾向国民党政府租借军舰，实则是在变相地支持国民党政府。解放战争进程的推进和"紫石英号事件"的发生以及中国共产党的坚决态度，使英国认识到已经不能在中国留有英国海军。此外，由于英国在上海有着大量投资和商业利益，如何维护英商在上海的经济利益也是英国关注的，同时这也表明英国有与中国共产党进行经贸往来的愿望。"紫石英号事件"的发生以及如何解决该事件，是困扰英国对华政策的一个难题。英国不希望该事件成为英国对华政策的绊脚石，进而影响英国在华商业利益。在"紫石英号"试图逃离的计划失败后，接下来，与中国共产党进行谈判，尽量淡化该事件的影响就成为英国的不二选择。

第三节　关于"紫石英号事件"的谈判

4月23日，中国人民解放军解放南京，国民党的反动统治宣告结束。与此同时，中共中央和中央军委也获悉国际社会对"紫石英号事件"的关注。因此，就如何处理"紫石英号事件"，中央军委于4月23日再次致电总前委："英舰事件，现已震动世界各地。英美报纸，均以头条新闻揭载。请粟、张加强江阴方面的炮火封锁，一则使国民党军舰不能东逃。二则使可能再来之英舰不能西犯，如敢来犯，则打击之。对于营救'紫石英号'伤员，不要拒绝，可给予便利。惟需英方承认错误，即不得我方许可，擅自进入人民解放军防区，向我军进攻，致使我军遭受巨大损失。你们在占领镇江后应即将'紫石英号'俘获，解除其武装，但须给以适当的待遇，不要侮辱英方人员。对其伤员，予以医治，但不要释放。必须英方派出正

① "Foreign Office Notes for the Debate on China Held in the House of Commons on 5th May 1949," Foreign Office Memorandum, 7th May, 1949, FO 371/75891/F6588.

式代表和我方代表举行谈判，成立英方承认错误的证明文件之后，方予以释放。或者，将伤员释放，而将其他人员扣留不放。为适当的办理此项交涉，你们应即准备谈判人员及翻译人员。"① 中央军委不仅表明对事件的重视程度以及关注到国际社会对该事件的反应，还说明中国共产党也坚持一贯的对外政策，即维护中国主权不容侵犯的基本原则。不仅如此，中国共产党也采取了人道主义原则，同意对"紫石英号"的人员给予相应的待遇，而且也允许军舰上的伤员先行撤离。此外，中央军委已经就解决"紫石英号事件"做好与英方进行谈判的准备，而且已经明确中方谈判解决该事件的前提，即英方首先承认错误、道歉，方可进行接下来的谈判。英国政府得知中方的态度后，也确认该事件的发生具有偶然性，而且英国外交部、海军部也认为应该采取与中国共产党进行谈判的方法解决该事件。但是，由于英国方面在谈判代表问题上的迟疑，中国共产党坚持不承认国民党政府时期的外国政府在华的外交机构和外交人员的政策，双方在谈判代表的级别和谈判的具体内容以及措辞等方面在很长一段时间内未能达成一致。

中国共产党方面主张，中英双方关于"紫石英号事件"的谈判应该由当地指挥官负责，并且派出三野炮团政委康矛召作为中方谈判代表。但是，英国方面却希望在更高级别上进行谈判。② 由于英国方面一直希望在更高级别的水平上进行谈判，所以谈判一开始就进展得不顺利。事件发生后的一个月中，中英双方进行了多次接触，而且中方谈判代表康矛召于5月8日向英方代表克仁斯出示了中国共产党方面的谈判授权书，但英方代表仍表示"应该在南京的更高级别上讨论相关问题"。康矛召当即反驳，中方并未与英国建立外交关系，所以谈判只能在当地解决。③英国之所以在谈判初期一直想通过更高级别的谈判解决该事件，有其自身的政策考虑。

---

① 中共中央文献研究室编《毛泽东年谱（1893—1949）》（下），第 487 页；董晨鹏：《炮打紫石英号：中英长江事件始末》，第 223—224 页。

② 王建朗：《衰落期的炮舰与外交——"紫石英"号事件中的一些问题再探讨》。

③ "Project Negotiations to Decide who Should Assume Responsibility for the 'Amethyst' Incident," Admiralty Communicated, 18th May, 1949, FO 371/75891/F7168.

施谛文在给外交部的建议中，认为应该与中国共产党进行更高级别的谈判，以求事件的尽快解决。对于接管"紫石英号"的克仁斯，施谛文认为，只能授权克仁斯负责使军舰平安航行至出海，其他相关谈判问题应该由更高级别的官员负责，所以克仁斯不具有可以讨论任何有争议的和政治性问题的职权。此外，施谛文希望中国共产党方面尽快就"紫石英号"安全撤离予以表态，以及接受英国方面提出的"紫石英号"及其船员安全和物资补给的请求。[1]

英方不仅不愿意授予克仁斯作为谈判代表的权利，远东舰队总司令布朗特还于 5 月 20 日向英国海军部提出请求，称如果施谛文和克仁斯没有异议，他准备登上"紫石英号"，将"紫石英号"作为远东舰队的旗舰，并由其负责与中国共产党代表的谈判。布朗特认为，这样做可以为促使中国共产党释放"紫石英号"提供最好的机会，也可以说明英国军舰被扣留已经到了相当严重的程度。如果布朗特与中国共产党代表的谈判失败，其准备带领"紫石英号"离开。如果此时上海正处在国共双方交战期间，布朗特表示将率军舰在到达吴淞口之前停止航行，而上海的中国共产党军队不可能再向"紫石英号"开炮，特别是他将把军舰撤离过程中所实施的每一步都通过广播和其他方式告知中国共产党。同时，布朗特还说明，其在带领军舰航行中如果再次遭到中国共产党军队的炮击，很可能会进一步激发英国国内民众的同情。布朗特也承认军舰移动是要冒相当大的风险，但他坚持认为，中国共产党无权阻止或扣留英国军舰，所以由他带领"紫石英号"撤离的成功机会很大。[2] 然而，海军部对布朗特的请求持怀疑态度，认为布朗特此举会犹如施谛文与中国共产党建立直接联系一样的困难，以突袭的方式解救"紫石英号"是不可能成功的，并且极有可能使军舰再次遭到炮击。一旦再次失败，英国的国家荣誉将受到影响。更严重的是，此

---

① "Communist Attitude towards the Responsibility of the 'Amethyst' Incident," From Nanking to Foreign Office, 20th May, 1949, FO 371/75892/F7326.

② "紫石英号"的形势，远东舰队司令登舰和参加与中国共产党会议的建议。见 Admiralty Communicated, 20th May, 1949, FO 371/75892/F7347. 需要注意的是，这是英国方面第二次提出"紫石英号"撤离一事。

举将严重影响英国对中国共产党的政策,甚至进一步影响英国在上海的商业利益。同时,英国政府将受到国内民众和反对党的强烈批评。[①]

可以看出,远东舰队总司令布朗特的态度明显有昔日大英帝国的优越感和传统对华政策中的炮舰外交思维。一个外国舰队司令在没有得到中方允许的情况下,试图强行登上已经被迫搁浅的军舰,本身就是在侵犯中国主权。布朗特还试图把"紫石英号事件"的责任推给中方。之前,中国人民解放军前线司令部已经表态:如果"紫石英号"待在原地,中国人民解放军可以保证其安全;如果其擅自移动,会有再次遭到警告的可能;如果布朗特强行带领"紫石英号"驶离,人民解放军则必定会再予以警告。英国方面则把责任推给中国共产党。

中英双方不仅在谈判代表级别的问题上有分歧,英方还试图将谈判分成两部分进行。5月18日,就"紫石英号事件"谈判中涉及的责任问题,布朗特向施谛文表示,与中国共产党代表讨论"紫石英号事件"的责任问题是非常危险的,因此要限制克仁斯与中国共产党代表讨论"紫石英号"的责任问题。鉴于施谛文已经向南京市军管会外事处解释"紫石英号"在中国共产党给国民党最后期限前的24小时内通过中国人民解放军炮兵阵地的原因,有关该事件的进一步谈判应该是与中国共产党进行更高级别的协商,所以不能授权英国海军和中国共产党军队之间进行有关该事件的讨论。此外,布朗特认为,英国海军在中国内战中一贯持"中立"立场,不代表交战双方中任何一方,英国海军绝不参与到国共双方中的任何一方军事行动中。基于这些考虑,布朗特表示,关于"紫石英号"的航行最好是近期在中英军事指挥官之间达成和解,而不会影响就"紫石英号事件"的外交讨论。所以,鉴于"紫石英号"已经搁浅近一个月,布朗特将授予"紫石英号"离开长江的权力。英国海军部也同意布朗特的建议。海军部表示,克仁斯只负有保证军舰安全的权力,而这种安全保证是英国军事和海军部的事务,独立于其他问题之外;商讨有关该事件的责任问题已经超

---

① "H. M. S. Amethyst,"Admiralty Communicated, 20th May, 1949, FO 371/75892/F7353.

出了克仁斯的权限。①

从布朗特和英国海军部的表态中可以看出，英方想把"紫石英号"的撤离与"紫石英号事件"责任问题的谈判分开进行。英方认为，就"紫石英号"尽快离开长江的问题，应该在中英双方军事代表之间进行，解决该事件的谈判则应该在中英间更高级别外交代表之间进行，而且英方希望中共先允许"紫石英号"离开长江，然后双方再进行该事件的相关谈判。从远东舰队和海军部的意见看，不排除英方有这种设想，即先设法将"紫石英号"撤离长江，然后消极对待甚至是不进行有关该事件的谈判。这在之后关于"紫石英号事件"的艰难谈判过程中得到印证。

就英方提出的设想，中方的态度非常明确，即首先解决事件的责任问题。5月24日，康矛召再次与克仁斯谈判时，重申中方的态度，不接受英方关于英国军舰在长江航行已经得到国民党政府许可，以及完全只是肩负人道主义与和平使命的解释。首先，4月20日及以后，英国方面先后派出"紫石英号"及其他军舰进入长江水域，这些军舰都负有战争行为的责任。长江是中国内河，中方不承认外国军舰在中国内河的航行权。其次，"紫石英号"首先开炮，之后英国海军又派出军舰增援"紫石英号"并再次炮击长江北岸的人民解放军炮兵阵地，造成中方大量人员伤亡和设施的毁坏。最后，"紫石英号"在中国人民解放军发起渡江战役前夕到达交战区域，有与国民党一起阻挠人民解放军发起渡江战役的意图。毋庸置疑，英方应为其行为承担全部责任。②基于上述事实，中方要求英方必须道歉并对中方人员伤亡予以赔偿。在完成这些之前，中方暂不谈论有关"紫石英号"的安全通行问题。

早在1947年2月，中国共产党就已经公开声明，外国军舰无权在中国内河航行。"紫石英号"以及其他多艘英国军舰再次出现在长江水域，这种行为本身就已经侵犯了中国的领土主权。克仁斯对康矛召的问题没有正面答复，却询问能否把谈判转移到上海或者是北平进行。康矛召告知克仁

---

① "H. M. S. Amethyst," Admiralty Communicated, 19th May, 1949, FO 371/75892/F7352.

② Admiralty Communicated, 24th May, 1949, FO 371/75892/F7550.

斯，其是由华北人民政府授权的谈判代表，也因为事件发生在其军事辖区，中国人民解放军也没有外交代表可以处理该事件，而且该事件本身是军事问题，并非外交事件，所以英方提出在南京进行有关该事件谈判的意图是徒劳的。① 克仁斯重申，他并没有得到英国政府授权进行有关该事件的谈判。② 克仁斯就此向远东舰队司令部报告，中国共产党方面的意图很明确，只有英国方面承担了全部责任，才有可能允许"紫石英号"安全通行。除非其被授权与中国共产党代表进行更高级别的谈判，否则"紫石英号事件"无法解决，所以建议再派出更高级别的谈判代表以使事件尽快解决。③

由于中英双方在谈判代表上的分歧以及英方不愿意承担全部责任的消极态度，"紫石英号事件"的谈判一度陷入僵局。此时，上海已经回到人民怀抱，中国人民解放军也继续南下向广州进军。中央军委的主要任务是尽快解放全中国，也希望"紫石英号事件"能够尽快解决。所以，鉴于多方面的考虑，中国共产党作出策略调整。6 月 10 日，中央军委给总前委和南京市军管会去电，同意英国方面提出的"将英国海军的责任，即认错、道歉、赔偿等问题，与容许'紫石英号'军舰撤离的问题分开解决"，但前提是，英方必须承认未经解放军允许英国军舰就进入中国领水和交战区域的基本事实。④同时，中国共产党方面同意英方提出的派英国驻华大使馆海军武官董纳逊（Vernon Donaldson）登上"紫石英号"，以与中国共产党进行谈判的建议。董纳逊在华时间较长且比较熟悉中国事务，英方此举的目的是希望中方也派出更高级别的谈判代表。

不仅中方在进行谈判策略的调整，英国方面也在转变其政策。英方之所以改变态度，有着多重因素。首先，国内对"紫石英号事件"的关注度持续不减，艾德礼政府遭到民众和反对党的强烈质疑。英方在与中国共产

---

① Admiralty Communicated, 24th May, 1949, FO 371/75892/F7550.

② "Telegrams from the C. in. C. F. E. S. ," Admiralty Communicated, 31st May, 1949, FO 371/75892/F7595.

③ "H. M. S. Amethyst," Admiralty Communicated, 31st May, 1949, FO 371/75892/F8060.

④ 《对英国军舰紫石英号的处理办法》（1949 年 6 月 10 日），中共中央文献研究室、中国人民解放军军事科学院编《周恩来军事文选》（第 3 卷），人民出版社，1997，第 644 页。

党的谈判过程中，一直希望低调处理此事。若是围绕该事件的谈判久拖不下，势必会又引起国内民众、媒体和反对党的注意，会对艾德礼政府带来不利影响。其次，英国方面还有着维护在华经济利益的考虑。南京和上海的英国商业团体担心该事件悬而不决会影响英国在华商业利益，而且已经有英在华商业团体，如英商中华协会询问施谛文有关该事件的解决进展。施谛文也将英国在华商业团体对事件的担忧告知英国外交部。①再者，英方亦想把经济因素引入中英双方谈判中，以诱使中国共产党在该事件上作出让步。施谛文曾向英国外交部提出建议，鉴于与中国共产党谈判陷入僵局，"我们是否可以考虑对中国共产党提供经济援助或其他援助的办法，作为中国共产党加快释放军舰的诱因。一个好的交易显然取决于当时的实际情况"。②此外，天气因素也是英方调整其策略的一个因素。事件发生后，中英双方因种种问题，谈判一直未有进展。5、6月的长江，气候闷热难耐，加之军舰上物资已经无法维持很长时间，促使英方想尽快解决该事件。同时，英方还在寻求其他途径。鉴于刘伯承既是南京市市长，又是当地最高军事负责人，英国大使施谛文多次向刘伯承发出协商请求，也试图通过南京军管会外侨事务处来处理该事件。但是，外事处认为该事件不在南京军事管理区域，并且也无外交关系，应由事件接触双方英国海军和人民解放军前线司令部解决。③

6月20日、22日，中国人民解放军镇江前线地区负责人、第八兵团政委袁仲贤与克仁斯先后进行了两次会谈。袁仲贤告知克仁斯，如果英国方面承认英国军舰未经人民解放军允许就擅自闯入前线交战区域的基本事实，同时英方也同意可以确保就该事件的谈判能够继续进行，中国共产党可以考虑允许"紫石英号"离开进行维修。同时，袁仲贤还要求英方解释，为何英国海军会在"紫石英号"遭到炮击后，又相继派出"伴侣号"

---

① "H. M. S. Amethyst," From Nanking to Foreign Office, 8th June, 1949, FO 371/75893/F8398.

② "H. M. S. Amethyst," From Nanking to Foreign Office, 8th June, 1949, FO 371/75893/F8401.

③ "H. M. S. Amethyst," From Nanking to Foreign Office, 3rd June, 1949, FO 371/75892/F8148.

"伦敦号"和"黑天鹅号"进入长江。经过这两次会谈后,英国方面看出中国共产党处理该事件的策略变化。如果中国共产党仍然坚持之前的原则,即英方应该先承担全部责任和赔偿中方的损失,英国则仍无从应对。但是,中国共产党方面已经调整策略,这就使得英国看到了解救"紫石英号"的希望。远东舰队总司令布朗特得知消息后,立刻分别给英国外交部和施谛文发去电报,建议克仁斯与袁仲贤立刻达成协议,以促使中方尽快释放"紫石英号"。①

虽然布朗特希望与中国共产党达成协议,就连首相艾德礼也希望尽快答复中国共产党的要求,以换取军舰尽快离开,但是英方对袁仲贤的措辞有所保留,如外交大臣贝文、海军部希望用"不幸进入"(unfortunately entered into)来代替"擅自闯入"(intruded indiscreetly)。②6月23日,英国内阁会议专门讨论了这一问题。内阁会议纪要显示,海军大臣霍尔说明了中国共产党政策的转变,即由原先坚持英国方面须承担事件的全部责任,进行道歉,并且赔偿中方军民的人员伤亡及损失,转变为若英国承认其海军未经中方许可而擅自闯入前线作战区域的基本事实,并保证可以继续进行谈判,中方允许"紫石英号"离开进行维修。同时,霍尔也提醒内阁会议注意,如果英国接受中国共产党提出的军舰"擅自闯入"一词,可能会影响英国向中国共产党提出赔偿的要求或是抵制中国共产党向英国的索赔。最后,参加会议的内阁大臣表示,要利用中国共产党态度变化的这一机会,同时也不应该接受损害英国在该问题上的利益,并授权外交部和海军部就具体事宜进行协商。需要注意的是,内阁会议并没有决定最后是否接受中方提出的"擅自闯入"的措辞。③

经过外交部与海军部协商后,海军部将协商情况告知远东舰队司令部。布朗特立即给克仁斯去电,让其转告中方代表袁仲贤,表示愿意接受中方的要求,感谢中方允许"紫石英号"安全离开,保证英方会完成后续

---

① From C. in C. F. E. S. to Admiralty, 23rd June, 1949, FO 371/75893/F9430.

② "H. M. S. Amethyst," Admiralty Communicated, 23rd June, 1949, FO 371/75893/F9450.

③ 王建朗:《衰落期的炮舰与外交——"紫石英"号事件中的一些问题再探讨》。

的谈判。① 但是，由于克仁斯生病，双方无法进行谈判。7月初，中方代表袁仲贤、康矛召等前往南京参加庆祝活动，中英双方之间的谈判随之又被延迟数日。克仁斯和布朗特认为这是中国共产党故意为之，是使谈判陷入悬而不决的拖延策略。加之天气变得闷热而愈加难耐，"紫石英号"上的船员已经无法忍受，布朗特督促克仁斯寻找机会向中方提出补给船上日常物资的请求。② 与此同时，由于不熟悉中文，而随舰英方翻译又不能准确翻译中方的很多措辞（之前对中英双方"擅自闯入"和"不幸进入"的理解就是一个例子），克仁斯和施谛文建议英国外交部重新给"紫石英号"派出中文翻译员，以更准确地理解中方意图。③

7月5日，从南京回到镇江的中方代表康矛召立即与克仁斯进行了会谈。中方提出，英方不仅要承认"紫石英号"，还需要承认其他三艘英国海军军舰，没有事先得到中国人民解放军的许可就侵入中国内河和前线作战区域的基本错误。相比较之前，英方注意到中方措辞发生了变化：不仅包含"紫石英号"，还涉及其他三艘英国军舰；由之前只提及侵入中方前线作战区域，添加了中国内河；由承认"基本事实"改变为"基本错误"。

面对中方措辞的变化，克仁斯表示：英方不能接受中方提出的"侵入"（invaded），但可以考虑使用"侵犯"（infringed）；英方不能接受"基本错误"（basic fault），但是可以考虑改为"基本失误"（basic error）。克仁斯还说明，英方可以接受中方提到的另外三艘英国军舰之事，即英国军舰"紫石英号"和其他三艘军舰未经中国人民解放军允许进入中国内河和解放军前线阵地，英方视此事是英国的一个"基本失误"。④ 克仁斯将中国共产党在此次会谈中措辞的变化及自己的意见报告给施谛文和外交部，等待

---

① "H. M. S. Amethyst," From C. in C. F. E. S. to Amethyst, 25th June, 1949, FO 371/75893/F9450.

② "H. M. S. Amethyst," From C. in C. F. E. S. to Amethyst, 2nd July, 1949, FO 371/75893/F9752.

③ "Negotiation for the Release of H. M. S. Amethyst Suggestion That an Extra British Interpreter Be Sent," From Nanking to Foreign Office, 30th June, 1949, FO 371/75893/F9580.

④ "Negotiation for Release of H. M. S. Amethyst：Exchange of Note with Communists," From C. in C. F. E. S. to Nanking, 6th July, 1949, FO 371/75894/F10022.

英国外交部进一步指示。施谛文并不完全赞同克仁斯的意见，他表示同意英国接受中方提出的其他三艘英国军舰一事，也认可中方所提到的"英国军舰侵入解放军前线作战区域"，但是"侵入"一词不适用于"中国内河"，因为后者直接涉及英国侵犯中国领水主权的问题。此外，施谛文也不认同"基本错误"的措辞。这些问题都有可能给英国在以后的中英谈判中造成不利于英国的障碍。施谛文表示，中方扩展了之前的内容，可能会导致进一步拖延双方的谈判。① 国防大臣亚历山大明确反对"基本错误"的说法，也无法接受有关"道歉"的要求。② 英国外交部更是无法接受。外交大臣贝文表示，"我不会接受任何包含要我们认错的文字"。不仅如此，贝文还强调，只允许布朗特承认"紫石英号"未经中方同意而进入前线地区而导致了误会。③ 得到英国外交部的明确指示后，布朗特让克仁斯转告中方代表袁仲贤。当然，中方无法接受英国的表态，强烈质疑英国方面解决"紫石英号事件"的诚意。

由于中英双方就谈判内容的具体细节无法达成一致，双方的谈判又一度陷入僵局。然而，英国方面不可能放弃"紫石英号"，因此英国又开始寻求其他途径以达到解决事件的目的，其中之一是试图把"紫石英号事件"诉诸联合国。贝文支持这种设想。贝文认为："应该让共产党明白，军舰在长江航行是得到在联合国安理会占有一席的国民党政府的许可的。作为最后的办法，英国不得不将该事件诉诸联合国。"贝文甚至断言，中国共产党不愿将此事提交到联合国。他表示，虽然目前英国还不会威胁中国共产党将采取这种行动，但希望中国共产党明白，"我们是在现有的权利范围之内采取行动"。④

---

① "Negotiation for Release of H. M. S. Amethyst," From Nanking to Foreign Office, 6th July, 1949, FO 371/75894/F9925.

② "Negotiation for Release of H. M. S. Amethyst: Exchange of Note with Communists," From Ministry of Defence to Foreign Office, 6th July, 1949, FO 371/75894/F10022.

③ "Negotiation for Release of H. M. S. Amethyst: Exchange of Note with Communists," From Foreign Office to Nanking, 7th July, 1949, FO 371/75894/F10022.

④ "Negotiation for Release of H. M. S. Amethyst," From Foreign Office to Nanking, 7th July, 1949, FO 371/75894/F10022.

7月13日，英国外交部内部围绕是否需要将"紫石英号事件"提交至联合国，和诉诸联合国后在政治立场上是否对英国有利这两个问题进行了商讨。关于前一个问题，部分与会者认为，根据联合国处理事务的原则，安理会可以调查任何可能导致国际摩擦或引发争端的事件，但是争端当事一方若不具备政府地位时，安理会就无法对有关问题进行调查。目前国民党政府占有联合国安理会常任理事国席位，而中国共产党尚未建立全国政府，在联合国尚且没有合法席位。这是目前问题的复杂性所在，所以英国很难将此事件提交联合国。至于后一个问题，即政治立场上是否对英国有利，参加讨论的人员普遍认为，英国不会取得政治益处。一方面，英国无法保证诉诸联合国的成功概率，也无法指望获得安理会其他成员国的支持。另一方面，有人担心中国共产党正希望借英国将此事提交至联合国，让他们激起民族主义和反帝国主义的情绪来反对英国，对英国产生不利影响。① 如此一来，英国试图将"紫石英号事件"诉诸联合国的想法被束之高阁。

在诉诸联合国的想法碰壁之后，英方又开始寻求与中国共产党进行更高级别的谈判。7月13日，英国海军部通知布朗特，允许其前往"紫石英号"，与中方代表进行会谈。如果谈判无法取得令人满意的结果，布朗特可以考虑谋求与北平最高领导人，如与毛泽东进行谈判的可能性。② 同一天，英国外交部也告知施谛文，如果中英双方的谈判还是达不到满意的结果，布朗特将尽力与北平进行最高级别谈判。③ 此外，自6月下旬以来，国民党对上海实施海上封锁，还出动飞机轰炸上海及附近港口，在上海港的英国太古轮船公司商船"安契塞斯号"及英商在上海的部分资产遭到轰炸，英国与已经迁至广州的国民党政府就此事件正进行拉锯式的谈判。④ 英方担心，已经有商船卷入国共双方冲突之中，如果"紫石英号"不能尽

① "Negotiations for the Release of H. M. S. Amethyst. Questions of An Appeal to the Security Council," Foreign Office Minute, 7th July, 1949, FO 371/75894/F11095.

② "H. M. S. Amethyst," Admiralty Communicated, 13th July, 1949, FO 371/75894/F10402.

③ From Foreign Office to Nanking, 13th July, 1949, FO 371/75894/F10022.

④ 吴泉成：《一九四九年"安契塞斯号"事件经纬》，《中共党史研究》2018年第10期。

快安全离开长江,等到国民党加紧封锁之后,军舰再经过上海港时,有遭遇国民党空军轰炸的可能性。

第四节 "紫石英号"的逃离与
英国对华炮舰外交政策的终结

虽然在布朗特负责之下,他也授权克仁斯代表其与中方代表再次会谈,但是由于英方依然在克仁斯是否具有谈判授权、英国是否应该道歉和予以赔偿等问题上持消极态度,谈判僵持不下。同时,出于维持军舰上人员的正常生活所需,中方答应了克仁斯提出的提供维修军舰的必要设备和燃油的请求。到7月下旬,"紫石英号"已经恢复到可以航行的条件,且燃油储备也够维持其出上海港。英国方面再次考虑"紫石英号"逃跑的可能性。需要注意的是,英国方面关于"紫石英号"以及人员的撤离计划不止一次出现过。早在事件发生之初,英国就设想过弃舰、登岸、沉船的计划,只是由于中国人民解放军很快解放"紫石英号"搁浅附近区域,加之英国顾及国内对事件的关注以及该事件在东南亚的影响,不得已放弃该计划转而与中国共产党进行谈判。然而,6月底,中英双方谈判再度陷入僵局,英方再次提出军舰逃离的可能性。经中方同意,英方派南京大使馆海军武官董纳逊登上军舰协助克仁斯进行谈判,不排除布朗特此举有派董纳逊直接询问克仁斯和观察军舰逃离的可能性的意图。但是,之所以这次英方只是试探性考虑逃离的可能性,而没有付诸实施,是因为虽然双方谈判一度僵持不下,但并不是完全无法扭转,而且英国方面还是想通过谈判不失颜面地解决该事件。两次逃离的尝试因多种因素均未实施,但不代表英方会放弃逃跑的想法。

7月,中英双方进行几次会谈,对事件的最终解决方案仍然无法达成一致,英方关于军舰逃离的想法再次提了出来。7月23日,为了尽快结束谈判,英国外交部决定授权大使施谛文和远东舰队司令布朗特,尽快结束克仁斯与中方代表就"紫石英号事件"的谈判。① 需要注意的是，英国外交部的这一授权，仅局限于谈判事宜，并没有明确说明允许布朗特和施谛文采取逃跑的办法。7月25日，有强台风要经过"紫石英号"所在的长江水域，布朗特认为天气的变化给军舰提供了逃跑的机会，于是询问克仁斯"紫石英号"逃跑的可能性。7月27日，布朗特再次给克仁斯发去电报，又一次询问逃跑的可能性，并说明如果条件和能见度合适，可以尝试逃跑。克仁斯回复，正在考虑这种可能性和准备尝试逃跑的办法。② 7月28日，施谛文向外交部建议，为了打破僵局，"我们将不得不考虑替代接受令人蒙羞的条款的方案，或者是采取极端手段，如沉船的办法，或是借月色掩护之下冲出去以结束无法忍受的无礼待遇和长江上难耐的闷热天气。当然，我们也应考虑到后两种方法所引起的严重后果。如果还有进行谈判的希望，自然不愿使用后两种极端的措施"。③ 施谛文给外交部的建议自然也会告知布朗特，也就是说，施谛文和布朗特关于"紫石英号"逃跑一事可能已经达成共识。从施谛文的建议可以看出：他主张，如果双方谈判再度陷入僵局，就开始谋求伺机逃离；若是无法成功逃离，就将军舰凿沉。施谛文的建议实际参考了英国外交部第一次提出的撤离计划，即弃舰、登岸和沉船的计划。由于英国外交部已经授权布朗特和施谛文处理有关谈判事宜，所以无论是布朗特还是施谛文都没有完全放弃继续进行谈判。需要注意的是，英国外交部并没有授权这两人采取军舰逃跑的做法。施谛文向外交部提出关于军舰逃离的建议，没有立刻收到后者的答复。7月29日，布朗特将有关逃跑的想法告知了海军部，表示支持克仁斯作出军舰逃离的决定，建议其考虑在台风临近时选择逃离的可能性。此外，布朗特表示，除非军舰上的燃料和物资补给在10天内送到，否则将命令克仁斯破坏军

---

① "History of the 'Amethyst' Incident," Foreign Office Memorandum, 23rd July, 1949, FO 371/75894/F10973.

② "H. M. S. Amethyst," Admiralty Communicated, 31st July, 1949, FO 371/75895/F11466.

③ From Nanking to Foreign Office, 28th July, 1949, FO 371/75894/F11234.

舰。① 由于担心外交部会反对逃跑的想法，所以他没有告知外交部。②

海军部收到布朗特的建议，担心逃离的风险太大。为了进一步确认此事，海军部又将布朗特的建议告知外交部。外交部已经收到施谛文的报告，现在又得知远东舰队司令部也有此想法，意识到施谛文和布朗特可能在协商军舰逃离一事。外交部向两人明确表示，不同意"紫石英号"采取这样的危险行动。外交部担心，若是采取逃离计划，"无论成功与否都极可能会影响英国在'共产党中国'的经济利益和英国人的安全，也会对英国试图和共产党达成和解的努力产生严重影响，甚至是致命的挫折"。外交部强调，"除非施谛文能提供完整的政治风险评估，否则不会同意克仁斯采取逃跑的办法"。③ 然而，7月30日晚，在夜幕的掩护下，克仁斯借"江陵解放号"客轮经过，带领"紫石英号"跟随其后，驶向上海。在逃离过程中，造成中方船只和人员伤亡。在"紫石英号"逃出上海港时，英国远东舰队"伴侣号"驱逐舰在吴淞口中国水域接应"紫石英号"。"伴侣号"严重侵犯中国领水主权，中国人民解放军强烈抗议英国军舰的行径。

"紫石英号"逃离长江，也就意味着围绕该事件的中英谈判随之结束。需要注意的是：在"紫石英号"最后逃离的决策中，克仁斯扮演了什么样的角色？施谛文和布朗特是否知道克仁斯携舰逃离的最后决定？"紫石英号"成功逃出后，克仁斯向外交部提交了相关报告。从中可以看出，克仁斯在最后作出逃离的决定中具有相当重要的作用。7月30日，克仁斯派其翻译中国人刘津曾登岸，前去会见施谛文并请求其提供所需药品。为了确保刘津曾在天黑前不能回到军舰，克仁斯命其于次日早晨，即7月31日早晨，再去康矛召处，请求中方尽快从上海为军舰提供燃油，并强调军舰十分需要燃料。此外，克仁斯了解到刘津曾有一个儿子在国民党海军服役，康矛召也一直在做他的思想工作。克仁斯强调，"刘津曾不知道军舰逃离

---

① "Question of Break out of H. M. S. Amethyst," Amiralty Communicated, 9th July, 1949, FO 371/75895/F11480.

② "H. M. S. Amethyst," Admiralty Communicated, 31st July, 1949, FO 371/75895/F11466.

③ Admiralty Communicated, 30th July, 1949, FO 371/75895/F11508.

的计划，很遗憾这么做，但考虑到安全至关重要，希望这种幌子不会对其造成危害"。① 也就是说，克仁斯有可能是在 7 月 30 日前作出逃离的决定。克仁斯于 7 月 30 日派刘津曾登岸，先向施谛文要求提供药品，而且还专门要求其当天晚上不要回来，于次日再向康矛召提出补给燃油的请求。克仁斯此举可能是一种障眼法，使中方仍然认为英方还是会继续谈判。同时，因为刘津曾是中国人，将其派遣上岸也是为了军舰逃离中的便捷。此外，克仁斯作为英方代表，他参加了中英的全部谈判过程，目睹了双方谈判几次陷入僵局，也清楚中英双方在一些问题上很难再有让步。他也经历了长江上的闷热难耐，更是最想逃出的人。此外，根据英国海军的传统，舰长须对他的军舰的安全负责，对舰上全体人员负责。所以，克仁斯掌握了"紫石英号"的逃离决策的最后决定权。

至于施谛文和布朗特是否知道克仁斯携舰逃离的最后决定，就目前的解密档案来看，施谛文和布朗特向克仁斯建议过，并且也知晓克仁斯有准备逃离的想法，但由于气候条件，可能不清楚其决定最终逃离的日期。就在几日前，布朗特和施谛文就将军舰逃离的想法报告给海军部和外交部，但是遭到后两者的明确反对，而且外交部还要求施谛文提交完整的可行性报告。若是布朗特和施谛文再次提交有关逃离的建议，势必还会遭到后两者的反对。7 月 30 日，布朗特再次给海军部致电，没有再提逃离一事。但是有两个问题需要注意：一个是布朗特和施谛文是否将英国海军部和外交部反对军舰逃离的意见告知克仁斯；另一个是外交部和海军部是否将反对逃跑的意见直接告知克仁斯。由于目前没有看到关于这两个问题的相关档案资料，所以只能做一推论：就前一个问题，如果布朗特和施谛文没有告知克仁斯，那就意味着此二人有意让克仁斯实施军舰逃离的计划。后一个问题，就是外交部和海军部是否将反对逃跑的意见直接告知克仁斯。如果没有，这就给克仁斯作出最后逃跑的决定创造了机会；如果有，就意味着克仁斯在违背英国外交部和海军部的决定。还有一个需要注意的问题是，

---

① "H. M. S. Amethyst," Amiralty Communicated, 6th August, 1949, FO 371/75896/F12026. 经过调查，确认刘津曾确实不知"紫石英号"逃跑计划，予以释放。From Nanking to Foreign Office, 23rd August, 1949, FO 371/75896/F12596.

布朗特已经在几天前暗示克仁斯，如果条件合适，天气能见度尚可，可以尝试采取逃离的办法。这在克仁斯看来，意味着布朗特已经授权他伺机携舰逃离。加之，逃离的时机稍纵即逝，克仁斯不可能再就逃离的具体事宜与布朗特和施谛文协商。7月31日，施谛文致电英国外交部，表示"'紫石英号'的逃脱是由该舰舰长决定的"。① 布朗特也表示，这次逃跑行动是一次纯粹的海军行动。②

8月6日，布朗特就"紫石英号事件"向英国外交部予以说明，为"紫石英号事件"进行辩解。布朗特提到，解放军指责"紫石英号"入侵中国领水和炮击解放军，事实是"紫石英号"经长江前往南京是得到国民党政府许可的，不存在"侵入或闯入"（invasion or intrusion）的问题。此外，"紫石英号"直到严重搁浅时才对解放军炮兵回击，随后，"紫石英号"一直等待被允许安全通行。袁仲贤的代表康矛召告知舰长克仁斯：如果军舰擅自移动，会被再次警告；中方授予军舰安全通行的前提是英方承认英国入侵中国领水和承担整个事件的责任。他无法接受这一要求。在这3个月期间，中国共产党允许"紫石英号"从当地购买蔬菜，给予了该舰少量的燃油和物资补给。由于谈判多次陷入僵局，尽管危险，他决定授权克仁斯择机逃离。③ 从布朗特的辩解中不难看出，在整个事件的谈判解决过程中，英方始终持消极态度，不愿在闯入中国人民解放军防区和侵犯中国主权等问题上作出正式道歉，只是因军舰搁浅无法撤离而不得已采取谈判的方式寻求事件的解决。在获得燃料、物资补给并恢复航行能力时，军舰伺机逃离。在逃离的决策过程中，布朗特的作用不容忽视。

10月下旬，英国海军部向外交部建议对"紫石英号事件"进行调查，除去采取外交途径外，还希望通过建立联合调查委员会、寻求第三方调解、诉诸国际调查委员会、国际法院、安理会以及国际仲裁等方式进行调

---

① From Nanking to Foreign Office, 31st July, 1949, FO 371/75895/F11302.

② "H. M. S. Amethyst," Admiralty Communicated, 31st July, 1949, FO 371/75895/F11466.

③ "Text of Statement Made to Press by Commander in Chief Far East Station Giving the Facts of the Amethyst Incident," From Singapore to Foreign Office, 6th August, 1949, FO 371/75895/F11640.

查。① 新中国刚刚成立，英国正试图与新中国建立外交联系，不愿再让"紫石英号事件"成为英国对华政策的羁绊，因而不再支持海军部的建议。"紫石英号事件"淹没在历史长河之中。

小　结

"紫石英号事件"发生在国共和平谈判陷入僵局和中国人民解放军发起渡江战役前夕，在此十分危急和敏感的时刻，英国远东舰队仍派出军舰前往南京，是其对华政策中传统的炮舰外交思维在作祟。从"紫石英号事件"发生，中英双方谈判几次陷入僵局，到军舰趁夜逃离，历时3个多月。当时正值中国国内革命形势迅猛发展，受中国国内局势变化、英国对新中国外交政策的调整、英国国内舆论等多种因素的影响，中英双方在处理事件的过程中都保持了克制的态度。随着中国解放战争态势日趋明朗化，英国试图改善与中国共产党的关系，谋求与新中国外交上的主动。其大使馆和大使没有随国民党政府南迁而是留在南京，就是英国对华政策调整的重要体现。"紫石英号事件"发生后，英国政府受自身实力所限，一改先前的强权姿态，在寻求逃跑策略失败后不得已试图通过谈判和外交途径解决此事，这就再一次说明英国并不想因此事与中国共产党交恶。中国共产党在该事件中坚持维护国家主权原则，特别是中国领水主权不容侵犯，要求英方承担在该事件中的全部责任，并对事件中造成中方人员伤亡进行道歉、赔偿，而且始终采取审慎和克制的态度。为了尽快解决该事件，双方也都希望诉诸谈判；为能解决该事件，双方在谈判策略上变与不变兼而有之。然而，英国的消极态度使中英谈判多次陷入僵局。此外，英方在整个"紫石英号事件"过程中，一直在寻找逃跑的机会，这也是造成英国在谈判中态度消极的重要原因。在一定程度上而言，"紫石英号"趁

---

① "Amethyst Incident: Admiralty Suggestions for Pursuing the Rights and Wrongs of the Matter," From Admiralty to Foreign Office, 27th October, 1949, FO 371/75897/F16259.

夜逃离,不失为一种解决中英双方困局的方式,中方在此事件上也不存在有失颜面的情况。[①] 此外,该事件发生在新中国成立前夕,围绕该事件的谈判为中国共产党积累了在谈判中与外国进行有理有据的斗争,以及维护国家主权和国家利益的外交经验。"紫石英号事件"印证了毛泽东"一切反动派都是纸老虎"的论断,也标志着英国对华炮舰外交政策的终结。

---

① 王建朗:《衰落期的炮舰与外交——"紫石英"号事件中的一些问题再探讨》。

第四章 "安契塞斯号事件"
及英国和国民党封锁与反封锁之争

　　新中国成立前夕，面对中国政治局势的变化，英国不断调整对华政策以维护自身在华政治和经济利益。在调整对华政策的过程中，英国又试图维持其旧中国时期的在华特权，因而在中国人民解放战争不断取得胜利的进程中，与各方摩擦不断。不仅在中国人民解放军发起渡江战役前夕，发生了英国海军军舰与中国人民解放军前线部队之间的"紫石英号事件"，在上海解放后，还发生了国民党空军轰炸英国太古轮船公司商船的"安契塞斯号事件"。"安契塞斯号事件"以及国民党对上海实施的封锁严重冲击了英国在华经济利益，直接触动了英国调整对华政策的初衷，因而英国在处理"安契塞斯号事件"过程中，采取了不同于"紫石英号事件"的态度和政策。

　　上海解放后，中国共产党和上海市军管会为尽快恢复上海经济建设，急需运输大量工业建设和民用生活物资。为解决运输和物资补给问题，上海市军管会恢复和开放受战争影响的上海对外航运。为了阻止中国共产党恢复上海经济的努力，国民党对上海及附近港口实行封锁，严重影响了上海的经济建设和人民生活。为了进一步加强海上封锁，阻挠外国航运公司与上海的贸易往来，切断上海从外国获取工业建设等物资的贸易通道，国民党空军对上海的主要工业设施以及进出上海的商船实行轰炸，刚进入上海港的英国太古轮船公司商船"安契塞斯号"亦遭到轰炸。事件发生后，英国对国民党表示强烈抗议，要求国民党道歉、承担一切责任，并对商船的全部损失予以赔偿。同时，英国不仅否认国民党实施封锁的合法性，还试图对进出上海的英国商船实行武装护航。此外，英国还寻求美国的帮助，希望美国政府可以对国民党施加压力，以达到维护英国对上海航运贸易的目的。然而，受自身在华政治、经济实力影响所限，英国不仅遭遇国民党的消极对待，而且美国在该事件以及国民党封锁问题上也采取漠视态度，因而英国未能实现在该事件上以及打破国民党封锁的预期目标。"安契塞斯号事件"以及国民党不断加强对上海的封锁，不仅严重影响了英国在上海的商业利益，而且冲击了英国对上海乃至东亚的航运贸易。但是，该事件并没有恶化英国与国民党的关系，英国在台湾淡水依然留有"领事馆"，与台湾地区仍保持着贸易关系，这也反映出英国对华推行现实主义外交政策的特性。

第一节 "安契塞斯号事件"的发生

抗战胜利后，联合国善后救济总署向中国援助了大量战后经济重建所需物资，大部分物资经上海运往中国其他地方，其中部分物资用于上海工业生产恢复。然而，1946年国民党挑起内战，大量社会财富被国民党消耗在战争中，对社会经济造成严重破坏，交通设施及工矿设施遭到摧毁，上海经济发展亦受到影响。与此同时，外国在华企业利用在华贸易特权，大肆进行经济扩张活动。上海解放前夕，上海的主要进出口物资被外国公司垄断。1946—1948年，中国进口棉花总额约为2.5370亿美元，其中上海港进口约占89.26%。在上海的进口棉花贸易中，美国商业公司进口约占92.41%。[①] 20世纪初到抗战爆发前，上海的煤油、汽油、燃油等进口被美国美孚、德士古和英荷壳牌三大石油公司垄断。抗战胜利后，虽然国民党政府建立中国石油公司，但其任务主要是炼油及采购原油，其所购进油类产品，大部分仍向英、美三大石油公司采购。此外，上海的主要工厂，如英国电厂发电采用燃油发电，发电所需燃油亦由这三家石油公司供应。抗

---

① 上海社会科学院经济研究所、上海市国际贸易学会学术委员会编《上海对外贸易（1840—1949）》下，上海社会科学院出版社，1989，第242—243页。

战胜利后，中国交通运输工具的进口，如运货汽车、长途汽车、载客小汽车等机动车辆的进口，数量极大，尤其是运货卡车和长途大客车，进口数量更多。以 1946 年、1947 年的进口值与抗日战争前的 1936 年相比，1946 年增加了 9 倍，1947 年增加了 3 倍。这一时期进口汽车的来源地，几乎全为美国所独占的进口汽车口岸，绝大部分集中在上海。① 另外，外国商业公司还垄断了中国的烟草生产与销售。在中国近代烟草生产与销售的历史中，英美烟草公司（British-America Tobacco Company）扮演着重要角色。20 世纪初，英美烟草公司来到中国上海，仅有简单的厂房和生产设备。经过 30 余年的扩张，凭借经销和税收特权，英美烟草公司垄断了中国的烟草生产与销售，在中国多个地方建立烟草生产工厂，打击和排挤中国民族烟草公司。抗战爆发后，受到日本帝国主义侵华战争影响，英美烟草公司在华生产与销售一度收缩。抗战胜利后，借助《中美商约》中的最惠国待遇，英美烟草公司重新恢复和扩大在华烟草生产经营，在上海、苏州、南京等地购买大量房产、土地，仅在上海就有十多处生产厂房，② 在上海港拥有大量仓库和自己的码头，几乎垄断了上海的烟草生产与销售，获得大量垄断利润。上海解放前夕，出于战争和撤离需要，国民党加紧对上海民族烟草工业的盘剥，英美烟草公司又凭借特权加身进一步加强了对上海烟草工业的垄断。

上海的主要工商业不仅为外国商业公司所垄断，主要资本主义国家还展开对上海商业的争夺。抗战爆发前，英国在上海拥有大量投资、港口码头和仓库。由于日本发动全面侵华战争，英国在上海的投资不断收缩。世界反法西斯战争胜利后，英国把主要精力放在国内经济恢复与建设上，对中国采取"中立"政策，对华政策的主要目标是重获英国在华商业利益。然而，在反法西斯战争中损失惨重的英国已经失去了往日在华的政治和经济影响力。与此同时，美国开始不断向中国扩展其经济势力。随着中美签订《中美友好通商航海条约》，美国凭借其在华政治、经济势力，获得海

① 上海社会科学院经济研究所、上海市国际贸易学会学术委员会编《上海对外贸易（1840—1949）》下，第 250 页。

② 吴汉民主编《20 世纪上海文史资料文库》（3），上海书店出版社，1999，第 7 页。

关税收特权和最惠国待遇。一方面在中国上海等地扩展经济活动，发展工、矿业，进行贸易直接投资；另一方面，借助联合国善后救济总署的对华援助，以贸易、援助、贷款等方式，向上海等地倾销商品。从日本投降后到1946年5月，美国向上海出口价值约为7亿美元的物资。除了向中国倾销商品外，美国商品还以联合国善后救济总署援华物资为名，享有免税、免检验等特权，美国还借此倾销美国商品。1948年2月，美国国会通过"援华法案"，向国民党政府提供约为2.75亿美元的援助，大部分款项用于指定购买美国的大米、面粉、棉花、石油等物资。其中，大部分物资运输到上海，再从上海销往中国其他地区。此外，一些美国商业公司利用美国飞机、军舰进出中国机场港口免检特权，大肆对华进行走私活动，这些走私活动主要集中在上海以及华南地区。美国一些商人与官僚资本建立合营公司，主要由美国人控制，具体经营活动也由美国人负责，如曾帮助中国组建空军的美国空军飞行员陈纳德与宋美龄建立的中美实业公司。该公司总部就在上海，向南京、汉口等周边城市运销美国商品。战后的中国，尤其是上海等一些大城市，到处充斥着美国商品，严重冲击了中国民族工商业的发展。①

外国商业公司向中国倾销外国商品，大量物资到达上海，交通运输就显得至关重要。然而，由于战争的原因，公路和铁路交通遭到严重破坏，作为全国的经济中心，上海的工业和生活物资供应和进出口贸易主要依靠航运。在具体航线的分布上，除远洋航线外，有以上海为枢纽通向华北沿海港口的北洋航线，和向南通往华南沿海各港口的南洋航线。而上海又是长江航线的出口处，由长江可通长江流域的各港口，还有内河航线经黄浦江、苏州河连接宁波、上海与杭州以及周边城市，同时可以和运河与淮河相连通。解放前夕，上海有招商局等5家公营轮船公司。私营轮船公司有104家。另外上海有汽船业公司93家，内河船业公司76家。有大小船舶700余艘，其中超过1000吨的船舶有240艘，100—1000吨之间的船舶有

---

① 孙玉琴、陈晋文、蒋清宏等：《中国对外贸易通史（第二卷）》，对外经济贸易大学出版社，2018，第319—322页。

280 艘，不足 100 吨的船舶有 200 余艘。国民党在撤离上海时，不仅运走大量物资，而且带走了 380 余艘大小船只，留下共 360 多艘船只，其中国民党炸毁 60 余艘较大型船舶，其余 300 余艘，大多是小型船只。①

5 月底，中国人民解放军解放上海。由于国民党撤离时造成了严重破坏，上海面临着严重的经济困难，加之出入上海的陆路和铁路交通尚未恢复，航运就成为上海经济恢复和供应人民日常生活所需物资的主要交通方式。然而，上海的航运现状无法满足物资运输需要。上海市军管会成立后，积极着手恢复上海航运，一方面打捞被炸沉船只和修复尚能使用的船舶，组织人力疏通航道，建立上海市船运业工会，利用上海现有船舶，加强上海与长江沿岸其他港口之间的航运贸易联系，及时补充上海经济恢复与人民日常生活所需物资。此外，上海市军管会设立上海区航务局，统一航政与航运工作，改变过去不统一的状况，力求简化航行手续及税收办法，统一调配运输力，增加运输量并加快航务建设工作。另一方面，由于没有大型远洋船舶，上海市军管会鼓励私人轮船公司和外国轮船公司参与上海航运，从华北解放区各主要港口以及其他地区运送煤炭、燃油、橡胶等物资补给上海所需。为了便于管理外国轮船公司和贸易事务，上海市军管会还成立航运署和贸易处。

6 月 1 日，上海市军管会决定：开放黄浦江、长江及吴淞口、三岔港航运，商用及民用船只准许自由往来，但外国军舰不准进出。② 在上海航运业中占重要地位的英国轮船公司对此表现出积极的态度。上海港开放航运后，英国轮船公司立刻派出商船前往上海港。6 月 7 日，载有乘客和约 20 吨货物的太古轮船公司"盛京号"（Sheng king）由香港到达上海港。这也是上海解放后，英国轮船公司第一艘到达上海港的商船。英国轮船公司之所以急于恢复对上海的航运，不仅是因为他们要恢复受战争影响的对上海的航运贸易利益，而且英商中华协会也希望尽快恢复对上海的航运贸易，满足上海英商团体对物资运输的需要，维护英国在上海的商业利益。

---

① "Shipping in Shanghai," From Shanghai to Nanking, 23rd January, 1950, FO 371/83452/FC1391/7.

② 《今日起开放长江、浦江航运》，《解放日报》1949 年 6 月 1 日第 1 版。

同时，英国轮船公司和英国商业团体还希望，趁上海解放后美国逐步收缩在上海的贸易活动之机，扩大英国在上海的商业活动和经济利益。

6月14日，为进一步管理进出上海港的外国商船，上海市军管会颁布《对外籍轮船进出管理暂行办法》。其中第三条规定，凡进出本港之外籍轮船，不论进口或出口，每次均须经上海市军事管制委员会财政经济接管委员会贸易处批准。第四条规定，凡悬挂外国旗帜之轮船进入本港后，如贸易处认为有事实上之需要，经批准由此港运客货至中国另一港口。第六条规定，凡经上海市军事管制委员会财政经济接管委员会贸易处及航运处准许进口之外轮，即应填具船舶入口准单申请书及请派引水声请书。经航运处航政局审核后，发给船舶入口准单并派定引水员，方准进口。第十一条规定，凡本港各外国公司所备之运送该公司人员，来往船舶所有船员由航运处航政局核准后，方得执业。第十四条，凡经批准进出口之外国轮船，货物检查报税由海关办理，旅客、病疫、船舶及船员应进行相应检查。[①] 一方面，上海市军管会颁布对外国商船的暂行管理办法，既是出于维护航权的需要，便于管理出入港口的外国商船，也是为了恢复和推动上海港的对外航运贸易；另一方面，该办法与之前华北解放区各港口，如天津港、秦皇岛港要求外国轮船公司商船不得悬挂外国国旗进出港口的规定不同。这反映出人民政府在航政管理方面，开始逐步遵循国际惯例，同时也反映出因上海恢复经济建设对物资供应需求的迫切性，为促进对外航运贸易的发展，上海市军管会对外国轮船公司商船进出港口的政策进行了一定的调整。6月18日，"盛京号"由上海港返回香港时，在长江出海口遭到了国民党飞机和军舰的阻挠。[②] 即使如此，太古轮船公司依然派出"福州号""北海号"由香港前往上海。[③] 上海港的重新开放，使英国轮船公司看到恢复和发展与新中国航运贸易的前景。

---

① 《上海市军事管制委员会财政经济接管委员会航运/贸易处对外籍轮船进出管理暂行办法》，《解放日报》1949 年 6 月 15 日第 1 版； "Regulations Governing the Entry and Clearance of Foreign Ships," From Shanghai to Foreign Office, 26th July, 1949, FO 371/75920/F11089。

② "Visit of Sheng King Carrying Cargo and Passengers to Shanghai," From Shanghai to Foreign Office, 3rd June, 1949, FO 371/75919/F9658.

③ 《外轮只顾生意经 纷自各地开赴上海》，《中央日报》（湖南）1949 年 6 月 20 日第 2 版。

然而，英国恢复和发展与上海的航运贸易遭到国民党的破坏。6 月 15 日，为了切断上海与外界的贸易联系，阻挠中国共产党通过航运贸易获取恢复和稳定上海经济建设的必要物资，国民党政府行政院召开会议并通过了封闭解放区沿海岸港口的决议，并交国防部研拟封闭措施及实施日期。① 三天后，国民党发出准备关闭上海、天津、秦皇岛、温州、宁波等沿海港口的消息。② 然而，外国轮船公司并没有在意国民党发布的封锁令，反而就在国民党发出封锁消息当天，美国总统轮船公司宣布恢复对上海的航运，其他外国轮船公司的商船也陆续开始驶往上海。"昨日（6 月 18 日）开出有太古之福州轮，今日开出太古之北海轮。定明日开出者，有福来之怡荣利轮。定于二十一日开出者，有渣甸之永生轮、芝丹尼轮及森记之伍林美士等轮。另美轮戈登号、波尔斯号，自东京驶沪，美轮海熊号自马尼拉驶沪。"③

6 月 20 日，为了进一步加强对上海的封锁，国民党政府行政院新闻处处长鲍静安发出正式实施封锁声明："本月 18 日起，自闽江口北东经 119 度 40 分、北纬 6 度 15 分之点起，往北至辽河口东经 122 度 20 分、北纬 40 度 20 分之点止，沿海岸领区范围以内地区，暂予以封闭，严禁一切外籍船舶驶入。凡外籍船舶之违反此项决定者，中国（国民党）政府即予以制止。外籍船舶因违反此项决定而遭遇任何危险，由其自行负责。目前包括永嘉、宁波、上海、天津、秦皇岛等口岸在内，禁止一切海外商运。以上各节，均经外交部分别通知各国政府，转饬遵照。"④ 换言之，国民党政府通过正式发布封锁令，实际也是对外国轮船公司发出了封锁和实施轰炸的最后声明。

早在 6 月 18 日，国民党空军就发出了对封锁地区实施轰炸的消息，"空军预告即将出动轰炸沿海及沿江一带。一旦开始，其强烈将超过从前

---

① 《封闭共区海口》，《中央日报》（昆明）1949 年 6 月 18 日第 2 版。

② "Declaration of a Blockade by the Chinese Government," Admiralty Communicated, 23rd June, 1949，FO 371/75900/F9205.

③ 《外轮只顾生意经 纷自各地开赴上海》，《中央日报》（湖南）1949 年 6 月 20 日第 2 版。

④ 《闽江口以北失陷港口 政府定期全部封闭》，《中央日报》（湖南）1949 年 6 月 22 日第 2 版。

之纪录,并将继续彻底实施"。① 不仅如此,在已经开始轰炸上海工业设施的基础之上,国民党又把进出上海的外国商船也纳入其轰炸范围,而在上海航运贸易中占有重要地位的英国商船首当其冲。6月21日上午9点,国民党空军从台湾派出的P-51野马轰炸机对刚从日本神户到达上海市黄浦港的英国太古轮船公司商船"安契塞斯号"进行了轰炸,附近的壳牌石油公司的仓库也遭到轰炸而起火。② 中共上海市委机关报《解放日报》详细记录了"安契塞斯号"遭到轰炸的经过:"昨晨(6月21日)九时三刻,英船'安契塞斯号'(Anchises)由吴淞进口驶到高桥江面时,遭到加拿大制式飞机两架轰炸。船身有二十度倾斜,船尾浸水,英籍船员四人受伤。"③《中央日报》(湖南)也报道了该事件:"6月20日,下午三时前不久,三架P-51型战机对上海空袭约二十分钟,在沪市西南郊龙华机场附近投弹九枚……对英国邮轮'安诸色施'实施了轰炸,有四人受伤。"④《大公报》(上海)亦对英国商船"安契塞斯号"遭到轰炸有报道:"昨日(6月21日)上午八点卅五分,国民党两架飞机飞临上海……在黄浦江上投掷三枚炸弹,将英商太古公司所有的'安基塞斯号'货船炸伤,四名船员受伤,其中一名重伤。轰炸殃及英商亚细亚汽油公司的B字火油

① 《空军预告即将出动 轰炸共党作战机构》,《中央日报》(湖南)1949年6月19日第2版。
② From Nanking to Foreign Office, 21st, June, 1949, FO 371/75921/F8952;爱德温·W.马丁:《抉择与分歧:英美对共产党在中国胜利的反应》,蒋中才、韩华、苗立峰译,中共党史出版社,1990,第66页;《政府轰炸机三架 隔昨空袭上海》,《中央日报》1949年6月22日第2版。关于飞机的型号,英国外交部解密档案、爱德温·W.马丁的论述和《中央日报》对此事件的报道略有出入。英国外交部解密档案中提到的是"P.51",爱德温·W.马丁在其著作中记述的是"P-51S",而《中央日报》中则是"P151"。
③ 《匪机昨再肆虐 英轮一艘中弹受伤》,《解放日报》1949年6月22日第1版。英商亚细亚油库公司油库损失汽油9000余吨,见《中央日报》(湖南)1949年6月24日第2版。
④ 《政府轰炸机三架 隔昨空袭上海》,《中央日报》(湖南)1949年6月22日第2版。

堆栈。"①

　　"安契塞斯号"遭到第一次轰炸当天，英国驻广州领事柯希尔就向国民党政府外交部提出强烈抗议，这也是英国就该事件第一次向国民党政府提出抗议。② 同时，英国外交大臣贝文也向国民党政府驻英国大使郑天锡送出书面抗议书，声明国民党空军使用飞机轰炸没有武装的商船是无法容忍的，也是一种不友好行为，要求国民党政府对因轰炸造成的英籍船员伤亡和商船财产损失予以全额赔偿，并承担全部责任。③ 不仅如此，贝文还把该事件通知美国国务院，指出国民党政府的封锁政策违反了国际法。即使国民党政府实施封锁，但没有事先警告而进攻一艘商船也不是实行封锁的合法措施，希望美国支持英国要求国民党政府停止对中国大陆港口的封锁。④ 为了进一步对国民党政府施加压力，英国外交部又要求美国停止对台湾的国民党空军提供航空汽油，还建议给国民党空军提供军事培训的美国军事官员对国民党空军施加压力。⑤ 在"安契塞斯号"遭到轰炸前一天，美国国务院得知国民党政府正式发出对上海以及其他港口实行海上封锁的消息后，就已经电令美国驻广州领事馆告诫国民党政府，轰炸可能会引起上海人民的仇恨，并会引起外国公众舆论的负面反应。⑥ 事件发生后，鉴于美国在上海的商业利益和国民党空军轰炸殃及美国部分公司财产，也为了回应英国政府的强烈要求，美国国务院表示，尽管其对国民党政府表示同情，

---

　　① 《匪机又飞沪扫射》，《大公报》（上海）1949 年 6 月 22 日第 1 版。《大公报》（香港）同日也对该事件进行了报道。需要注意的是，就英国轮船"安契塞斯号"遭到第一次轰炸的时间，《解放日报》《中央日报》和《大公报》的报道有不同。《解放日报》和《大公报》都是报道该事件发生在 6 月 21 日上午，而《中央日报》（湖南）则报道发生在 6 月 20 日，并未说明是上午还是下午。英国驻上海领事馆发给英国驻华大使馆和英国外交部的电报中，则称 6 月 21 日上午 9 点左右，"安契塞斯号"于黄浦江高桥附近遭到国民党飞机轰炸，伤亡不明。见 From Nanking to Foreign Office, 21st June, 1949, FO 371/75921/F8952。

　　② 《空军昨再空袭上海　英对商轮被炸抗议要求赔偿》，《中央日报》（湖南）1949 年 6 月 23 日第 2 版。

　　③ From Foreign Office to Nanking, 22nd June, 1949, FO 371/75921/F8952；《贝文昨接见郑天锡　对英轮事件亲送抗议书》，《中央日报》（湖南）1949 年 6 月 23 日第 2 版。

　　④ From Foreign Office to Washington, 22nd June, 1949, FO 371/75900/F8972.

　　⑤ From Foreign Office to Washington, 22nd June, 1949, FO 371/75900/F8974.

　　⑥ From Washington to Foreign Office, 20nd June, 1949, FO 371/75900/F8972.

但是根据国际法的规定，国民党政府封锁部分港口以及相关水域不具有合法性，除非国民党政府宣布和采取措施维持有效的封锁。① 虽然英国外交部和英国驻广州领事柯希尔向国民党政府对"安契塞斯号"实施轰炸提出强烈抗议，还向美国政府寻求对反对国民党政府封锁的支持，但是国民党还是对"安契塞斯号"进行了第二次轰炸。6月22日，国民党空军两架飞机在黄浦港附近，对已经搁浅的太古轮船公司商船"安契塞斯号"进行了第二次轰炸，轰炸没有造成伤亡。②

6月23日，英国外交部和英国驻广州领事柯希尔再次向国民党政府提出抗议。国民党政府代外长叶公超就"安契塞斯号"遭到轰炸向英国驻广州领事柯希尔表示惋惜，并说明这一事件与国民党封锁上海无关，只是飞行员对英国商船的旗帜不熟悉所造成的。③ 英国驻淡水"领事馆"也向国民党政府台湾省主席陈诚和国民党空军司令部提出抗议。陈诚则声明，中央政府（指国民党政府）实施封锁是必要措施，希望英国和美国停止帮助中共，英国商船和军舰也不要靠近中国共产党控制的港口，亦可以避免类似事件发生；陈诚也表示英国的商船不会再遭到轰炸。④ 需要注意的是，陈诚只是确认对"安契塞斯号"实施了一次轰炸，即6月21日进行的第一次轰炸，但是并没有承认6月22日对该船进行的第二次轰炸。⑤ 在此之后英国驻广州领事柯希尔与国民党政府外交部就"安契塞斯号事件"进行的多次谈判中，国民党始终否认存在第二次轰炸。

---

① From Washington to Foreign Office, 24th June, 1949, FO 371/75900/F9263.

② From Shanghai to Foreign Office, 22nd June, 1949, FO 371/75921/F9061. 关于第二次轰炸，《中央日报》《大公报》和《解放日报》都予以报道。详见《对于封闭港口 美正研究官方报告》，《中央日报》（湖南）1949年6月24日第2版；《匪机昨又肆虐》，《大公报》（上海）1949年6月23日第1版；《安奇赛斯轮再遭袭击》，《大公报》（香港）1949年6月23日第1版；《匪机两架 昨又来肆虐》，《解放日报》1949年6月23日第1版。

③ "Chinese Government's Reply to the Representations Made by the British after the Bombing of the S. S. Anchises," From Canton to Foreign Office, 23rd June, 1949, FO 371/75921/F9111.

④ "Nationalist Blockade Measure," From Tamsui to Foreign Office, 2nd July, 1949, FO 371/75903/F10821.

⑤ 6月23日，叶公超在记者招待会上就记者提出英国商船"安契塞斯号"再次遭炸射的问题发言时，以"外交部尚未接到正式报告"为由予以否认。《叶公超答记者问》，《中央日报》（湖南）1949年6月24日第2版。

第二节　英国对"安契塞斯号事件"
和国民党封锁的反应

1948 年年底，面对日益明朗的中国局势，英国外交部向英国内阁提交了题为"共产党中国的经济缺陷和英国利益的地位"的备忘录，其中写道："共产党政府如果要维持或创造有形贸易的平衡，避免经济混乱，在这段时期内，它将在很大程度上依赖外国利益集团的持续运作。出于这样的考虑，共产党政府可能不会通过征用或驱逐的方式对待外国利益集团。想要根除中国工业的缺陷，共产党中国应需要考虑争取资本、资本商品和技术援助等形式的外国援助。值得怀疑的是，苏联及其卫星国可以提供多少这样的援助。"英国外交部还列举出英国在华经济利益的优势：英国商业公司占据了中国与世界其他地区贸易的 75%，英国拥有的棉纺厂在中国棉纺和织造设备中占非常重要的比例，仅次于中国人拥有的棉纺厂；尽管战前英国在华没有航运权，但英国航运仍占中国沿海航运贸易的 75%；英国海洋航运承担了相当大部分的中国与世界各地的进出口贸易，在停靠中国港口的各国海洋航运船舶中，英国航运公司占有很大份额；在中国通商口岸中，英国拥有码头占据中国已有深水港码头的三分之一以上；英国拥有的石油设备至少占中国全国设备的 50%。[①] 新中国成立前夕，英国外交部出台的这份备忘录，表明英国试图凭借自身在中国的经济优势，利用即将成立的新中国在经济上存在的不足，通过谋求对新中国外交上的主动，达到维护英国在华商业利益的目的。同时，英国希望借助在华经济优势和对华贸易的方式，避免中国共产党倒向苏联。其中，对华航运贸易既是英国在华商业利益的重要组成部分，而航运本身又是英国维系在华商业利益的重要交通运输方式。

上海本就是英国在华投资和商业利益最为集中的地方，也是英国在新

---

① Foreign Office Minute, 2nd February, 1949, FO 371/75864/F1717.

中国成立前夕最为关注的城市。然而,"安契塞斯号事件"发生后,国民党海军又相继派出军舰"太和""太康""太昭""太平"以及其他巡逻舰开始对长江出海口实施封锁,企图通过加强对海上的封锁,遏制上海的对外航运贸易。对于国民党的轰炸与封锁,英国政府认为不但国民党空军在轰炸前没有发出警告,而且国民党实行的海上封锁也属于无效。英国之所以坚持认为国民党实施封锁是无效的,是因为"安契塞斯号事件"以及国民党封锁深深触动了英国在华经济利益。港英总督葛量洪向英国殖民大臣提交了一份关于"安契塞斯号事件"的报告,认为国民党空军轰炸"安契塞斯号"并没有事先发出警告。尽管国民党已经在 6 月 18 日发出对上海进行封锁的消息,但是空军轰炸英国太古轮船公司商船却发生在国民党正式对上海进行海空封锁之前。英国殖民地大臣也认为,虽然国民党关闭了一些地区的港口,但是实际上并没有宣布有效的封锁令。① 在英国海军部发给英国外交部远东司司长斯卡莱特(Peter W. Scarlett)的报告中,海军部认为,根据国际法的惯例,当一合法政府宣布封锁令,实际上就等同于承认了国内与其对立的"反叛一方"的交战权。同时,该合法政府只是声明封锁"反叛一方"占领的港口却不能维持有效的封锁,该合法政府的封锁声明则是无效封锁。所以,英国海军部认定国民党实施的封锁只是为了获取战争权而无视国际法所规定的附加条件,这是不合法的。其一,国民党没有承认其国内"反叛一方",即中国共产党的战争权;其二,有效的封锁并不是通过派出飞机和轰炸外国商船来实现。不仅如此,英国海军部还认为国民党轰炸"安契塞斯号"在一定程度上是极端非法行为,何况英国政府得知国民党发出封锁令之前,"安契塞斯号"已经在上海港。② 更重要的是,英国不承认国民党实施封锁的合法性,也就等于否定了国民党的交战权,进而否定了其海上交战权和关闭相关港口的权利。报告认为国民党

---

① Colonial Office Communicated, 22nd June, 1949, FO 371/75921/F9170. 国民党实施有关封锁解放区沿海港口的政策,甚至在"安契塞斯号事件"发生后,国民党始终坚持是"封闭"或是"关闭",而非"封锁"。

② "Paper by the First Lord of the Admiralty on the Bombing of the S. S. Anchises in the Whangpoo River," From Admiralty to Foreign Office, 22nd June, 1949, FO 371/75921/F9367.

采取的任何海上行动都应该限制在中国领水之内。① 这其中既有维护英国对华航运贸易利益的初衷，又有对中国国内交战双方未来有可能出现海上争端的考虑。英国担心，交战的国共双方若发生海上交战，有可能会影响英国经香港到华北、朝鲜、日本的航运贸易通道，若是国共双方海上的交战再向南扩展，很有可能会波及香港的安全。此外，英国否认国民党封锁的合法性，还顾及英国军舰"紫石英号"的安全。"安契塞斯号事件"发生后，英国军舰"紫石英号"还搁浅在长江。由于英国的消极态度，既不愿承认错误，也不愿承担相应的责任，英国与中国共产党围绕"紫石英号事件"的谈判多次陷入僵局。若是承认国民党实施海上封锁的合法性，也就意味着英国承认了中国共产党的交战权，会使英国在解决"紫石英号事件"的谈判中处于不利地位，也极有可能会影响"紫石英号"的安全，②这也是英国所不愿看到的。

6 月 30 日，英国外交部向国民党发出声明，拒绝承认国民党实施封锁的合法性。英国外交部强调，根据国际法，当一国合法政府和国内"反叛一方"之间发生武力冲突，合法政府发出封锁声明就等同于承认"反叛一方"的交战权，但是英国政府并未获悉国民党承认或准备承认共产党的交战权。7 月 5 日，国民党政府驻英国大使郑天锡会见贝文，提出讨论有关国民党封锁港口问题时，贝文表示拒绝讨论，坚持不承认国民党实施封锁的合法性。③ 7 月 12 日，英国外交部再次向国民党政府提出照会，称"英国绝不遵守 6 月 20 国民党宣布封闭中国共产党各港口之命令，不能认为此命令为有效"，"倘英国轮船因封闭令而受损失时，应由国民党政府负责"。④ 与此同时，英国也质疑国民党实施封锁的效力。英国海军部认为，国民党海军缺乏大型军舰，封锁也仅局限于上海以及附近的港口，对华北地区的沿海港口无法实施封锁。⑤

---

① "Request for Advice Regarding the Supply of Oil to the Chinese Naval Tanker 'OMEI'," From Colonial Office to Foreign Office, 30th June, 1949, FO 371/75932/12666.

② From Admiralty to Foreign Office, 27th June, 1949, FO 371/75932/9823.

③ 《郑天锡访贝文　谈关闭港口问题》，《中央日报》（湖南）1949 年 7 月 6 日第 2 版。

④ 《英再度提出照会　表示决不承认》，《中央日报》（湖南）1949 年 7 月 13 日第 2 版。

⑤ From Nanking to Foreign Office, 5th August, 1949, FO 371/75905/F11655.

第四章　"安契塞斯号事件"及英国和国民党封锁与反封锁之争

虽然英国拒绝承认国民党实施封锁的合法性和质疑国民党实施封锁的能力，但是国民党不断加强对上海的海上封锁，使得英国对上海的航运贸易近乎中断。与此同时，国民党的封锁使得上海的原料、商品进出口和运输都面临着严重的困难，尤其是航运受到严重影响，其中津沪航线受影响最甚。中共中央和上海市军管会设法采取措施克服国民党的封锁对上海造成的经济困难。一方面，抢修公路、铁路交通，从东北、河北以及上海周边地区调运上海所需大豆、煤炭、面粉、鸡蛋、蔬菜等生产和生活物资，另一方面，加紧催促之前和联邦德国以及其他欧洲国家签订的购买合同的物资，同时争取苏联等东欧国家的援助，降低对海上航运的依赖。面对如此困境，英国担心国民党的封锁会增强中国共产党与苏联的经济联系，加速中国共产党倒向苏联，这就与英国当初调整对华政策中防止新中国倒向社会主义苏联的初衷相悖。为此，英国外交部向美国国务院发出声明，请求美国对国民党施加压力，要求国民党停止对上海的封锁。虽然美国也认为国民党实施封锁不具备合法性，美国在上海的商业利益和物资也遭到国民党空军的轰炸而受损，美国轮船公司与上海的航运贸易也因国民党的封锁而停滞，然而，美国并未对国民党采取任何措施加以制止，说明尽管国民党政权不断溃败，但美国并未放弃支持国民党。英国虽然极力反对国民党的封锁，却受自身实力所限，又无盟友美国的支持，不得已尝试对英国航运采取武装护航措施。

"安契塞斯号事件"发生后，在谴责国民党封锁无效却无实际效果的情况下，为了保证英国商船的安全，英国政府一部分官员以及英商中华协会认为应该对出入上海的英国商船提供武装护航。英国海军部主张，按照国际惯例，一国有权派遣军舰和地面部队到那些不能给本国侨民和财产提供保护的地区。[①]一份由海军部提交英国内阁关于英国商船遭到轰炸的备忘录中也显示出海军部关于武装护航的态度。上海解放后，英国海军护卫舰"黑天鹅号"在上海长江出海口附近巡弋以阻止国民党军舰干扰英国商船

---

① "Paper by the First Lord of the Admiralty on the Bombing of the S. S. Anchises in the Whangpoo River," From Admiralty to Foreign Office, 22nd June, 1949, FO 371/75921/F9367.

进出上海。当"安契塞斯号"遭到轰炸后，"黑天鹅号"前往去救援，却发现"安契塞斯号"在黄浦港内。由于中国共产党在解放上海后就已经发出声明，没有得到允许，外国军舰无权进入上海，加之早在4月下旬的"紫石英号事件"的影响，"黑天鹅号"不敢贸然进入黄浦港救援"安契塞斯号"，从而出现了英国商船遭到轰炸并发出紧急救助请求，但在附近的英国军舰却无法施救的局面。因此，海军部认为有必要将对英国军舰的行动指示修改为：即使会进入别国领水，但为英国商船提供救助或其他的人道主义援助是英国军舰的职责。然而，海军部也注意到两个现实问题：第一，上海市军管会政府已经明确声明，没有得到允许，外国军舰无权进入上海；第二，需要确保英国军舰在执行人道主义任务时，不会遭到攻击。鉴于此，海军部认为英国政府应通知上海市军管会，解释说明英国军舰实施救援的公正性，并请求中国共产党确保在这种情况下，中国共产党军队不会干扰英国军舰实施救援。不仅如此，英国海军部还提出了对国民党空军的反制措施。远东舰队司令部命令在长江（上海）附近的英国军舰在以下情形中予以反击：（1）自卫；（2）国民党空军袭击无论是否在中国水域内的英国或其他中立国商船。①

　　7月底，英国远东舰队向英国内阁提出了英国海军对英国商船武装护航的建议：（1）中国交战的双方都有权引导商船在中国领水范围内或在船只进港时的行动，如果商船无视此种引导，交战的双方有权对商船使用武力。交战的双方无权扣押英国商船，无权对英国商船实施空中袭击，无权对英国商船进行搜查。（2）英国海军进入中国领水后，若英国军舰必须进入共产党实际控制的水域，应事先向远东舰队司令部报告，否则英国军舰在没有得到共产党的许可下，不得进入上述水域。出于人道主义目的或为阻止国民党干扰英国商船的航行，允许英国军舰进入未被中国共产党控制的中国领水。（3）无论是否在共产党控制的水域内，英国军舰可以对国民党空军武力还击。出于自卫目的，或者是确认国民党空军正在或是已经对英国商船实施了袭击，英国军舰可以武力回击。（4）无论是否在中国领水

────────────

① From Admiralty to Foreign Office, 22nd June, 1949, FO 371/75921/F9367.

内，英国军舰可以回击国民党军舰。出于自卫目的，或者是国民党军舰正在袭击英国商船，英国军舰可以武力回击。[①] 然而，英国首相艾德礼（Clement Attlee）明确告知英国国防部、远东舰队司令部，英国军舰无论在任何情况下都不得进入共产党控制的水域。[②]

虽然英国海军部和远东舰队都主张武装护航以反制国民党的封锁，但是均被英国内阁和首相府否决。一方面，中国共产党于 1947 年 2 月 17 日就已经公开宣布外国军舰无权进入中国领水，不承认国民党与外国政府达成的有关外国人在中国领水活动的一切协定。英国驻华大使施谛文也持同样看法，认为英国军舰在中国共产党声明的领水内对中国人采取行动会招致所有中国人深深的怨恨。[③] 同时，1948 年年底至 1949 年年初，英国就已经明确了"门内留一只脚"的对华政策，目的就是维护英国在华商业利益。上海解放后，上海市军管会刚刚对外开放上海港，英国轮船公司就急于恢复与上海港的航运贸易，也是为了维护英国在上海的工商业利益。英国军舰为对英国商船进行武装护航而进入中国领水，会引起中国共产党对英国经济贸易政策的转变，进而有可能使在上海的英国商业团体受到影响。考虑到"紫石英号事件"尚未解决，英国政府更不愿因英国军舰再次进入中国领水实行武装护航而激怒中国共产党，进而破坏英国政府与即将成立的新中国建交的既定方针。另一方面，虽然英国以国际法为依据不承认国民党实施的封锁，但是英国武装护航也因国际法关于领海主权的相关规定而自缚手脚，最主要的就是不能扩大到中国领海。[④]国民党实施的封锁范围恰恰是在中国领海之内，英国军舰若是进入中国领海以内护航，就形成了侵犯中国领海主权的事实，也有可能会进一步升级与国民党的冲突，进而可能会影响英国与台湾的商业贸易，甚至是英国政府在香港和马来亚地区的政治稳定。[⑤] 英国皇家法律事务处就明确反对英国海军进入中国领

---

① "Chinese Blockade of Certain Ports and Territorial Waters in Communist Hands," Admiralty Communicated, 3rd August, 1949, FO 371/75904/F11465.

② From Pumphvey to Foreign Office, 1st October, 1949, FO 371/75910/F14971.

③ From Nanking to Foreign Office, 19th November, 1949, FO 371/75914/F17349.

④ 马丁：《上海解放后英国针对国民党封锁上海的对策及成因》，《史林》2016 年第 1 期。

⑤ Foreign Office Minute, 24th February, 1950, FO 371/83425/FC1261/48.

水武装护航，称"国民党政府在中国领水内有权使用武力（倘若这种政策有效）封锁通往港口的航道，即使这些水域处于共产党实际控制之中"。①

更重要的是，美国在英国对华政策问题上有着重要影响。英国在第二次世界大战中遭到重创，战后英国政府的政策重心是恢复本国经济和欧洲事务。为了维护英国在世界事务中的地位，英国极力维持英美特殊盟友关系。在英国极力推动和维护英美等西方国家驻华大使馆和大使留在南京的"共同阵线"的问题上，就能看出美国对华政策在英国对华政策制定和实施中的影响。美国率先撤回大使司徒雷登既使英国在"共同阵线"问题上处于被动，又使英国驻华大使施谛文处于尴尬境地。美国在国民党封锁问题上的漠视态度也表明美国对国民党的支持政策。如果英国坚持对英国商船采取武装护航的政策，打破国民党的海上封锁，会使美国认为英国此举完全是出于维护英国在华商业利益。况且，英国还担心，国民党会借英国武装护航在国际社会进行宣传，使英国处于被动境地。相比较英美特殊关系和欧洲利益，英国在华商业利益虽然重要，但也要让位于英国总体的对华政策。因此，即使英商中华协会多次请求英国政府派出军舰进入中国领海护航，英国政府都审慎地加以拒绝。英国军舰护航无法实现，而"安契塞斯号事件"是否能顺利解决又直接关系着英国在华的航运贸易和在上海的商业利益，加之受制于自身实力所限，英国政府转而诉诸外交途径。英国驻广州领事柯希尔与国民党进行了多次谈判，"安契塞斯号"是否遭到两次轰炸和"安契塞斯号"的赔偿问题成为双方谈判的焦点。

第三节　关于"安契塞斯号事件"的谈判

"安契塞斯号"是否遭到国民党两次轰炸是英国与国民党进行谈判的重要内容，而"安契塞斯号"是否挂有标志其身份的商船旗又是双方关于

---

① "Law Office's Opinion on Blockade of Territorial Water by Chinese Nationalist," Admiralty Communicated, 14th September, 1949, FO 371/75910/F14733.

国民党是否实施两次轰炸的焦点。6 月 23 日，在双方谈判开始之前，就国民党空军是否看到"安契塞斯号"挂有标志其身份的所属国国籍旗帜一事，英国驻台湾淡水领事毕格斯（Biggs）专程前往国民党空军司令部质询。空军副司令王叔铭解释可能是飞行员错认了英国船只的身份，所以轰炸了太古公司商船"安契塞斯号"。但是，王叔铭否认了 6 月 22 日空军进行的第二次轰炸，称空军已经进行侦察，识别了"安契塞斯号"的身份，没有进行再次轰炸。① 为了确认"安契塞斯号"在遭到轰炸时挂有英国国籍旗帜，英国驻上海领事厄克特（R. W. Urguhart）向英国外交部发去报告。经"安契塞斯号"船长证实，虽然该船没有在前桅杆挂有醒目的旗帜，但是船只在遭到轰炸前、轰炸中和轰炸结束后，始终挂有四面信号旗、一面领航旗，主桅杆挂有一面公司旗（太古公司），在船尾一直挂着一面 3 码大小的新商船旗。遭到第二次轰炸时，"安契塞斯号"的船尾仍然挂着同一面商船旗，而且前桅杆也挂起了商船旗。②

6 月 25 日，国民党政府外交部长叶公超与英国驻广州领事柯希尔进行了第一次谈判，其中谈判焦点之一就是"安契塞斯号"在遭到轰炸时是否挂有可以识别其身份的所属国国籍旗帜。叶公超提出：据相关报告，飞行员轰炸的目标船只可能正载有上海需要的物资，而且飞行员也没有看到"安契塞斯号"的商船旗帜；愿意在收到该事件的全部报告后，根据国际法的相关条款来处理有关事宜。叶公超表示国民党政府外交部没有收到英国方面所提出的关于"安契塞斯号"遭到第二次轰炸的报告。柯希尔反驳叶公超说，遭到轰炸当天，"安契塞斯号"挂有标志其身份的商船旗。③ 鉴于双方对"安契塞斯号"是否挂有商船旗或其他旗帜的观点并不一致，英国外交部要求国民党政府对事件进行调查并重新给予答复。7 月 10 日，在对整个事件调查后，国民党政府外交部终于承认，在第一次轰炸时，飞行

① "Written Protest Presented by the Air Attache to the Chinese Air Force Head Quarters at Tamsui," From Tamsui to Foreign Office, 23rd June, 1949, FO 371/75921/F9193.

② "Details of Flags Carried by Anchises During Bombings," From Tamsui to Foreign Office, 24th June, 1949, FO 371/75921/F9349.

③ "Bombing of the S. S. Anchises Representations to the Ministry of Foreign Affairs," From Canton to Foreign Office, 25th June, 1949, FO 371/75921/F9338.

员误把船尾一面"小"英国国旗看成中国共产党的旗帜而造成了对"安契塞斯号"的误炸。①

关于第一次轰炸和是否挂有旗帜，国民党政府外交部以及空军司令部最初表示没有看到"安契塞斯号"挂有商船旗，到变为声称不熟悉英国的商船旗，最后又不得不承认飞行员误把船尾的"小"英国国旗当成其他旗帜而造成对商船的误炸，表明在第一次轰炸"安契塞斯号"问题上，相比较其实行的强硬封锁政策，国民党政府对英国政府已经妥协。然而，无论国民党政府外交部还是空军司令部都极力否认对"安契塞斯号"实施过第二次轰炸。为了进一步证明国民党空军实施了第二次轰炸，英国驻华大使施谛文征得英国外交部同意，建议英国驻上海领事厄克特从第二次轰炸的目击者那里收集信息，包括当时在岸上的人，比如壳牌石油公司的工作人员。②8月18日，英国驻上海领事馆经过调查，收集到包括五名船员和两名附近岛上工厂的机械师在内的七位目击者的证明，证实国民党空军有计划地对"安契塞斯号"实施了第二次轰炸。③然而，令英国失望的是，这在督促国民党政府承认对"安契塞斯号"进行了第二次轰炸的问题上并没有起到英国方面预想的作用。

9月5日，柯希尔再次与具体负责谈判的国民党政府外交部欧洲司司长袁子健进行会谈。关于轰炸问题，柯希尔再次重申了英国的立场，即要求国民党承认对"安契塞斯号"实施了两次轰炸。但是，袁子健表示国民党外交部不愿反复提及这一问题，而且强调国民党对任何有关他们没有遵守正确法律程序的提议都很敏感，仍然否认国民党空军对"安契塞斯号"进行过第二次轰炸。④袁子健的答复让柯希尔非常失望，而更令英国政府忧虑的事情也出现了。随着中国人民解放战争以摧枯拉朽之势在南方不断取得胜利，国民党政府已经准备由广州迁往重庆。经过双方谈判，虽然国民

---

① "Bombing of the S. S. Anchises. Placing of Flags on the Vessel," From Canton to Foreign Office, 10th July, 1949, FO 371/75922/F10132.

② "Bombing of the S. S. Anchises. Chinese Denial of a Second Attack," From Nanking to Foreign Office, 16th July, 1949, FO 371/75922/F10544.

③ From Shanghai to Foreign Office, 18th August, 1949, FO 371/75922/F15014.

④ From Canton to Foreign Office, 5th September, 1949, FO 371/75922/F13277.

党已经承认了第一次轰炸"安契塞斯号"是由于飞行员错误所致，但是英国政府认为再与国民党纠缠于"安契塞斯号"是否遭到第二次轰炸已无实际意义，英国政府更担心国民党政府再次迁移而无法赔偿因轰炸"安契塞斯号"而造成的相关损失。所以，英国政府就"安契塞斯号事件"与国民党谈判的重点转移到船只以及船员的相关损失的赔偿问题。

"安契塞斯号"的赔偿问题是英国与国民党之间谈判的另一个焦点，也是双方谈判的重点。在英国看来，既然国民党已经承认误炸，国民党就应该赔偿"安契塞斯号"的所有相关损失。一方面英国太古轮船公司强烈谴责国民党轰炸"安契塞斯号"，造成商船受损以及部分船员的伤亡；另一方面，由于"安契塞斯号"受损无法移动，只能停泊在上海市黄浦港，而上海的船厂又无法修复该船，太古轮船公司只得用拖船将"安契塞斯号"拖到日本神户的修船厂。① 同时，太古轮船公司也无力承担"安契塞斯号"在受损期间无法担负航运任务而造成的经济损失以及修复该船所需的巨大费用。6月7日，太古轮船公司向英国外交大臣贝文提出申请，要求英国政府支持太古轮船公司向国民党提出的赔偿申请，由柯希尔与国民党政府外交部交涉有关赔偿事宜。同时，太古轮船公司建议柯希尔就"安契塞斯号"的赔偿事项提出如下要求：（1）海上救援和拖到上海船厂；（2）离开上海；（3）暂时在上海修复；（4）在某地长期修理；（5）上述所有费用以及附带费用；（6）商船从1949年6月21日失去动力直到重新投入商业服务期间的损失。此外，太古轮船公司要求，赔偿中应包含轰炸中受伤船员的补偿以及对"安契塞斯号"上货物的所属者的赔偿。第（1）至第（5）条的确切赔偿数额还无法估算，总额可能约为20万英镑，第（6）条要求赔偿每天600英镑的滞留费。同时，一旦赔偿评估数额得到确

---

① 7月26日，英国派出拖船前往上海将"安契塞斯号"拖往日本。国民党海军允许英国拖船进入，上海市军管会也派出船只将携带内地发往香港、日本及国外各地邮件的"安契塞斯号"拖送至长江口，后由英国军舰"黑天鹅号"护送。见《英准备派船拖出安琪色斯号》，《中央日报》（湖南）1949年7月22日第2版，《安奇赛斯轮驶日修理》，《大公报》（香港）1949年7月27日第1版。

定，要求国民党发出以英镑支付赔偿的声明。① 国民党政府外交部收到太古轮船公司的赔偿要求后，表示愿意根据国际法的有关条款处理此事件，但是并没有给出正面回复。同时，柯希尔也建议太古轮船公司不仅要提出赔偿要求，还需要提交一份有关"安契塞斯号"详细损失的评估报告，也有必要说明"安契塞斯号"因受损而无法使用的时间期限，并提供船只不能重新投入商业服务的证明。②

在英国与国民党政府进行谈判之时，国民党政府正计划从广州迁往重庆，而重庆又暂时没有英国政府的外交代表，这不利于解决太古轮船公司的赔偿诉求。同时，在与国民党政府进行谈判的过程中，虽然不能确认国民党政府会拒绝支付"安契塞斯号"的赔偿，但柯希尔认为获得国民党政府赔偿的困难在不断增加。③ 为了尽快获得赔偿，太古轮船公司决定对国民党政府施加压力，尽快提出赔款总额。8 月 17 日，太古轮船公司向英国外交部提出赔款数额申请：维修船只费用大约需要 20 万英镑。由于上海船厂的维修设备无法完全修复"安契塞斯号"，太古轮船公司要求把船只拖到日本神户的船厂修理。所以，加上滞留上海期间的费用以及其他费用，赔偿要求总额达到 32 万英镑。④ 面对太古轮船公司的巨额赔偿和维修要求，国民党政府外交部则表示先要对船只情况进行全面调查后才作出关于赔偿的答复。

不仅国民党政府对太古轮船公司的赔偿总额没有正面答复，就连柯希尔对太古轮船公司提出的赔款数额也不是完全赞成。他认为国民党政府即

---

① "Request That Representations Be Made by H. M. G. to the China National Government for the Owners of the 'Anchises' to Be Compensated for the Damage," From Alfred Holt to Foreign Office, 6th July, 1949, FO 371/75922/F10048.

② "Repairs to the S. S. Anchises," From Canton to Foreign Office, 15th July, 1949, FO 371/75922/F10515.

③ "Compensation for the Bombing of the S. S. 'Anchises', Difficulties Which Will Arise If the Nationalist Government Move to Chungking," From Canton to Foreign Office, 6th July, 1949, FO 371/75922/F10735.

④ "Claim to the Chinese Government for Compensation for Damage to the S. S. Anchises, Which Was Attacked and Severely Damaged by Chinese Aircraft on 21st June 1949," From Canton to Foreign Office, 17th August, 1949, FO 371/75922/F12825.

将准备再次迁移,与国民党政府谈判的时间已经不多,而目前太古轮船公司又无法准确评估损失和滞留费用,并且船只滞留上海的期限可能要少于预期的6个月。根据柯希尔的建议以及当时中国解放战争发展形势和中英双方的谈判情况,太古轮船公司就赔款数额问题进行了再次讨论。为了能使国民党政府尽快作出赔偿,太古轮船公司再次向英国外交部提交了赔偿请求,基于对维修和滞留费用的评估,希望国民党政府给予"安契塞斯号"所遭受的预期损失的一半,即16万英镑。① 由此可见,无论是太古轮船公司还是英国驻广州领事柯希尔都认为国民党政府不会对"安契塞斯号"予以全额赔偿。为了尽快能使商船和伤亡船员得到赔偿以及商船得到修复以尽早重新投入使用而减少公司的损失,太古轮船公司不得不降低赔款数额来促使国民党尽快支付赔偿。然而,9月5日,在英国驻广州领事柯希尔与袁子健进行的又一次会谈中,袁子健声明,国民党政府只能赔偿"安契塞斯号"的直接损失。虽然柯希尔认为,既然国民党政府已经承认由于失误造成对"安契塞斯号"的误炸,国民党政府就应该对此事件造成的损失予以赔偿,但袁子健的表态再一次让英国方面对获得赔偿感到失望。此外,"安契塞斯号事件"发生后,英国国内公众原本就已经对政府表示不满,要求英国政府对国民党政府提出强烈抗议。英国政府担心若国内民众获悉国民党政府只是赔偿有限的直接损失,民众对政府的不满和批评会被再次激起。②

面对国民党政府坚持只赔偿由于误炸而造成的直接损失,英国外交部提出,因误炸而造成的直接损失的赔偿,应包括对财产和个人人身所造成的实际损害,以及可以证明的因轰炸而造成的特殊损害。按照国际惯例,必须赔偿船只滞留期间的滞留费。③ 不仅如此,太古轮船公司也质疑国民党的答复,请求英国外交部尽最大努力要求国民党接受太古轮船公司提出

---

① "Claim to the Chinese Government for Compensation for Damage to the S. S. Anchises, Which Was Attacked and Severely Damaged by Chinese Aircraft on 21st June 1949," From Canton to Foreign Office, 17th August, 1949, FO 371/75922/F12825.

② "Compensation for Damage for S. S. Anchises," From Canton to Foreign Offices, 5th September, 1949, FO 371/75922/F13277.

③ From Foreign Office to Canton, 25th September, 1949, FO 371/75922/F13277.

的赔偿要求，以便公司尽早收到赔偿费用。9 月 23 日，为了督促国民党尽快支付赔款，太古轮船公司把一份详细的赔款清单提交给英国外交部，由英国外交部转交给国民党。赔款清单包括各项直接、间接的赔款名目和赔款数额，以及遭到袭击后从在上海市黄浦港停泊至前往日本神户船厂期间的滞留费。并且太古轮船公司委托驻香港公司代表与国民党继续协商赔偿事宜。① 10 月中旬，国民党政府由广州迁到重庆，太古轮船公司的赔偿要求依然没有解决。英国驻重庆总领事吉勒特（M. C. Gillett）也多次就赔款事项与国民党协商，但是没有得到国民党的答复。更让太古轮船公司焦虑的是，该公司已经垫付了"安契塞斯号"在上海船厂的以及船只拖到日本神户船厂后的部分费用，它急切希望国民党尽快支付船只的赔款以减轻太古轮船公司修复船只的经济负担。②

国民党对英国对华政策的不满在很大程度上影响了其对"安契塞斯号事件"的态度。1949 年年初，国民党准备迁都到广州之际，英国大使施谛文则遵照英国政府指示继续留在南京。同时，英国政府下令驻北平、天津等地领事馆在解放军进城后继续开放。此外，英国政府电令施谛文以信件方式通知北平和天津领事，让他们向中国共产党地方政府表示：在目前的情况下并直至局势明朗前，英国愿意在事实的基础上与中国共产党来往。③ 英国此举引起国民党的强烈不满。南京解放以后，迁至广州的国民党正忙于作战，已经无暇顾及英国政府以及太古轮船公司的赔款要求。国民党已经承认对"安契塞斯号"的误炸，但是并没有放松海上封锁。即使面对英美提交抗议国民党封锁的照会，国民党仍在不断强化其封锁政策。7 月 1日，国民党行政院召开会议，通过有关截断海上交通的办法，声称国民党政府对关闭解放区港口政策并未因英美之抗议而有所考虑。国民党政府决定采取积极而又强硬之措施，继续加紧执行。国民党政府行政院于 1 日晚

---

① "Claim for Costs Incurred in the Consequence of the Bombing of the H. M. Anchises. By the Chinese," From Alfred Holt to Foreign Office, 23rd September, 1949, FO 371/75922/F14435.

② "Claim from British Company against Chinese Government," From Chungking to Foreign Office, 14th November, 1949, FO 371/75922/F17974.

③ 陈少铭：《新中国成立前后英国对华政策中的美国因素》，《中共党史研究》2010 年第 3 期，第 38 页。

特举行行政会，通过了所谓"截断匪区海上交通办法"。[①] 由于国民党海上封锁的不断加强，英国与国民党就航运贸易之间的摩擦也在不断升级。"安契塞斯号事件"之后，国民党不但列出封锁的外国商船名单，而且国民党海军相继扣押与驱离多艘英国商船，导致英国轮船公司与上海以及附近港口的航运贸易量不断下降，也影响了英国在远东地区的航运贸易的发展。

就英国政府和太古轮船公司对"安契塞斯号事件"的政策来看，英国政府认为既然国民党政府承认对"安契塞斯号"存在误炸，就应该赔偿相应的损失。然而，看到国民党政府对赔偿问题的消极态度和中国革命形势的发展，更为了维护英国在华的巨大的经济利益以及英国在远东贸易的正常开展，英国政府不得已把更多的精力放在反对国民党政府不断加强的海上封锁，采取各种措施以降低英商在华企业的损失，积极寻求美国政府的合作以反对国民党的海空封锁上。[②]

小 结

1949 年 6 月发生的"安契塞斯号事件"是国民党实行海上封锁期间的一次重要事件，是国民党实施海上封锁和强化封锁效果的一次"实验"，也是英国政府与国民党之间的一次正面冲突，该事件严重影响了英国在华商业利益。

首先，相比较对"紫石英号事件"的审慎和克制的态度，[③]英国政府对"安契塞斯号事件"以及国民党的封锁政策表现出强烈的反应。一方面公开对国民党空军实施轰炸以及所造成的商船损失和人员伤亡提出强烈抗议，根据国际法相关规定和太古轮船公司建议，要求国民党予以道歉并对

---

① 《关闭共区港口政策，政府绝不考虑》，《中央日报》（湖南）1949 年 7 月 2 日第 2 版。"截断办法"内容共有 14 条，"由国防部命令海军司令部负责执行，空军司令部协助办理"。

② 马丁：《上海解放后英国针对国民党封锁上海的对策及成因》，《史林》2016 年第 1 期。

③ 详见王建朗：《衰落期的炮舰与外交——"紫石英"号事件中的一些问题再探讨》。

商船损失和船员伤亡以及附加损失给予全部赔偿；另一方面，为了反对国民党的封锁和保证出入上海英国船只的安全，一部分英国政府官员和英商中华协会试图提出武装护航的要求，还寻求美国的合作，要求美国政府对已迁至台湾的国民党空军施加压力，以防止国民党再次对出入上海的外国船只进行空袭。然而由于多种因素所限，英国的预期目标均未能实现。

其次，"安契塞斯号事件"以及国民党的海上封锁直接冲击了英国在上海的商业利益和在远东的航运贸易。二战后，英国的对外政策重点在欧洲，其在远东地区的目标主要是维护在中国以及东南亚的商业利益，尤其是香港的经济地位以及和中国大陆间的转口贸易。1946年，英国航运贸易占中国对外贸易的26%，而上海的对外贸易则相当于中国所有其他港口对外贸易的总和。① 解放前夕的上海是东亚地区最大的经济中心和主要的进出口贸易港口，有大量外国商业公司、团体聚集在上海，其中尤以英国为甚。英国在华投资居各国之首，达3亿英镑，其中1.9亿英镑集中在上海。② 由于解放战争尚未结束，国内陆路运输还无法恢复，所以海上航运对于上海经济恢复与发展和英商经济利益就显得尤为重要。然而，"安契塞斯号事件"以及国民党军队不断加强的海上封锁，阻断了英国与上海以及附近沿海港口之间的贸易往来，打乱了英国政府维护其在华商业利益的计划，这是英国政府以及在华英商团体所无法接受和容忍的。

最后，"安契塞斯号事件"也反映出英国这一时期对华的现实主义外交政策。受自身实力所限，英国在远东地区的影响已经失去了昔日的辉煌。事件发生后，虽然英国政府以及英国轮船公司强烈谴责国民党空军对"安契塞斯号"的轰炸，要求国民党政府道歉、赔偿，也批评和采取措施反对国民党的封锁政策，但是英国就"安契塞斯号事件"与国民党政府的谈判既受中国解放战争以及英国承认新中国的影响，又遭遇了国民党政府的消极拖延。后者又在继续加强海上封锁。不仅英国要求国民党政府承担整个事件责任的目标落空，而且其对国民党政府支付赔偿的要求也遭到拖

---

① "Shipping Aspects of Trade with Communist China," Ministry of Transport Minute, 2nd August, 1949, FO 371/75920/F11916.

② Sir W. Strong to Prime Minister, 1949-7-29 [Z]. PREM 8/943, P. R. O., London.

延和消极对待，甚至联合美国对抗国民党军队的海上封锁也因美国的"不干涉"政策和朝鲜战争的爆发而终结。然而，"安契塞斯号事件"并没有恶化英国与国民党间的关系。虽然英国已经准备承认新中国，但英国在中国台湾淡水仍保留"领事馆"，并希望借此保持与台湾地区的贸易关系。英国的这种骑墙政策恰恰反映出英国对华政策的现实性，同时遭到了新中国的强烈抵制。

第五章　新中国成立前后的英国对华航运贸易

英国对华航运是英国对华物资运输、人员往来的重要交通媒介，而且航运贸易也是英国在华商业利益的重要组成部分。近代以来，英国轮船公司伴随着英帝国主义侵华战争进入中国，凭借强加给中国的不平等条约，不断扩张在华航运贸易活动，从中国沿海深入到中国内河航运，不仅在天津、青岛、上海、广州等中国沿海港口，还在南京、武汉、重庆等长江内河口岸进行大量投资，拥有大量仓库、码头、船坞、造船厂。英国轮船公司在进行航运扩张的同时，还侵夺了近代中国的引水、航运保险、航运价格与航线制定等大量航运特权。到抗战全面爆发前，英国轮船公司已经在中国内河和沿海、远洋航运贸易中处于垄断地位。

日本发动侵华战争后，英国在华航运利益遭到冲击。即使这样，英国轮船公司仍然在中国进出口航运贸易中占有重要份额。抗日战争胜利后，英国对华政策的主要目标就是恢复和扩大在华商业利益，英国对华航运贸易就是其中的重要组成部分。为恢复对华航运贸易和在华航运特权，英国不断对国民党政府施加压力，以谋求进行新商约谈判。但是，受战争重创的英国不得不接受其势力衰落的现实，面对战后美国对华全面经济渗透、中国航运界对英国扩大在华航运活动的抵制等因素，英国只能暂时恢复在华沿海航运贸易和部分航运特权。

1949 年年初，中国革命态势已经基本明朗，中国共产党领导的解放战争即将取得全国性胜利。面对中国局势的变化，英国开始调整对华政策，采取对中国共产党主动的外交策略，其中就有维护英国在华商业利益的考虑，自然也就包括在中国有着重要地位的英国对华航运贸易。为此，英国外交部出台了关于维护英国对华航运利益的外交策略，英国轮船公司则设法初步恢复了与解放区的航运贸易。新中国成立前夕，随着解放战争进程的推进，大量沿海和内河港口回到人民怀抱，中央人民政府相继收回引水、航行、海关税收等航运主权，英国失去在华航运特权，标志着英国轮船公司操纵中国航运的时代一去不复返。"安契塞斯号事件"之后，国民党不断加强海上封锁，直接冲击了英国对华航运贸易。朝鲜战争爆发后，在美国对华贸易禁运的压力下，英国不得已对中国实施贸易禁运。受上述因素影响，英国对华航运贸易不断萎缩。

第一节　1949 年之前的英国对华航运贸易概况

鸦片战争之后，清政府与列强签订不平等条约，被迫开放通商口岸，外国轮船公司堂而皇之地进入中国。19 世纪 60 年代，伴随着列强侵华战争规模不断扩大，外国轮船公司亦不断扩大在华航运特权。到 19 世纪末，外国轮船公司势力由中国沿海地区深入中国内河，内河航运贸易被外国轮船公司垄断，中国内河航运权也遭到破坏。在所有外国在华轮船公司中，英国占绝对优势。[①] 其中，英商怡和洋行创办的怡和轮船公司（Indo-China Navigation Co. Ltd.）和英商太古洋行创办的太古轮船公司是英国在中国的主要轮船公司，从事中国沿海贸易和内河航运业务，在上海、香港、日本间有着定期的航运贸易往来，而且这两家轮船公司在上海、天津和香港等中国港口有自己的船坞码头、造船厂和修理厂。[②] 到 20 世纪初，这两家英国轮船公司已经控制了中国沿海和长江内河航运的大半份额。

日本发动侵华战争后，英国在华航运贸易受战争影响，英国轮船公司在华航运市场所占份额不断下降。即使在这样的情况下，英国在华轮船公司的航运贸易仍然占到中国对外航运贸易的 35%，国内航运贸易的 41%。[③] 1942 年，鉴于中国在亚洲战场是抗击日本法西斯的主要力量，以及中国在

---

① 严中平等编《中国近代经济史统计资料选辑》，中国社会科学出版社，2012，第 163 页。

② 聂宝璋编《中国近代航运史资料（第一辑）》，上海人民出版社，1983，第 515 页。

③ "Shipping Aspects of Trade with Communist China," Ministry of Transport Communicated, 2nd August, 1949, FO 371/75920/F11916.

世界反法西斯战争中所起到的重要作用，为加快反法西斯进程，英、美两国不断调整与中国的关系，其中策略之一就是废除两国与中国的不平等条约。10月，英美两国与国民党政府进行关于废除旧约的谈判，其中内容之一就是废除外国在中国沿海贸易和内河航运权。相比较美国而言，英国在华有着巨大的航运贸易利益，英国也有多家轮船公司在华经营，所以在废除沿海贸易和内河航运权的问题上，英国不愿作出妥协，坚持原先取得的在华航运特权。时任英国驻华大使薛穆（Horace J. Seymour）向国民党政府表示，关于内河和沿海航行问题，应该留待日后签订通商航海条约来解决。国民党政府就此表态，中国政府同意将这一问题留待日后解决，但现在的条约应该清楚地表明，不平等条约所规定的所有特权，包括内河和沿海航行权都应该废除。①

英国为了维护在华沿海贸易和内河航运权，希望得到美国在该问题上的支持，向国民党政府施加压力。美国政府为了维护美英合作，不愿在此事上出现有损美英关系的不利因素，因而美国支持英国有关在沿海贸易和内河航运问题上的政策。国民党政府坚持声明，中国不会允许悬挂外国旗帜的船舶在中国沿海和内河进行航运贸易，这也是中国在国际社会中应获得的平等和主权地位，中国完全有权力规定这一权利只限于中国船舶。②鉴于国民党政府的强硬态度，美国在此问题上也开始模棱两可，不再支持英国。更重要的是，英国在其他问题上，如，英国人在华不动产问题等方面仍然有求于国民党政府。经过权衡，英国以同意放弃经商方面的国民待遇特权和沿海贸易与内河航运权为筹码，换取国民党政府同意互相给予对方公民购置不动产的权利。③ 1943 年 1 月，中英、中美签订新约，取消了英美两国在华治外法权等权利，英美在华沿海贸易与内河航行权也随之废除。此外，为了解决抗战所需战时物资运输问题，早在 1939 年，中国政府就建立了自己的远洋船队，船舶吨位为 26 万吨，开始承担部分远洋航运业

---

① From Chungking to Foreign Office, Nov. 13, 1942, *BDFA*, Part 3, Series E, Vol. 6, pp. 68-69.

② *FRUS*, 1942, China, pp. 396-399.

③ 王建朗：《英美战时废约政策之异同与协调》，《抗日战争研究》2003 年第 3 期。

务。1943 年，《中英新约》签订后，英国在华航运贸易在中国航运业中占比在下降。①

1943 年 11 月，在美国总统罗斯福倡导下，反法西斯同盟国成立了联合国善后救济总署，其目的是援助在反法西斯战争中损失严重且无力重建的同盟国。受战争重创的中国是最主要的受援助国家之一，进行援助的国家包括美国、英国与加拿大。1945 年 1 月，国民党政府成立行政院善后救济总署，代表国民党政府作为联合国善后救济总署的对应机构，负责接受和分配联合国善后救济总署援助中国的物资。由于战争破坏，中国国内公路和铁路受损严重，航运就成为援华物资的主要运输方式。然而，日本侵华期间，中国航运业受到重创，大量船舶或被炸毁或被日军征用于沉塞航道。抗战胜利后，中国航运业面临着恢复和重建问题。太古轮船公司、怡和轮船公司等英国轮船公司则相继收回被日军征用的港口设施，准备恢复与中国港口间的航运业务。在此情形之下，虽然之前英国已经公开放弃在华沿海贸易与内河航运权，但为维护在华的航运贸易利益，英国政府和轮船公司又开始重新寻求时机，试图重新获得在华沿海贸易和内河航运权。

1946 年 1 月，为尽快获得援华物资的运输权，英国轮船公司与国民党政府签订运输协定，让英国轮船公司帮助运输援华物资，暂定期限为 6 个月，之后根据双方意愿决定是否延长。英国之所以这么做，一方面是因为英国轮船公司过去在中国航运市场就居于垄断地位。另一方面因为英国本身就是提供对华援助物资的国家之一。英国轮船公司看到中国因经济重建需要从海外进口大量物资，而中国国内航运业恢复正常运力尚需时日，因此国民党政府不得不对外国轮船公司开放中国港口。6 月 17 日，在已经对外国轮船公司开放上海港的基础上，国民党政府行政院颁布"关于复员期间暂准外轮驶泊南京等港口装卸货物训令"。该训令说，由于"需求国外货物大量运入，如国外轮船只准驶至上海，不但由上海转运所需之装卸费，使货品价格巨额增高，且使长江沿岸输出国外之货品，必须先运上海

---

① "Shipping Aspects of Trade with Communist China," Ministry of Transport Communicated, 2nd August, 1949, FO 371/75920/F11916.

卸装，增加货品之成本，并益增运输之阻滞，对于输入输出，俱感未便。兹暂准来自国外之轮船，在南京、芜湖、九江、汉口四港装卸货物。但不得在经过我国各港口时添装货物、乘客，离国时，亦不得搭载转口货物及乘客。并应于进口两周前先行呈准登记，其时限自财政、交通两部会同公告开放时起，一年为止"。①

7月8日，国民党政府交通部颁布了"外国所有小轮行驶内河规则"，共十七条，对外国小轮船的吨位，运输里程等进行明确的规定。② 国民党政府此举让英国轮船公司看到了恢复对华航运贸易，特别是在中国内河航运的时机。鉴于此，英国交通部建议派出包括外交部、交通部和轮船公司代表组成的特别代表团，与国民党政府协商运输援华物资相关事宜，以达成可以维护英国轮船公司在中国各港口航运利益的协定。③ 但是，英国借助运输援华物资，恢复在中国沿海贸易和内河航运权的意图面临着重重困难。不仅英国想恢复在中国的航运贸易，美国等其他外国轮船公司也试图进入中国航运市场，如英商太古轮船公司得知，美国总统轮船公司和德士古石油公司以运输联合国善后救济总署援华物资为由，其商船已经在长江航行，德士古石油公司的油轮也已开始在汉口卸载石油。④

与此同时，英国轮船公司的意图还面临着中国航运界的反对。就国民党政府同意外国轮船公司运输援华物资，允许外国商船在中国沿海和内河从事航运一事，上海中国航运协会提出强烈抗议。抗议称：中英、中美于1943年改定新约，就已经废除了外国轮船在中国内河航运和沿海贸易的权利。现在重新对外国轮船公司开放中国沿海和内河航运，外国轮船公司会重新进入中国内河，势必会对中国航运业造成冲击。⑤ 不仅如此，中国航

---

① 中国第二历史档案馆编《中华民国史档案资料汇编：第五辑·第三编·财政经济（七）》，江苏古籍出版社，1994，第441页。

② 同上。

③ "Protection of British Shipping Interesting in China," From Ministry of Transport to Foreign Office, 2nd August, 1946, FO 371/53582/F11360.

④ From Ministry of Transport to Ministry of Fuel & Power, 5th July, 1946, FO 371/53582/F11390.

⑤ 《全国船联合宣言　反对开放沿海航权》，《大公报》（上海）1949年3月16日，第4版。

运协会还要求国民党政府终止行政院善后救济总署与英国轮船公司的运输协定，称因为英国轮船公司已经运输了大量的物资，并且还在肆意扩大其运输范围，所以此协定不宜再延长。鉴于此事对中国航运业有着利益攸关影响，中国航运协会派出代表向国民党政府行政院进行申诉。经过权衡后，国民党政府行政院答复中国航运协会，政府会帮助国内轮船公司尽快发展，撤回政府开放南京、汉口、芜湖和九江等口岸的决定，停止与太古、怡和等英国轮船公司的运输协定。① 同时，行政院善后救济总署与中国航运协会达成一致，由中国轮船公司参与运输部分联合国善后救济总署的援华物资。② 凭借援华物资运输权而进入长江内河航运的英国轮船公司不愿看到这些。一方面，它们坚持不撤出中国航运市场。英国轮船公司借助其在上海、天津等沿海港口的大量资产设施，如太古轮船公司在上海的船坞、码头以及仓库等设施，继续维持轮船公司的存在。③ 另一方面，英国外交部、交通部以及英国轮船公司谋求继续对国民党政府施加压力，并且寻找新的途径以实现其对华航运贸易。

1946 年 8 月，英国交通部派出米尔博恩（P. E. Millbourn）担任英国驻华大使馆航运事务参赞，与国民党政府商谈英国轮船公司在华航运事宜，其目的是尽可能与国民党政府达成新的航运协定，以确保英国商船可以在中国沿海和内河航行。④ 在米尔博恩与行政院院长宋子文的会谈中，宋子文表示，"目前若是恢复行政院善后救济总署与英国轮船公司的运输协定，会使国民政府处于尴尬的境地，关于中英之间的航运合作会在时机适宜时再次实现，目前在中国沿海地区有英国轮船公司航运贸易的空

---

① "Foreign Shipping in China," From Shanghai to Nanking, 13th July, 1946, FO 371/53582/F11484.

② "Subcharter Agreement between CNRRA and the Ship Owners Association of Shanghai," From Nanking to Foreign Office, 31st December, 1946, FO 371/63274/F1094.

③ "Discussion of China Shipping Problems," Foreign Office Minute, 9th August, 1946, FO 371/53582/F11552.

④ "Brief for Special M. O. T. Representative Attached H. M. G. Embassy in China," From Ministry of Transport Foreign Office, 23rd August, 1946, FO 371/53583/F12496.

间"。① 国民党政府的表态，令英国颇为无奈，英国与国民党政府间的航运协定一事暂时被搁置。然而，正如宋子文所说，虽然在中国航运协会的反对之下，英国轮船公司没能恢复在中国的内河航运权，但是英国轮船公司经香港前往广州、厦门、上海、天津等中国沿海港口的航运贸易已经恢复。在上海英商团体的推动下，1946 年前 9 个月，上海与香港之间、其他中国沿海港口与香港之间有着大量航运贸易往来，如丝绸、羊毛制品、棉织品、化学药品、钢铁、电子产品、机械设备等进出口贸易，这些物资的运输大部分由太古、怡和轮船公司等英国轮船公司承担。② 此外，英国轮船公司还承担着部分中国沿海港口与中国香港、日本、马来亚等地的航运业务。英国轮船公司已经借助恢复中国沿海航运贸易，实现经中国沿海港口与东亚其他港口的航运转口贸易，这也是英国轮船公司所看重的。

抗战胜利后，在谋求与国民党政府签订航运协定的同时，英国政府还希望尽快开始先前未能进行的新商约谈判，多次向国民党政府提出进行谈判的请求。但是，国民党政府均以还都为由予以拒绝。1946 年 2 月，国民党政府与美国开始中美商约谈判，双方就贸易、航运、金融、最惠国待遇等方面进行协商。美国以对华贷款、援华物资等为谈判筹码，不断对国民党政府施加压力。5 月，获悉中美就新商约进行谈判的英国颇感不满，也向国民党政府外交部提交英方的中英商约草案，内容包括贸易、航运等诸多在华利益等，共计 32 条，有效期为十年。③ 6 月初，国民党政府与英国商讨相关事宜，但在航运方面存在诸多分歧。英方提出了第 21 条第（1）款、第（2）款和第（3）款，分别是：第（1）款，缔约一方船舶可进入另一方船舶进入的所有港口，国民党政府外交部表示此款会招致国内航运业强烈反对；第（2）款，缔约双方承诺，一方享有缔约国船舶所享有同等权利；第（3）款，缔约一方准许进口或出口可以合法进、出口的所有

---

① "Record of Conversation with Dr. Soon on September 3rd," From Shanghai to Foreign Office, 5th September, 1946, FO 371/53583/F13596.

② "Extracts from United Kingdom Trade Returns," China Association Minute, 22nd November, 1946, FO 371/53584/F16861.

③ "The Draft Treaty of Establishment and Navigation," From Board of Trade to Foreign Office, 2nd May, 1946, FO 371/53658/F7113.

商品。国民党政府外交部以"外国船舶因受沿海贸易与内河航运限制，不能在本国境内所有地点进入，待遇亦不能相同"为由加以拒绝。① 加之双方在其他方面分歧，中英新商约谈判被搁置。

11 月初，中美签订《中美友好通商航海条约》，美国对华政策目标大都得以实现，将包括航运和贸易在内的美国在华利益实现了"法律框架"的保护。② 条约规定，美国船舶享有在中国口岸、领水内的航行自由，享有内河航行与沿海贸易的权利，无须缴纳异于或高于本国船舶在同样情形之下所应缴纳之吨位税或港税。③ 这使英国更加急于与国民党政府达成新的中英商约。12 月底，在英国多次催促之下，国民党政府才向英国提交了中方提出的中英友好通商航海条约草案。双方围绕航运、贸易、最惠国待遇等问题仍存在相当大的分歧，如船舶航运，国民党政府外交部不同意英方提出的特殊待遇要求。④ 1947 年年初，国民党政府忙于内战，而《中美友好通商航海条约》已经引起国内民众强烈不满，国民党政府再无精力与英国进行新商约谈判，英国谋求以法律的形式维护英国在华航运贸易利益的企图遭受挫败。

英国谋求恢复和扩大在华航运贸易利益的意图遭到国民党政府的消极推诿和中国航运界的坚决抵制，但英国仍未放弃其既定目标。一方面，英国轮船公司注意到，虽然经过一年的经济重建，中国航运业也有了一定的恢复，但还需要 75 万吨的船舶吨位才能满足中国的航运需要，而这部分需要是当时国内船运业所无法满足的。⑤ 另一方面，随着《中美友好通商航海条约》的签订，美国不断扩展在中国的航运势力，美国轮船公司在华航

---

① 《中英航海条约及居留案》（1946 年 7 月 6 日），台北："国史馆"藏档案，014-020200-0039。

② "The Ambassador in China（Stuart）to the Secretary of State," October 25, *FRUS*, 1946, The Far East：China, Vol. 10, pp. 1251-1252.

③ 中国第二历史档案馆编《中华民国史档案资料汇编：第五辑·第三编·外交》，江苏古籍出版社，2000，第 556—558 页。

④ "Meeting of Discussing the Draft Treaty of Establishment and Navigation with China," From Ministry of Transport to Foreign Office, 14th January, 1947, FO 371/63279/F753.

⑤ "Forecast of Improvement in China Shipping Position," Chinese Ministry of Information Minute, 3rd August, 1946, FO 371/53582/F11427.

运贸易所占比重不断提高。据英国贸易部统计，1946 年 1—11 月，在沿海航运进出中国港口的船舶中，美国商船吨位约占 12%，英国商船吨位约占 10%，中国商船吨位约占 70%；1—10 月，在远洋运输进出的中国港口船只中，美国商船吨位约占 43%，英国商船吨位约占 28%，中国商船吨位约占 8%。①

虽然中国航运界反对外国轮船公司参与中国内河航运，但是联合国善后救济总署的援华物资依然需要大量船舶运输，而美国轮船公司已经进入中国内河航运与沿海贸易，这使得英国在中国内河航运与沿海贸易的诉求更加迫切。加之国民党政府已经与美国签订商约，所以英国把希望寄托在美国的帮助上。英国交通部提出，希望美国可以向国民党政府施加压力，由英商太古轮船公司、怡和轮船公司承担部分联合国援华物资的运输，并电令英国驻华大使馆做进一步的调查以备政府制订相应的计划。此外，米尔博恩向英国外交部建议：一方面，英国政府应通过与国民党政府协商，尽可能再争取达成新的航运协议；另一方面，鉴于中国航运协会对国民党政府的压力以及中国航运业目前运力不足的状况，英国轮船公司应该通过国民党政府，在中国与海外的航运贸易中，向中国轮船公司提供一些帮助，如对中国轮船公司提供人员培训，分享贸易业务等，希望以此减少中国航运界对英国轮船公司敌视情绪。②

然而，中国航运界抵制英国轮船公司的活动并没有停止。与此同时，英国恢复在华航运贸易的意图还受到中国解放战争的影响。随着解放战争进程的推进，国民党政府相继关闭华北地区部分沿海港口。1946 年 12 月初，秦皇岛港宣布，暂时停止对英国和其他外国轮船公司开放，经军事形势改变和申请许可通过后，再重新开放。③ 1947 年 3 月，青岛港对外宣布，因军事原因，青岛港暂停对外国轮船公司开放。④ 秦皇岛港和青岛港是英

---

① "Report of the United Kingdom Trade Mission to China, 10-11 Month," Board of Trade Minute, 8th March, 1947, FO 371/63304/F3584.

② "Report on British Shipping in China," From Ministry of Transport to Foreign Office, 11th December, 1946, FO 371/53585/F17855.

③ From Nanking to Foreign Office, 25th December, 1946, FO 371/53585/F18316.

④ From Nanking to Sahnghai, 14th April, 1947, FO 371/63275/F5170.

国轮船公司在中国沿海港口航运贸易中的两个重要港口，可以从秦皇岛运输和供应上海和香港所需的煤炭。英国轮船公司担心，这两个沿海港口的暂时关闭会波及其他中国沿海港口。在英国的压力之下，并且为解决运输援华物资对船舶运输需要和履行《中美商约》协定，国民党政府行政院声明对外开放广州、福州、宁波、上海、青岛、天津、秦皇岛等 15 处沿海港口，但其中不包括一个长江沿岸的内河港口。①虽然国民党政府宣布开放上述沿海港口，但是由于国民党管理混乱和战争影响，很多港口的航运贸易量有不同程度下降。与此同时，让英国轮船公司感到忧虑的是，国民党政府已经对外国船舶开放了沿海的主要港口，但是仍然没有明确对外国轮船公司开放长江内河沿岸港口。英国政府和英国船运公司更希望开放长江内河航运，这样英国轮船公司才可以将航运利益再次延伸到中国内地。为尽快恢复在华内河航运，英国交通部航运事务代表、英国驻华大使施谛文以及航运事务参赞多次与国民党政府沟通，但均未能达到目的。

1948 年年初，鉴于英国恢复对华航运贸易的诉求屡屡受挫和中国革命形势的飞速发展，以及恢复长江航运贸易的需要，英国开始向美国寻求帮助。1 月 29 日，英国驻美大使馆参赞赫伯特·葛拉维（Hubert Graves）就英国对华航运事务与美国国务院远东司司长沃尔顿·巴特沃思（Walton W. Butterworth）协商，请求美国予以帮助。葛拉维表示："英国商船只有在少数情况下可以在中国沿海口岸从事航运，中国招商局轮船公司和民生轮船公司已经几乎垄断沿海和内河航运；英国轮船公司在中国港口有着优良的设备和港口设施，也有适用于内河与沿海贸易的商船；对外国轮船开放如南京和汉口等港口，中国与外国航运公司会同样受益。"巴特沃思则认为，美国政府在帮助英国恢复在长江的航运贸易方面没有特殊利益诉求，美国主要关注国民党政府的出口贸易和中国航运业无法满足目前的航

---

① "Memorandum on the Position of British Shipping Attempting to Trade on the China Coast and in Chinese Inland Waters after the Cessation of Hostilities with Japan," Foreign Office Minute, 27th November, 1946, FO 371/63278/F15777.

运需要。① 巴特沃思的表态令葛拉维倍感失望，但英国交通部坚持认为，中国当前的形势是争取美国帮助的恰当时机，对航运实行开放政策将大大减少中国对美国航运援助的依赖。②

3月初，国民党政府准备重新对外国轮船公司开放汉口、南京两个长江口岸以满足运输援华物资需要。英国驻上海领事厄克特（R. W. Urguhart）认为，国民党政府开放这两个口岸，不仅为了满足运输援华物资需要，也意味着允许外国轮船可以运输物资出口。太古公司、怡和公司已经注意到有美国、加拿大商船开始在长江航行，询问英国交通部和外交部，是否可以派出船舶前往长江口岸。③ 交通部驻远东航运事务代表艾伦（D. F. Allen）表示：由于国民党政府没有明确表态，如果英国轮船公司现在派出船舶驶往长江，不知道是否会得到公正对待；即使国民党政府明确表示开放长江沿岸港口，中国航运协会也会再次反对国民党政府的决定，对政府施加压力。所以，艾伦建议采取"等等看"的政策，虽然美国、加拿大商船在长江航行，但是并没有得到国民党政府正式委托外国轮船公司从事长江航运业务的声明。更重要的是，美国援华物资的航运计划由华盛顿而不是中国政府（指国民党政府）制订。英国轮船公司如果想要参与运输援华物资业务，特别是参与到长江航运之中，应该与美国政府而不是与中国政府（指国民党政府）协商此事。为了恢复长江航运利益，英国驻华大使施谛文与负责美国援华物资计划的两位主管罗杰·拉帕姆（Roger Lapham）和唐纳德·吉尔帕特里克（Donald Gilpatrick）进行协商。有着多年航运贸易经验的罗杰·拉帕姆表示："中国政府（指国民党政府）目前不会达成原则上开放长江航运的协议，因为这样的协议会遭到强烈反对；中国政府（指国民党政府）会对美国施加压力，要求美国轮船公司将物资

① "British Shipping in China," From Washington to Foreign Office, 10th February, 1948, FO 371/69559/F2498.

② "British Shipping in China," From Foreign Office to Washington, 24th February, 1948, FO 371/69559/F2498.

③ "Question of the Re-Opening of Chinese Inland Waterways to Foreign Shipping: Approach by the Ministry of Transport to the Ocean Companies Asking Whether They Are Prepared to Send a Ship up the Yangtse," From Ministry of Transport to Foreign Office, 12th July, 1948, FO 371/69560/F9735.

运到上海，之后由中国轮船公司负责把货物运到其他地方。如果美国拒绝这么做，中国政府（指国民党政府）会采取消极拖延的方式对待。尽管目前有消息称中国政府（指国民党政府）将开放长江航运以满足美国援华物资的运输需要，但实际上中国政府（指国民党政府）不会这么做。"① 这就意味着，英国轮船公司想要参与到美国援华物资的航运业务中，美国政府爱莫能助，英国仍需与国民党政府进行协商，英国寻求美国帮助其恢复对华航运贸易的努力付诸东流。鉴于中国解放战争的态势，英国政府建议英国轮船公司不要贸然进入中国内河，否则有可能产生一些无法预料的后果。

据 1946 年统计，英国轮船公司只占中国对外航运贸易的 26%，国内航运贸易的 10%。② 因此，英国政府和英国轮船公司一直在为能恢复和扩大在中国沿海航运贸易和内河航运权，重新在中国航运市场中占据重要地位而尝试采取各种措施，不遗余力地奔走于国民党政府、美国政府之间。一方面，英国利用长期以来在中国航运业中形成的优势，借助英国是联合国善后救济总署援华物资的成员国之一和运输美国援华物资为由，与国民党政府签订航运协议，企图以此恢复在中国的航运利益。同时，它对国民党政府施加压力，谋求签订新的中英商约，却被国民党政府以消极延宕的方式对待而不了了之。另一方面，鉴于美国与国民党政府的关系密切，英国又试图求助美国予以帮助，但又遭遇美国的漠视。更重要的是，英国的企图遭到中国航运界的抵制。中国航运界对国民党政府出卖中国航运权益强烈抗议，认为若是允许实力雄厚的英国轮船公司再次进入中国航运市场，尤其是深入到中国内河航运，中国航运业必定会遭到巨大的冲击，所以中国航运业坚决反对国民党政府允许外国轮船公司再次进入中国内河。国民党政府无奈作出让步，决定中国内河航运，尤其是在中国内河航运中占据重要地位的长江航运不对外国轮船公司开放。但是，作为对外国轮船公司的妥协，国民党政府开放了中国沿海的主要港口，使英国轮船公司可

---

① "Foreign Shipping on the Yangtse," From Nanking to Ministry of Transport, 21st July, 1948, FO 371/69561/F16597.

② "Shipping Aspect of Trade with Communist China," Ministry of Transport Communicated, 2nd August, 1949, FO 371/75920/F11916.

以在沿海港口从事航运贸易。到 1948 年年底，英国轮船公司在中国沿海港口贸易占有重要地位，但是始终未能进入内河航运，而后者也是英国轮船公司所看重的。鉴于中国国内政治形势已经明朗化，中国共产党领导的解放战争节节胜利，而国民党接连失败，英国为了维护自己在华商业利益和贸易特权，开始调整对华政策，对华航运贸易政策亦是其中的一部分。

第二节　解放前夕英国对华北解放区的航运贸易

1948 年年底至 1949 年年初，华北大部分地区相继解放，中国人民解放战争已经进入决定性阶段。1948 年年底，英国政府就已经明确对即将建立的新中国采取主动的外交政策，即"门内留一只脚"政策。1949 年年初，华北人民政府迁到北平后成为华北地区的最高政府机构，英国自然希望能尽快与华北人民政府建立联系。英国政府还有深层次的考虑。受到战争影响，英国轮船公司与华北地区各主要港口，如天津港、秦皇岛港、青岛港等港口之间的航运贸易一度中断。鉴于华北地区已经解放，也为维护自身在华北解放区的商业利益，推动英国商业团体能够进入华北解放区，也能重新恢复英国轮船公司与华北解放区的航运贸易联系，此外，英国已经明确中国共产党解放全中国只是时间问题，而英国轮船公司恢复在长江内河航运又面临着重重困难，英国认为在新中国成立之前与华北人民政府建立良好的商业关系，逐步恢复华北解放区与上海、华南地区以及香港的航运贸易，对维护英国在中国的商业利益，尤其是航运贸易有着重要意义。此外，英国试图凭借在华商业优势地位，如英国轮船公司在华北的航运优势，为日后英国在承认新中国的问题上争取主动。

12 月 8 日，英国外交部助理次官德宁（M. E. Dening）就中国局势向英国内阁提交备忘录。德宁认为："国民党政府已经失去对长江以北地区的控制。面对共产党的军事压力，国民党政府军队不可能守住长江以南地区，北方的共产党军队掌握了主动权。共产党在不断向南推进，成功只是时间问题。""共产党控制长江以南地区后，将面临固有的经济顽疾，这将使共产党设法维持出口贸易，以支付其必要的进口，英国商人可能由此获得一些利益。可以预料到，共产党控制的地区越多，将面临越多的政府管理困难，这就可能在一段时间内保护英国在华经济利益不受共产党的损害。""共产党控制全中国后，可能会影响英国在华商业资产和投资，中英贸易、航运，香港经济以及英国在东南亚的利益。""长期看来，这取决于共产党对外国商业利益和航运利益的态度。毫无疑问，至少在新政府认为自己有能力进行有效管理之前，利用现有设施（作为转运港的香港、外国航运、外国保险公司和商业机构）维持或创造有形贸易的平衡，将是一个至关重要的支柱。任何中国政府都必须维持基本的进口（如大米和原材料）。""鉴于这些情况，新政府剥夺或驱逐外国商业、航运公司和投资以及损害香港的经济繁荣可能在一段时间内不会发生。""目前的中国局势会对英国轮船公司从事华南沿海航运贸易造成影响。在国民党政府之下，英国航运利益受到损害，贸易投资几乎没有回报。""目前共产党对外国轮船公司还没有明确的政策，国民党政府却对外国商船封闭长江。共产党进行经济建设，必定需要从事沿海贸易和内河航运的船舶，而英国轮船公司不会忽略任何有贸易机会的地方。"基于上述分析，德宁就英国在华航运利益提出四点：（1）中国、香港与东南亚的海上航运。如果共产党允许英国船舶在其控制的地区进行航运贸易，可能会使长江通过华北港口与其经济腹地重新融合，从而使英国在中国沿海航运贸易中受益，并且不会影响英国在华南港口的航运贸易。如果共产党不允许英国船舶在其控制下的港口到长江的航运贸易，则可能会比近期的情况更加糟糕。由于最近在华北沿海港口的航运贸易已经没有利润可言，目前英国的主要航运贸易集中在华南沿海，这将对香港经济造成沉重的打击，香港航运业的繁荣与中国内地贸易息息相关。（2）海洋航运。鉴于上海是航运贸易中心，如果共产党允许外国商船进行航运贸易，它将不会受到影响。反之，航运贸易有可能停止。（3）内河航运。长江是英国远洋船舶可以航行的水域，也是中国的主要内河航运线，但目前国民党政府已经禁止外国船舶进入长江航运。如果共产党可以对外开放长江航运和上海港，英国轮船公司的沿海与远洋航运贸易的情形会好于目前。（4）英国轮船公司的在华资产。与中国进行航运贸易的英国轮船公司及石油公司，在中国的大多数港口都有着大量投资和资产。英国轮船公司在天津还有拖船和驳船，又几乎拥有上海港的整个码头和船坞修理设备，以及相当规模和数量的船舶。据 1941 年统计，这些港口资产规模达 1800 万英镑。[①] 从备忘录中不难看出，在中国有着巨大航运利益和港口投资的英国，面对中国革命局势的变化，已经在重新考虑如何维护英国在华航运贸易利益。英国虽然极为看重恢复中国沿海航运贸易和重新进入中国内河航运，纵使其多次与国民党政府协商，甚至不惜对后者施加政治压力，还向美国寻求帮助，但也只是暂时恢复了在华沿海航运贸易，重新进入长江内河航运的努力几度受挫。鉴于华北地区相继解放，以及解放区缺乏航运船舶的事实和恢复经济对航运贸易的需求，英国开始谋求恢复华北地区的航运贸易。更重要的是，对于英国而言，以上海港为航运纽带，重新恢复长江内河航运，贯通华南沿海地区与华北解放区沿海航运贸易，其影响不仅在于恢复英国在华航运利益，而且对于香港的转口贸易也有着重要作用。所以，在新中国成立前夕，恢复华北—上海—长江—华南—香港的航运贸易和商业利益，对于英国和英国轮船公司有着极为重要的意义。

英国外交部为尽快恢复在华航运利益，还试图利用英国轮船公司在中国所具有的航运优势，对中国共产党施加经济压力，迫使后者在英国对华航运贸易问题上作出让步，以达到维护其在华航运利益的目的。12 月底，英国外交部远东司司长斯卡莱特向英国内阁提交了题为"共产党中国的经济缺陷和英国利益的地位"的备忘录，其主旨在于"建议与友好大国协商，考虑共产党中国的经济缺陷是否会给我们提供机会，以确保共产党合理地对待我们的利益"。在备忘录中，斯卡莱特分析了中国经济面临着的诸多问题。就交通运输方面，斯卡莱特认为："交通是共产党中国的主要经济缺陷。由于战争，公路和铁路处于中断和修复之中，无论是沿海航运还是远洋航运都将是共产党需要的，中国尤其有赖于外国航运。外国轮船

---

① "The Implication on British Policy and Interests in the Far East of a Communist Domination of China," Foreign Office Minute, 8th December, 1948, FO 371/69546/F17564.

公司可以采取航运制裁的办法，让共产党在航运贸易方面作出让步。"但是，英国外交部就对新中国实施航运制裁以达到维护英国在华航运利益的目的较为谨慎，认为只有为达成以下目标才能使用航运制裁，"作为一种破坏共产党政府的措施，或是一种保护英国在华财产免于被征用的措施，即为了从共产党政府获得某种形式的担保"。①

在中国革命局势明朗之际，为维护对华航运贸易利益，英国不仅出台了对华航运贸易政策的总体方针，而且也开始着手采取行动。早在1948年8月，英国就开始尝试与中国共产党接触，试图了解中国共产党对英国在华商业利益的态度。1948年9月1日，中共中央香港分局方方、章汉夫、乔冠华等人致电中央，"前英大使馆参赞安献到港打听我方对于太古、怡和轮船公司之政策，并提议英方派一非正式代表赴解放区与我谈判贸易及其他有关中英双方利益"。就与英方商谈贸易问题，中共中央给方方、乔木（乔冠华别名）等人指示：英方询问与我谈判贸易及中英关系等具体内容时，我们的方针是赞成与英国进行商业来往，地区目前以华北（渤海及山东沿岸）为限，侨务关系亦可商谈。如其确有通商诚意或兼谈侨务问题，允许将其提议报告华北政府，并可考虑其进入华北解放区与华北政府直接商谈。惟英国如有试探和谈之意，我们应以反对外国干涉的态度严正拒绝。② 由于英国把主要精力放在与国民党政府协商航运事宜上，加之受解放战争影响，英国试探中国共产党对英国在华航运贸易的政策暂时搁置。

1949年年初，华北地区基本解放，英国政府和英国轮船公司开始着手恢复与华北地区的航运贸易。一方面，英国外交部利用在北平的英国领事馆，谋求与华北人民政府建立联系；另一方面，英国外交部电令在华北解放区沿海港口的英国领事馆与当地军管会进行沟通。英国驻天津领事馆试图与天津市军管会接触，希望逐渐恢复上海与天津的航运贸易。英商中华

---

① "Proposal to Consider in Consultation with Friendly Powers Whether the Economic Weakness of Communist-Dominated China Might Not Offer an Opportunity to Secure Reasonable Treatment for British Interests," Foreign Office Minute, 14th December, 1948, FO 371/75864/F1717.

② 中共中央文献研究室、中央档案馆编《建党以来重要文献选编（1921—1949）》（第25册），中央文献出版社，2011，第507—508页。

协会与太古轮船公司也多次向英国外交部请求恢复香港、上海与华北解放区之间的航运贸易。与此同时，太古、怡和等英国轮船公司开始积极与华北解放区各港口建立航运贸易联系。

1月19日，就英国等外国希望与华北人民政府建立联系和发展贸易往来，中共中央通过关于外交工作的指示。指示称："目前我们与任何外国尚无正式外交关系。我们不承认这些国家现在派在中国的代表为外交人员。我们采取这种态度，可使我们在外交上争取主动地位，不受过去任何屈辱的外交传统所束缚。原则上，帝国主义在华的特权必须取消，中华民族的独立解放必须实现，这种立场是坚定不移的。"具体政策是：（1）外交关系。凡属被国民党政府所承认的资本主义国家的大使馆、公使馆、领事馆及其所属的外交机关和外交人员，在人民共和国和这些国家建立正式外交关系以前，我们一概不承认，只视其为外国侨民，但应予以切实保护。（2）外资关系。我们对于一切资本主义国家政府的和私人的在华经济特权、工商企业和投资，均不给予正式的法律承认。但在目前，也不要忙于去做有关禁止、收回或没收的表示；只对其于人民生活危害最大者，例如金融投机，以及于国家主权侵害最大者，例如内河航行等，发出立即禁止令。（3）对外贸易关系。对于资本主义国家，不要忙于去建立和恢复一般的贸易关系，尤其是不要忙于去订立一般的贸易合同；只在对我有利而又急需者，可与这些国家进行临时的个别的地方性的出入口贸易。天津一向出口的盐、碱、煤炭及其他土产，均可准此原则办理。（4）海关税收。在我未重订海关税则以前，凡为我所允许的出入口贸易，除特许者外，应照旧章征收关税。海关机构，亦应全部接受，派人管理。外资在华应纳之税，在未改订税则之前，亦应照旧缴纳，不得停止。塘沽及其他港口，应实施船舶检查，未经许可，不得出入。① 中共中央已经明确表明，中国内河航行权和海关税收是中国主权，外国如果想与解放区发展贸易关系，前提是必须尊重中国主权。

天津解放后，鉴于天津港对于解放区经济建设和支援前线作战的重要

---

① 中央档案馆编《中共中央文件选集》（第18册），第44—49页。

性，天津市军管会加紧天津港海关的接收工作，把适应财政经济工作要求，支援解放战争，稳定秩序，完成接管，使生产恢复，解决人民生活，打开城乡关系等作为主要工作任务。[①] 与此同时，天津市军管会在接收塘沽港口设施和仓库后，又设立华北航务局，统一管理天津和塘沽等港口事务，把在天津外国商业团体和轮船公司一并纳入管理范围，并对华北各内河航运的交通实行管制。天津港公布船舶管理办法：不准外籍船舶航行内河，在引水方面辞退外籍引水员；规范船舶出入港口登记，对外籍船舶制定了一定的手续和旗帜管理办法，迅速帮助航运业恢复与发展。[②] 天津塘沽港港口管理和航运事务的恢复，使英国轮船公司看到恢复对华北航运贸易的希望。

英国轮船公司之所以看重天津塘沽港，不仅是由于天津港秩序的恢复，还因为英国在天津设有领事馆，便于与天津市军管会建立联系，有利于商业关系的开展。英国轮船公司也看重塘沽港优越的地理位置。塘沽港临近河北丰富的产煤区，如唐山开平煤矿，产煤区与港口有公路连接，有利于煤炭外运，而上海和香港又急需大量煤炭。塘沽港位于海河入海口，有便捷的水路、陆路和铁路交通与华北腹地连通，经海河连接，既可到达天津，又可直达北平。英国轮船公司希望借助打开天津塘沽港的航运贸易大门，建立起与整个华北解放区经济贸易联系，况且与北平建立政治和经济联系本身就是英国政府和英国在华商业团体所期望的。此外，英国也看到塘沽港较为完善的港口基础设施，能为英国轮船公司恢复航运贸易带来便利条件。塘沽港位于出海口，本身就是优良的深水港，沿海航运条件便利。早在日本侵华期间，日本侵略者不仅在海河上扩建新码头，建设塘沽新港，而且铺设连接天津、唐山的铁路和公路。日本投降后，美国派出军队帮助国民党接管塘沽港和天津海关，恢复塘沽港的内河航运和沿海航运贸易。美国不仅军事占领塘沽港，而且还垄断了天津塘沽港的航运贸易业务。英国轮船公司一直试图参与到塘沽港的航运贸易中，但是受到美国轮

---

① 中国社会科学院、中央档案馆编《中华人民共和国经济档案资料选编：对外贸易卷（1949—1952）》，经济管理出版社，1994，第252页。

② 同上书，第759—761页。

船公司排挤而未能如愿。天津解放后，美军和美国轮船公司撤走，英国轮船公司谋求重回塘沽港，恢复在塘沽港的航运地位和航运特权亦是其对华北航运贸易政策的重要目的。

2月初，为尽快恢复与塘沽港的航运贸易，太古轮船公司派出商船"湖南号"前往塘沽港，并申请进入塘沽港。根据塘沽港规定，外国船只进入塘沽港不得悬挂其所属国国旗，只能悬挂轮船公司自己的公司旗，否则不得进港。由于"湖南号"悬挂带有英国国旗图样的英国商船旗，所以塘沽港要求"湖南号"不得悬挂英国商船旗，只能悬挂太古轮船公司的公司旗。"湖南号"拒绝遵守此项要求，因而塘沽港未允许"湖南号"进港。太古轮船公司另一艘商船"汉阳号"，也因拒绝遵守塘沽港关于外国商船不得悬挂其所属国国旗进港的规定而被拒之港口门外，只能在港口外卸货。

塘沽港要求外国商船不得悬挂外国旗帜进港并不是华北解放区港口的首次规定。1949年1月初，秦皇岛解放后，秦皇岛市军管会允许外国商船进出秦皇岛港进行易货贸易，以开滦煤矿的煤炭换取上海的面粉，但也特别规定，外国商船不得悬挂其所属国国旗。[①] 由于华北解放区港口拒绝悬挂英国国旗的英国商船进入港口，英国轮船公司又不愿因不遵守港口的相关规定，失去与华北解放区港口恢复航运贸易的大好机会，更不愿因此而妨碍英国商业团体重新进入华北地区，重建英国在华北解放区商业利益的机遇，英国轮船公司忧心忡忡。更让英国轮船公司忧虑的是，太古轮船公司得到消息，有少数巴拿马籍商船正积极准备前往华北解放区港口，谋求与华北解放区建立航运贸易联系。此外，部分美国轮船公司试图恢复与华北解放区的航运贸易，如果太古轮船公司拒绝遵守港口关于不能悬挂国旗的规定，将不利于发展英国与华北解放区的航运贸易。[②]

2月份，美国总统轮船公司"菲路摩号"到达塘沽港，不仅受到友好对待，而且港口有关负责人还告诉该船船长，解放区需要对外贸易。"菲

---

① From Shanghai to Foerign Office, 27th January, 1949, FO 371/75918/F1557.

② "Flying of National Flags in Communist Waters," From Shanghai to Ministry of Transport, 19th March, 1949, FO 371/75918/F4140.

路摩号"返程经停上海时，该船船长对外声明："天津社会秩序井然，外侨受到中国共产党军队保护，航运事务一切如常，没有偷盗之事；即使在中国共产党未被列强承认之前，华北可能还会有国际贸易。"① 获得此消息后，英商中华协会和太古轮船公司颇感不安。换言之，塘沽港允许美国商船"菲路摩号"进港，就表明美国商船遵守了港口的规定，也就意味着美国轮船公司已经着手恢复与华北解放区港口之间的航运贸易。这样一来，英国轮船公司在华北解放区的航运贸易就面临着与外国轮船公司竞争的局面。但是，太古公司又认为不悬挂英国国旗和商船旗进出港口影响商船的安全。出于维护航运利益以及商船安全的考虑，太古轮船公司请求英国驻华大使施谛文和英国外交部出面，与华北人民政府协调英国商船进出解放区港口的航运事宜。

就太古轮船公司的请求，英国外交部远东司司长斯卡莱特、交通部助理次官莫尼（R. C. Money）以及海军部进行协商。经过协商，外交部告知施谛文：（1）英国商船不悬挂英国国旗而进入目的地港口卸货或载货是危险的，也会因没有悬挂英国国旗而妨碍英国政府介入；（2）援引1894年《商船航运法》的第七十四条规定，英国政府不反对英国轮船公司遵守共产党港口的有关规定，即英国商船进入共产党控制的港口时，只能悬挂公司旗而不能悬挂英国国旗，具体由轮船公司决定是否愿意接受此项规定，若出现危险，轮船公司需要自己承担风险；（3）建议英国商船在外国水域遵守当地港口关于悬挂旗帜的相关规定。②

施谛文将英国政府的态度转告太古轮船公司，"这虽然与过去英国商船在中国沿海贸易和内河航运的经历有所不同，但却是获得共产党尊重的最后途径"。一方面，鉴于目前英国政府还没有与新政府建立官方联系，遵照此项要求，有助于英国商船在共产党解放区港口航行；另一方面，施谛文认为"目前华北解放区共产党的好斗情绪将随着经济因素而逐渐消失，英国轮船公司只能希望共产党在建立新政府后，他们会准备好听取有关外

---

① 《美国船长谈津沽　中共需要对外贸易》，《大公报》（上海）1949年3月3日，第5版。

② "Flying of National Flag by British Ships in Chinese Communist Waters," From Foreign Office to Nanking, 19th March, 1949, FO 371/75918/F3385.

国船舶悬挂国旗和其他类似事件的理由"。① 英国政府以及施谛文在该问题上的态度表明，英国并不愿接受解放区港口关于外国商船不得悬挂所属国国旗进入港口的规定。但是，作为维护和恢复在华航运利益的权宜之计，建议英国轮船公司暂时接受相关规定，希望新中国成立后，英国政府可以与新政府商讨有关英国对华航运贸易的问题，并希望与新中国达成新的航运协议或是新商约。更重要的是，英国政府已经准备对新中国采取主动的外交政策，这其中就包含着英国政府维护英国在华经济利益的初衷。

英国外交部以及施谛文的建议，使原本希望得到英国政府帮助的太古等英国轮船公司颇感无奈。然而，一方面英国轮船公司考虑可以通过进出天津塘沽港等华北解放区港口，恢复与华北解放区的航运贸易和在港口的航运特权，重新打通与华北腹地的经济联系，特别是当时可以通过易货贸易的方式以面粉换取开滦煤矿的煤炭，满足上海和香港对煤炭的需求。另一方面，英国轮船公司还面临着美国、巴拿马等其他外国轮船公司与其抢占华北解放区航运市场的现实。若是英国轮船公司拒绝遵守解放区港口此项规定，不仅会失去华北解放区的航运贸易，还只能眼睁睁地看着其他国家轮船公司商船进出华北解放区港口。为了维护在华航运贸易利益，太古等英国轮船公司只得遵守塘沽港关于不得悬挂英国国旗和商船旗进港的规定。作出决定后，太古轮船公司开始与天津市军管会取得联系，英国驻上海领事馆也向驻天津领事馆咨询与中国共产党接触事宜。

为了尽快与天津塘沽港建立航运贸易联系，获得更加详细的港口对外国商船的政策，太古轮船公司驻韩国航运事务代表瑞伊·史密斯（Rae Smith）受英商中华协会和太古轮船公司委托前往天津。此人天津之行有两个目的，"一个是调查英国商船经香港到华北解放区各港口的航运贸易发展前景，并试图与英国驻天津领事调查有关天津至北平的公路和铁路运输情况。另一个，是关于塘沽港要求英国商船不得悬挂英国国旗进港的问题"。瑞伊·史密斯到达天津后，尝试与天津市军管会建立联系。然而，

① "British Ships Flying Their House Flags," From Nanking to Foreign Office, 9th April, 1949, FO 371/75919/F6165.

天津市军管会规定，凡涉及外国人事务，必须事先向军管会外事处提交申请。瑞伊·史密斯多次提交申请均无果，在天津短暂停留后前往上海，向英国驻上海领事和英商中华协会报告天津的局势。英商中华协会获悉，解放后的天津在军管会管理下，社会有序井然，人民生活已经趋于正常，天津开往北平和塘沽的铁路已经恢复，卡车进出天津没有限制。就恢复航运贸易问题，中国商人代表已经和天津市军管会进行商谈，虽然具体结果不得而知，但有一点可以清楚看到，共产党希望恢复对外航运贸易，打通与上海、香港等地间的贸易联系，以换取华北解放区所需生产和生活物资。与此同时，为了解决上海和香港对煤炭的需求，太古轮船公司试图购得开滦煤矿煤炭。开滦煤矿表示，若英国商船能够遵守华北解放区港口外国船只不得悬挂外国国旗进港的相关规定，不反对外国轮船公司参与煤炭与面粉的易货贸易。① 对于急切想了解华北解放区对航运贸易以及商业往来具体政策的英商中华协会和英国轮船公司而言，瑞伊·史密斯的消息无异于带来了希望。

在英国轮船公司急切想恢复与华北解放区各港口间航运贸易之时，上海的中国航运界也在积极恢复与华北解放区的航运贸易。受战争影响，上海与华北解放区陆路、铁路运输中断，上海工业生产所需华北地区的煤炭等生产和生活物资一时无法供应。同时，外国轮船公司商船，如"斐尔摩总统号""巴拿马号""高华利号""国兰号"等，已经装载华北解放区所需物资由香港陆续驶往华北各港口，以换取上海和香港所需煤炭等物资。为促进南北物资交流，上海市工商业界急需发展与华北地区的沿海航运贸易。华北解放区也面临同样的问题，由于需要上海、香港等地供应的石油、面粉等生产和生活物资，也急需恢复对上海等港口的沿海航运贸易。此外，有两则消息给上海航运业恢复与华北解放区航运贸易带来曙光，一个就是美国总统轮船公司商船"菲路摩号"从天津塘沽港平安到达上海以及带回华北解放区希望发展航运贸易的消息，另一个是中国轮船业联合会

---

① "Visit of Mr. Rae Smith to Tientsin," From China Association to Foreign Office, 23rd February, 1949, FO 371/75918/F2803.

董事长杜月笙、上海市轮船业公会理事长魏文瀚联名致电毛泽东和周恩来，商谈航运贸易之事，初步洽谈以 3 万袋面粉交换 10 万吨开滦煤矿的煤炭，此举得到中国共产党方面的积极回应。①

2 月 16 日，中共中央电告华北局、天津、北平市委，并告各中央局、分局，发出《中共中央关于对外贸易的决定》，内容如下：

> 由于天津及其他重要海口的解放，许多外国的商业机关和国民党地区的商业机关要求和我们进行贸易，而我们为了迅速恢复与发展新中国的国民经济，亦需要进行这种贸易……目前我们与世界上任何外国尚未建立正式的外交关系，在未建立这种外交关系以前的对外贸易，自然只是一种临时性质的贸易关系……在对我有利及严格保持我国家主权独立并由政府严格管制等原则的条件下，是可以而且应该允许的。为此，中央特作如下各项决定：
>
> （一）……在天津设立对外贸易局，统一管理华北一切对外贸易事宜……
>
> （二）对外贸易应由国家经营和管制。在目前国家尚不能经营的某些贸易，以及由私人经营无害或害处不大的某些贸易，应该在国家管制之下允许私人经营。所有私人经营出口及进口贸易者，除开照章报关纳税外，须事先将出口或进口货物的种类数量等报告对外贸易局，并经对外贸易局审查批准发给许可证，方得进口或出口……
>
> （三）为了进行对外贸易，应该允许那些愿意和新中国进行贸易并愿意遵守人民政府法令的外国商业机关派遣代表或指定其代理人来和我方接洽，并允许这些代表在指定的地点设立办事处。至于外国政府派来之商业代表，暂时还不应接待。国民党目前统治地区的商业机关向我派遣之代表，亦应加以接洽。
>
> （四）所有由外国商业机关派来的代表，暂时经由地方政府

---

① 中共中央文献研究室编《毛泽东年谱（1893—1949）》（下），第 457 页。

外侨事务处证明介绍，归对外贸易局接洽……在审查这些代表的可靠性后，对外贸易局即可与这些代表分别讨论双方的货物交换及有关贸易的各项事宜……合同在签字之前，一律须经中央批准……

…………

（七）为了进行对外贸易，必须宣布中外船只进口、沿海沿江中外船只停泊及其卸货装货的办法，码头租借使用的办法，海关报关纳税及检查的办法，管理外汇及结汇的办法，以及违反这些办法和走私漏税的处罚办法等……

（八）……应和某些通商的外国口岸，建立邮电关系……

…………

（十二）在目前经天津及秦皇岛等海口对国民党目前统治地区的贸易，亦得依照上述各项规定在对外贸易局管理之下进行。

…………①

2月中旬，毛泽东电告天津局、华北局及各中央局，希望尽快恢复南北商业关系；不论何种轮船业、民航公司（中航、央航），应允许其先在平、津、秦皇岛港恢复通航。②2月25日，为了尽快恢复通航等事务，中共中央又致电彭真、叶剑英，并电告总前委、天津市委、华北局，并发各局、各前委，发出关于南北通船、通航、通邮等政策的指示。指示指出，为了恢复南北商业联系，发展生产，使轮船、飞机、邮政、电报从国民党手中转入我们手中，我们对于不论何种轮船业，民航公司（中航央航），都应当允许其先在平津秦皇岛恢复通航。平津与南方邮务交通，亦应恢复。电报强调，对于南北通船、通航、通邮诸事，应当看作是一件大事去做。③获悉中共中央积极表态后，上海市航运界派出代表魏文瀚等四人前往天津，四人得到天津市市长黄敬接待，双方就有关上海与塘沽港口之间

---

① 中央档案馆编《中共中央文件选集》（第18册），第138—142页。
② 中共中央文献研究室编《毛泽东年谱（1893—1949）》（下），第458—459页。
③ 中央档案馆编《中共中央文件选集》（第18册），第131—132页。

恢复航运问题进行协商。其间，魏文瀚等人前往北平，与华北人民政府副主席薄一波、农业部部长宋劭文、北平市市长叶剑英、交通处处长胡瑞琪、人民银行天津分行负责人等，就维护航权、物资交换、秦皇岛以外港口货物进出、航行安全标识、引水员以及船舶调配、登记与检查等相关事宜进行详谈。① 之后，魏文瀚等人又前往秦皇岛洽谈具体相关航运事宜。②

3月4日，华北人民政府发布消息：华北解放区和上海航运界代表魏文瀚等人有关通航谈判取得成果，华北人民政府为便利商民轮船来往，恢复天津与上海等地的通航，颁布了《华北区战时船舶管理暂行办法》。该管理办法规定：本国轮船向本区航政局申请，经核准发给许可证者，准在外埠与本区各港口停驶；本国轮船向本航政局申请，经核准发给许可证者，准许在解放区内各港口间停驶；凡属本国轮船公司经人民政府许可，可在华北区重要港口设立分公司，或联合设立船舶统一调配机构等；凡被许可轮船须遵守以下要求：以载运货物及旅客为限，不得装载违禁品；进出本区各港口时必须悬挂规定旗帜或船号等。③

上海航运界代表魏文瀚回到上海后，开始积极着手设立船舶调配机构和开展相关工作。上海市航运协会经过协商，成立华北运销委员会，具体负责与华北解放区各港口与之间的航运贸易。上海工商业界对恢复与华北解放区航运贸易抱以厚望，也希望推动长江两岸的物资交流。④ 此时正值国共和平谈判时期，面对上海航运界要求开通上海与华北解放区的航运，国民党政府方面也采取了默许和支持的政策。早在2月中旬，国民党政府交通部颁布关于行政院准予试办国共通邮训令，准许国统区与解放区通邮。⑤ 3月5日，为了便于航运贸易，华北解放区主要港口塘沽、青岛、秦皇

---

① 中国第二历史档案馆编《中华民国史档案资料汇编：第五辑·第三编·财政经济（七）》，第260—261页。

② 中共中央文献研究室编《毛泽东年谱（1893—1949）》（下），第458页。

③ 《沪津航运即畅通》，《大公报》（上海）1949年3月4日第4版。

④ 《与华北恢复贸易》，《大公报》（上海）1949年3月10日第4版。《华北通航已获协议》，《民报》1949年3月8日第1版。

⑤ 中国第二历史档案馆编《中华民国史档案资料汇编：第五辑·第三编·财政经济（七）》，第258页。

岛等与上海、南京、汉口等地的中英文电报业务相继恢复。3 月 6 日，"唐山号""南强号"装载物资由上海前往华北解放区。① 3 月 17 日，国民党政府交通部邮政总局派出由邮务局长梅贻璠为团长，成员有翁灏英、李雄、沈鑫等人的团体前往北平，与华北人民政府商讨通邮技术事项。② 3 月下旬，国民党政府交通部颁布恢复南北航运办法，其中规定：凡航行南北洋沿海口岸船舶，由全国轮船业联合会组织船舶统一调配委员会调配；进出口船舶须服从检查机关检查；进出口船舶须悬挂或使用规定之旗帜、灯号或信号；等等。③ 这为南北航运的恢复奠定了较好的基础。

　　上海航运界积极恢复与华北解放区的航运，中共中央对恢复南北航运的积极政策以及颁布有关船舶管理办法，国民党政府对恢复航运的默认态度，上海与华北解放区港口航运贸易初步恢复，正是英国轮船公司所希望看到的。虽然上海航运业与华北解放区航运贸易的恢复会对英国轮船公司航运利益产生一定的影响，但也让英国轮船公司看到与华北解放区恢复航运贸易的可观前景。④ 此外，英国政府也希望借助南北航运的恢复以及中国国内航运不足的现实，利用自身在华航运优势，尽快恢复和扩大在华航运贸易。

　　2 月，获悉上海航运界和华北人民政府商谈恢复南北航运的消息，英国交通部助理次官莫尼向英国内阁提交题为《中国贸易中的英国航运利益》的备忘录，强调尽快恢复英国对华航运贸易的重要性。"战后，英国在中国贸易和航运业中的地位并未恢复，主要原因之一是美国轮船公司承担了 36% 的联合国难民署援华物资。""英国轮船公司占中国港口的 20% 到 40% 码头货仓和港口设施，英国在中国的主要投资集中在上海，上海的航运贸易相当于中国其他所有港口的总和，而太古、怡和等英国轮船公司占

---

　　① 《沪津昨开始通报》，《大公报》（上海）1949 年 3 月 6 日第 4 版。

　　② 中国第二历史档案馆编《中华民国史档案资料汇编：第五辑·第三编·财政经济（七）》，第 259 页。

　　③ 同上书，第 272—273 页。

　　④ "Proposal for the Re-Opening of Shipping Services between Nationalist and Communist China," From Nanking to Far Eastern Department, 24th February, 1949, FO 371/75918/F3745.

据主要部分。就整体而言，英国航运在中国贸易中非常重要。"① "鉴于目前中国局势，以及国民党航运撤到南方，共产党中国想要继续发展航运贸易，将面临两种选择：要么雇佣悬挂外国国旗的船舶，要么货物无法运输；如果共产党愿意，而且国民党政府也不反对，外国轮船公司可以与双方进行航运贸易。"②

从莫尼的备忘录中看得出，英国仍试图对中国共产党施加航运压力，迫使解放区允许悬挂英国国旗的英国商船进出港口，但事与愿违。此外，莫尼还试图借南北航运恢复之际，实现英国轮船公司在解放区和国民党控制区的航运贸易往来，实则是维护英国在中国沿海航运贸易的利益。出于购买开滦煤矿煤炭以满足上海和香港的迫切现实需要，积极发展香港、上海与华北解放区的航运贸易，以及尽快在华北解放区航运贸易中占有一席之地的经济考虑，而且由于英国外交部已经明确建议英国轮船公司接受解放区港口的规定，包括太古轮船公司在内的英国轮船公司开始遵守华北解放区港口关于只能悬挂轮船公司旗的规定。太古轮船公司的商船相继进入华北解放区港口。3月18日，从香港出发并载有货物的太古轮船公司货船"宁海号"（Ning Hai）到达烟台港。在烟台港卸货后，该船又装载货物返回香港。③3月30日，先前经历过被拒绝进港的"湖南号"再次从香港到达天津港。④在此之后，英国轮船公司与华北解放区港口，如塘沽、秦皇岛、青岛、营口等港口的航运贸易往来逐渐增加。上海解放后，国民党对上海及附近港口实施海上封锁，经香港前往上海的航运因封锁中断，英国轮船公司与华北解放区沿海港口的航运贸易并未受到影响，因而英国轮船公司更加看重与华北解放区的航运贸易。

---

① "The Value of China Trade to British Shipping," From Ministry of Transport to Foreign Office, 10th February, 1949, FO 371/75864/F2240.

② "Comments by Ministry of Transport on Paper on the Economic Weakness of a Communist-dominated China and the Position of British Interests," From Ministry of Transport to Foreign Office, 14th February, 1949, FO 371/75864/F3040.

③ "British Shipping Interest," From Butterfield & Swire to Foreign Office, 16th March, 1949, FO 371/75918/F4030.

④ "Arrival at Tientsin of the Hunan," From Butterfield & Swire to Foreign Office, 30th March, 1949, FO 371/75918/F4772.

就在英国轮船公司恢复与华北解放区航运贸易之时，美国开始酝酿对华贸易禁运，影响了英国对华航运贸易。早在 1948 年 12 月，美国国务院远东司明确表示：应对中国共产党实行与对苏联及其卫星国的 R 程序相似的贸易管制，即对军事战略物资实施禁运，对其他物资应实施比东欧国家缓和的管制；国务院应要求英法和盟军总司令部合作，与商务部共同研究、制订对华贸易计划。[1] 1949 年 2 月初，巴特沃思与葛拉维会面。巴特沃思表明，美国正在研究香港作为贸易转运港的问题，葛拉维答复，"对香港出口贸易实施管制将是一种极端措施"。巴特沃思表示，"如果香港不能控制其出口，美国在实施出口管制时，将不得不把香港视为中国的一部分"。[2] 葛拉维则认为，"应该把贸易禁运的范围扩大，有必要考虑其他港口，如日本的港口、釜山港（韩国）、基隆港（中国）、海防港（越南）、澳门港（中国）、马尼拉（菲律宾）等。如果要建立一个有效的贸易转运控制体系，不能只是针对香港"。巴特沃思反驳，"与这些地方相比，香港和我们的殖民地才应该注意，香港的转运效率很高，我们用对香港的出口管制说明目前必须控制关键物资通过转运港的问题"。[3]

2 月底，美国国务卿艾奇逊（Dean Acheson）授意巴特沃思向国家安全委员会提交了《美国对华贸易政策》备忘录，即日后的 NSC41 号文件。该文件旨在建立一整套对中国的贸易控制体系，"防止中国变为苏联的'附庸'"。具体办法是：要密切关注出口到中国的重要工业、交通运输、通信设备等物资，防止这些物资和设备通过中国出口或再出口到苏联、东欧和朝鲜；除国务院所列军火物资清单外，对 1A 清单中的部分物资实施完全禁运；1A 清单中的其余部分物资以及 1B 清单中的物资的出口要严格控制数量，防止这些物资经中国运往其他共产党国家。一旦美国借助经济手段迫使中国远离苏联的政策失败，美国应通过恫吓或是直接威胁，动员

[1] From Butterworth to the Acting Secretary, 13th December, 1948, 693. 119/12–1348, DF. Box 3013. N. A.

[2] "Memorandum of Conversation by the Chief of the Division of Chinese Affairs (Sprouse)," February 10, *FRUS*, 1949, The Far East: China, Vol. 9, p. 825.

[3] "Implications on British Policy and Interests in the Far East of a Communist Domination of China," From Washington to Foreign Office, 12th February, 1949, FO 371/75853/2602.

西方国家的政治、经济力量与中国共产党进行斗争。美国向英国提出：对包括中国香港、中国台湾和中国内地（大陆）在内的地区，实施 R 程序的贸易管制。[①]

巴特沃思与葛拉维的会谈，以及美国国家安全委员会 NSC41 号文件的出台，意味着美国对新中国"遏制""孤立"政策形成。[②] 美国在对华禁运问题上，需要英国的支持以确保对华实施禁运的效果。为此，美国不断对英国施加压力，而英国则要维护在华经济利益，尤其是香港的贸易地位。双方围绕对华禁运物资清单、是否在香港实施对中国内地禁运等问题的分歧始终存在，这也意味着英国对华航运贸易将不可避免地受到美国对华政策的影响。

第三节　上海解放后的英国对华航运贸易

随着三大战役的结束，在长江南北形成了国民党军队与中国人民解放军的对峙局面。英国轮船公司与华北解放区逐步建立起航运贸易联系，而长江以南地区，特别是上海港以及长江以南其他各主要沿海港口依然在国民党控制之下。由于国民党政府正准备撤往广州、台湾等地，上海等长江以南沿海港口管理和航运秩序陷入混乱，英国轮船公司在这些港口的航运贸易利益也受到影响。上海解放近在咫尺，为了维护英国轮船公司在上海等长江以南沿海港口的既有航运利益，也为在上海解放后能够确保英国的航运地位，英国政府以及英国轮船公司开始采取应对之策。由于上海局势动荡，美国、巴拿马、丹麦等国商船都不愿前往上海，上海的一些英国商人团体亦因撤离上海和运输财产需要船舶运输，因此英国轮船公司试图借口帮助英国商人运输财产进入上海，进而维护在上海航运业中所占的份

---

① "Note by the Executive Secretary of the National Security Council（Souers）on United States Policy Regarding Trade with China," February 28, *FRUS*, 1949, The Far East：China, Vol. 9, pp. 833–834.

② Nancy Bernkopf Tucker, "American Policy toward Sino-Japanese Trade in the Postworld Year：Politics and Prosperity," *Diplomatic History*, Vol. 8, Summer 1984, No. 3, pp. 185–205.

额。3月初，英国驻华大使施谛文向英国外交部远东司建议向上海国民党政府海关提出请求：建议中国政府允许在上海的外国企业通过外国商船将财产运输到中国其他地方；为避免因消息泄露引起中国民众的强烈反对，建议国民党政府予以保密。①

施谛文之所以这么建议，是因为英国轮船公司已经恢复与华北解放区的航运贸易。他希望以运输英商财产为借口，进一步扩大包括上海在内的长江以南与华北解放区各港口间航运贸易。如果得到国民党政府允许，英国商船就可以在香港、台湾、上海，与天津、秦皇岛、烟台等港口畅通往来，这其中还暗含着英国试图在新中国成立前，凭借英国轮船公司在中国沿海航运贸易中所占据的优势，恢复往日在中国南北沿海航运贸易中的主导地位，进而对新中国施加航运交通运输的压力，以达到维护自身在华航运利益和发展对华航运贸易的目的。施谛文之所以认为国民党会让步，是因为国民党正在向广州和台湾撤离，需要船舶运输大量物资，而国民党自有轮船公司无法满足运输要求，因而不得不求助在上海航运业中占重要地位的英国轮船公司。之前，中国航运界因国民党政府与美国签订《中美新约》，以及国民党政府对外国轮船公司一度开放沿海航运贸易和长江内河航运，已经对国民党政府表示强烈抗议，并且迫使后者收回允许外国商船在内河航运的协定。中国共产党也坚决反对国民党政府对外国轮船公司开放内河航运与沿海贸易。早在1947年2月1日，中共中央就发表声明，不承认国民党签订的一切卖国协定，其中就包括通过外交谈判，国民党政府与外国缔结的关于通商、航海、航空及其他经济、法律特权条约。② 10月，中国人民解放军总部发布解放军口号训令，其中就有：保护外侨；否认卖国外交，废除中美商约。③ 12月2日，中共中央再次发表声明：反对国民党把中国海关当作向美国借款的抵押和允许美国在中国驻兵；反对蒋介石

---

① "Desire of Certain Shanghai Firms to Transfer Valuable Moveable Assets in View of the Critical Situation," From Nanking to Far East Department, 4th April, 1949, FO 371/75919/F5253.

② 中央档案馆编《中共中央文件选集》（第16册），第401—402页。

③ 同上书，第553页。

把援华救济物资以及中国生产及由外国输入的同类物资的监督权出让给美国。① 施谛文深知，国民党的让步无疑会遭到中国航运业和中国共产党的反对，他们必定会指责国民党牺牲国家航运利益来支持帝国主义列强。②

1949 年 3 月下旬，国共和谈陷入僵局。李宗仁政府不仅准备撤离南京，又一次请求外国驻南京大使馆和大使随国民党政府撤到广州，这其中就包括英国驻华大使馆和大使施谛文。然而，英国政府对此置之不理，施谛文也不予答复。此外，国民党政府与英国在华商业团体还有着大量的业务往来。国民党政府有大批物资运离南京、上海，需要大量船舶运输物资，国民党政府自己的轮船公司却无法满足运输要求。国民党不愿因拒绝英国轮船公司的要求而得罪英国政府和英国在华商业团体，所以部分满足了英国轮船公司的航运要求，允许英国轮船公司船舶在沿海港口往来运输货物。需要注意的是，自 2 月份以来，太古、怡和等英商轮船公司积极谋求与华北解放区恢复航运贸易，是以遵守华北解放区港口的相关规定才得以实现，即外国商船进入解放区沿海港口不得悬挂外国国旗，只允许悬挂轮船公司旗。不仅如此，华北解放区各沿海港口回到人民的怀抱后，各地军管会相继收回港口的海关管理权、引水权等航运主权，不允许外国商船进入中国内河。所以，英国轮船公司恢复与华北解放区的航运贸易是中共中央在坚持平等互利和尊重主权的基础上，并由华北解放区各沿海港口进行管理监督的情况下实现的，而国民党政府允许英国轮船公司在中国沿海港口之间往来，则是英国政府向国民党不断施加政治和经济压力下实现的。

此外，英国轮船公司之所以想再取得经上海前往中国其他沿海港口的航行贸易权，不仅仅是因为英国在上海有着巨大的投资和商业利益，英国轮船公司在上海港也有大量港口资产、仓库和投资，以及上海港自身所具有的先天优势，还因为它们试图以上海为贸易中心点，再次贯通经上海的南北航运贸易，恢复英国在华航运利益。此外，在英国对华航运贸易中，

---

① 中央档案馆编《中共中央文件选集》（第 16 册），第 595 页。

② "Desire of Certain Shanghai Firms to Transfer Valuable Moveable Assets in View of the Critical Situation," From Nanking to Far East Department, 4th April, 1949, FO 371/75919/F5253.

香港作为英国在东亚重要的转运贸易港口，其运行有赖于对上海、华北地区沿海港口的航运贸易的正常进行和物资往来。受战争影响，英国轮船公司经香港到上海、华北，再转到韩国、日本以及东南亚的三角航运贸易一度中断。2月份以来，英国轮船公司遵守华北解放区港口的有关规定，不仅恢复了与华北解放区港口的航运贸易，也逐步恢复了香港—上海—华北—韩国—日本之间的转运贸易。在英国驻香港航运代表发给交通部的报告中显示，太古轮船公司的"汉阳号""宁海号""帝国公园号"（Empire Park）先后到达烟台港，而"汉阳号"的目的地是仁川。更引起英国注意的是，已经有其他外国轮船公司商船陆续往来于香港与华北解放区各港口，如太古轮船公司获悉，在葡萄牙政府没有与华北人民政府建立官方联系的情况下，已有多艘葡萄牙籍商船经澳门或香港前往华北解放区港口，甚至远达东北解放区和韩国。其他外国轮船公司也逐渐恢复与华北解放区沿海港口的航运贸易，如巴拿马籍船舶"格兰德号"（Grand）和"北极星号"（North Star）多次装载货物前往塘沽港。[①] 其他外国轮船公司不仅与英国轮船公司争夺华北解放区航运市场，还在扩大与韩国、日本的转口贸易，这是英国轮船公司不愿看到的。所以，英国轮船公司急于实现英国商船在中国各沿海港口间航行，维护英国在上海、华北地区的航运贸易，它们认为这更有利于维护和扩展新中国成立后的英国在华航运利益。

上海航运界正为恢复上海与华北解放区各港口的航运贸易而欢欣鼓舞时，得知国民党政府再次同意对英国等外国轮船公司开放沿海航运的消息。此消息立刻引起上海航运界的极大震动。国民党此举极有可能将上海航运界努力换来的南北通航成果付诸东流，上海航运界对国民党的做法表示强烈抗议。3月15日，上海航运界发表公开声明，反对国民党政府开放沿海航运。[②] 次日，为扩大上海与华北解放区的沿海航运贸易，上海航运界

---

① "Shipping Movements from South to North China, and North Korea," From Ministry of Transport to Foreign Office, 4th April, 1949, FO 371/75919/F5020.

② From Nanking to Far East Department, 4th April, 1949, FO 371/75919/F5253.《全国船联会宣言　反对开放沿海航权》，《大公报》（上海）1949年3月16日第4版。《外轮行使沿海口岸船联宣言表示反对》，《中央日报》（上海）1949年3月16日第3版。

派代表前往南京行政院，请示恢复通航之事，要求国民党政府收回对外国轮船开放沿海航权的决定。① 上海工商业界代表也积极为南北通商、通航而奔走呼告。4月下旬，就在上海航运界与国民党政府、英国轮船公司因维护沿海航运权而相持不下之时，国共和谈破裂，中国人民解放军发起渡江战役。南京的解放，标志着国民党统治中国时代的结束。

上海解放后，上海市军管会开始着手恢复上海经济。为了解决上海经济恢复所需物资，上海市军管会决定开放上海港。在上海拥有重要航运贸易利益的英国轮船公司积极派出商船，恢复与上海的航运贸易联系。然而，英国轮船公司发展对华航运贸易的希望被国民党打破。6月7日，就在太古轮船公司的"盛京号"到达上海港的同一天，国民党政府航运和交通部门宣布外国轮船公司前往台湾从事航运贸易的商船要受到严格管理，从解放区抵达台湾港口的外国船只，可以停泊在台湾的港口装货和卸货，但驶往解放区的船只将不会被放行。施谛文就此事向英国外交部去电，表示怀疑国民党声明的合法性，认为"在国际法下，一个港口竟然可以因船舶的下一个停泊口岸而拒绝给其放行，而且一个正在经历内战的国家，其政府无权关闭国内反对者控制的港口"。② 施谛文认为，国民党此举会使英国在华航运利益受到很大的限制。③ 6月15日，国民党发出对解放区沿海岸港口实施封锁的消息。④三天后，国民党空军声明，准备对封锁地区实施轰炸。⑤6月20日，行政院正式发出封锁声明。⑥ 然而，英、美等外国轮船公司并没有在意国民党发布的封锁令。同一天，英国外交部一方面要求驻广州领事柯希尔向国民党政府质询封锁一事；另一方面，出于商船安全的考虑，柯希尔谨慎建议英国商船可以通过香港或其他不在中国共产党控制

---

① 《请示恢复通航办法》，《大公报》（上海）1949年3月17日第4版。《晋京洽商通航问题航业界代表返抵沪》，《中央日报》（上海）1949年3月17日第4版。

② From Nanking to Foreign Office, 13th June, 1949, FO 371/75919/F8633.

③ From Nanking to Foreign Office, 13th June, 1949, FO 371/75919/F8634.

④ 《封闭共区海口》，《中央日报》（昆明）1949年6月18日第2版。

⑤ 《空军预告即将出动　轰炸共党作战机构》，《中央日报》（湖南）1949年6月19日第2版。

⑥ 《闽江口以北失陷港口　政府定期全部封闭》，《中央日报》（湖南）1949年6月22日第2版。

的地区来绕过封锁区，等船只进入公海后，转而驶向上海，继续从事其对上海的船运贸易。①

出乎英国政府和英国轮船公司预料的是，国民党空军于 6 月 21 日、22 日连续轰炸已经进入上海黄浦港停泊的英商太古轮船公司商船"安契塞斯号"。轰炸事件发生后，英国外交大臣贝文向国民党政府提出强烈抗议，要求对受损船只、船员以及所载物资予以赔偿和承担全部责任。② 但英方也意识到，国民党的反应如果不能如英国政府所愿，则会对英国在上海的航运利益有着相当大的限制。同时，英国轮船公司仍无视国民党的海上、空中封锁，继续派出商船前往上海。然而，"安契塞斯号事件"发生后，国民党加强海上封锁，派出多艘军舰在上海港附近巡弋。③包括英国轮船公司在内的多艘外国船舶相继被国民党海军扣押或是驱离。不仅如此，国民党还列出封锁外国轮船公司商船名单，其中英国轮船公司的商船占据了多数，英国轮船公司不得已将商船撤回香港，其与上海以及附近港口的航运贸易近乎停滞。④

此外，国民党指责上海市军管会在船舶上滥用英国国旗，以躲避国民党轰炸。国民党质询柯希尔，除了"安契塞斯号"之外，是否还有其他英国商船在上海港。国民党还向柯希尔施压，声称：为中国共产党工作的英国工厂和工程师将会遭遇危险。⑤英国驻上海领事厄克特经调查，明确答复国民党，未发现有中国共产党船舶使用英国国旗的现象。厄克特还将滞留在上海的英国船舶清单列出：除被国民党空军轰炸的"安契塞斯号"之外，只有一艘约798吨的引航船"新扬子江号"和两艘约140吨的拖船停泊于法国公司在上海港的码头。⑥ 虽然英国否认了国民党的指责，但这对

①　From Foreign Office to Nanking, 20nd June, 1949, FO 371/75919/F8634.

②　From Foreign Office to Nanking, 22nd June, 1949, FO 371/75921/F8952；《贝文昨接见郑天锡　对英轮事件亲送抗议书》，《中央日报》（湖南）1949 年 6 月 23 日第 2 版。

③　刘统：《1950：大上海的国共较量》，《同舟共进》2009 年第 3 期。

④　"British and Foreign Shipping Interests in Shanghai," From Shanghai to Foreign Office, 22nd June, 1949, FO 371/75919/F9107.

⑤　"Alleged Abuse of the British Flag by Communists on Properties and Ships," From Canton to Foreign Office, 19th July, 1949, FO 371/75919/F10785.

⑥　From Shanghai to Foreign Office, 23rd July, 1949, FO 371/75919/F10940.

恢复英国轮船公司与上海的航运贸易并没有多大帮助。

上海本就是英国在华商业利益、投资最多的地方，这些商业团体大多又依靠轮船公司来维持物资运输供应，上海港的航运贸易相当于中国其他港口贸易的总和，可见上海对于英国在华商业团体和英国轮船公司的重要性。太古轮船公司在发给英国交通部的报告中也写道，如果英国轮船公司无法重返上海，将面临严重的风险，英国轮船公司多年积累的商誉将会输给美国人和其他国家。① 更严重的是，"安契塞斯号事件"以及国民党不断加强海上封锁，直接冲击了英国轮船公司与上海以及附近港口的航运贸易。为了维护英国在中国的航运贸易利益，英国轮船公司不得已更加倚重发展与华北解放区各港口之间的航运往来。7月1日，太古轮船公司"汉阳号"再次到达天津港。7月2日，天津航运处援引华北人民政府交通部的说明：（1）允许"汉阳号"在天津港内悬挂国旗；（2）每艘船舶的进出港口许可有效期为3个月，期满后可延长。②

在此之前，秦皇岛港、天津塘沽港规定，外国商船不得悬挂所属国国旗进出港口。随着上海港重新对外国船舶开放以及颁布对外轮的管理办法，华北解放区沿海港口也在效仿上海港的做法。同时也表明，在上海港遭到国民党封锁之后，华北人民政府加快发展华北解放区港口的对外航运贸易，以满足物资运输补给以及华北解放区经济的发展需要。③ 7月下旬，太古轮船公司"湖北号""南昌号""岳州号"等商船，运载货物由香港先后到达天津港。为了扩大对上海煤炭的供应，英商天祥洋行尝试与北平、天津市军管会商谈利用外国船舶由秦皇岛港向上海和青岛供应煤炭的事宜。然而，由于国民党海上封锁以及日后朝鲜战争的爆发和美国对华实

① "Return of British Shipping to Shanghai," From Ministry of Transport to Foreign Office, 12th October, 1949, FO 371/75920/F15935.

② "Arrival and Departure of S. S. Hanyang at Tientsin," From Nanking to Foreign Office, 20th July, 1949, FO 371/75919/F10894.

③ 1950年4月，中央人民政府交通部颁布《关于外轮入港悬旗办法的通知》，其中明确说明，"照国际惯例，船只进港为易于鉴别外轮与本国船只旗舰，悬挂各该轮所属国国旗，此举无损我国主权"。见中国社会科学院、中央档案馆编《中华人民共和国经济档案资料选编：交通通讯卷（1949—1952）》，中国物资出版社，1996，第799—800页。

行全面禁运等多种因素，英商天祥洋行租用外国船舶从秦皇岛向上海运输煤炭的计划无疾而终。

8月2日，为了进一步发展与解放区的航运贸易，英国交通部向英国内阁提交了题为《与共产党中国的航运贸易形势》的报告。英国交通部强调，英国轮船公司不仅在中国有着广泛的航运贸易业务，而且轮船公司还有大量的岸上资产和港口设施，仅在1941年估算其价值就约有1800万英镑。上海又是英国轮船公司投资最多的地方，其港口资产和设施也最多，上海的对外航运贸易相当于中国其他港口贸易的总和。上海对于英国航运业来说十分重要。英国交通部向英国内阁表明，英国轮船公司急切地希望恢复与解放区的航运贸易：（1）英国轮船公司表示，需要保证上海基本的物资供应。由于国民党的封锁和轰炸，英国轮船公司在上海的港口设施和资产设施蒙受巨大损失，急于确保至少包括主要物资，如煤炭、石油和大米等基本必需品对上海的供应。英国轮船公司担心，由于这些物资的匮乏，上海经济可能会陷于混乱，英国在上海的商业利益也将会受损。一些轮船公司还主张，如果从一开始就与共产党建立良好的航运关系，可能就会有更好的机会保持航运贸易的发展，而不会冒失去表示善意的风险。目前，中国没有大型船舶，可以借助英国轮船公司在这方面的优势与解放区达成有关航运的商业协议。（2）解放区急需石油供应。目前解放区既没有远洋货轮，又无法从美国购买原油，同时苏联也无法供应大量石油给共产党；即使可以，由于苏联远洋油轮吨位不足，从黑海向远东符拉迪沃斯托克（海参崴）港运输大量石油也成为问题。因此，英国石油公司可以考虑与共产党达成石油供应合同。（3）由于战争形势，英国轮船公司需要撤走在共产党解放区的英国侨民，而这也需要船舶运输。最后，鉴于当时中国解放战争进程不断向南推进和解放区经济发展状况，英国交通部认为，除了进口必需的物资外，共产党有可能并不希望扩大海外航运贸易，但是短期内，其在远东地区对三大宗物资，即煤炭、石油和大米的供给，目前仍主要依靠船舶运输。同时，从英国航运业的角度权衡，英国交通部希望英国保持与中国的贸易联系，这也能确保英国在中国各港口的投资和资产利益。在保持航运贸易持续发展的情况下，希望英国船舶亦可得到充分的保护。①换言之，由于国民党的海上封锁，解放区的航运虽然已经恢复，但仍面临着严重的困难。当时在中国航运业中，英国轮船公司又占据重要地位，况且英国轮船公司也有大型远洋货轮，这也是解放区当时所不具备的。因此，英国交通部推测，解放区可能会依靠英国轮船公司来解决海上交通运输的困难。同时，也应看到在解放战争即将取得全国性的胜利之际，英国轮船公司极力希望维护在华既有的航运贸易利益。

然而，国民党对上海及附近港口的海上封锁日甚一日，在上海的英商以及与上海有着密切航运贸易联系的英国轮船公司面临着重重困难，无奈再次向英国政府求援。7月底，上海英商中华协会主席、怡和公司经理凯瑟克（Mr. Keswick）联合太古公司、渣打银行、壳牌石油公司有关负责人向英国外交部求助，声称"由于国民党的封锁，目前在上海的英商已经面临着严重的经济困难，请求外交部尽可能与美国政府合作，以尽快打破国民党的封锁"。② 英国驻上海领事厄克特也向斯卡莱特说明上海英商的困境，称"由于封锁，我们的处境现在很严峻。在很短时间内，许多英国公司将不得不关闭，因为可用的当地资源或英镑储备正在不断消耗。对大多数公司来说，关闭意味着向中国员工支付公司所无法面对的遣散费。这很可能意味着有形资产和金融储备双双损失。我们强烈要求英国政府尽一切努力重新开放中国港口并使其商业化。如果无法做到这一点，希望英国政府与国民党协商，允许安排定期救援船舶进出上海，以保证邮件收发和日常的物资供应。如果无法安排与上海的定期救援航运服务，我们必须全力要求立即撤离船只"。③

太古轮船公司香港分公司在发往英国总部的信中也写道，"到8月初，由于国民党的封锁，英国轮船公司与上海的航运贸易近乎停滞，部分英国轮船公司陆续将商船开往华北解放区的港口"。虽然一些英商船舶在上海

---

① "Shipping Aspects of Trade Communist China," Ministry of Transport Communicated, 2nd August, 1949, FO 371/75920/F11916.

② "The Future of British Commercial Interests in China," Foreign Office Minute, 29th July, 1949, FO 371/75866/F11603.

③ "British Commercial Interests in Shanghai," From Shanghai to Foreign Office, 10th August 1949, FO 371/75866/F11894.

外海附近与国民党海军有摩擦，但是再没有发生过类似国民党空军轰炸"安契塞斯号"的袭击英国商船事件。此外，英国轮船公司经华北解放区，又逐渐恢复与韩国、日本的转口贸易。"航运贸易所得收益虽小，但足以应对小风险，而香港的出口贸易主要依赖与华北解放区港口的稳定航运贸易。经香港北上的英商船舶在逐渐增加，有助于香港经济的发展。"同时，由于美国正在对新中国酝酿贸易禁运，这一时期英国轮船公司与华北解放区的航运贸易物资，除了橡胶和变压器油，不涉及重要的战略物资，其他物资主要是用于满足民众日常生活所需的日用品。在太古、怡和轮船公司不断扩大与解放区港口之间的航运贸易的同时，英国其他轮船公司，如霍利（Holly）轮船公司、桑森（Sanson）轮船公司、王记（Wang Kee）轮船公司、大南方（Great Southern）轮船公司、穆勒思（Mollers）轮船公司等也开始发展与华北解放区的航运贸易。不仅与华北解放区港口从事航运贸易的英国轮船公司在增多，美国、葡萄牙、巴拿马、丹麦、挪威、苏联等国的轮船公司也开始从事与华北解放区的航运贸易。为了航运贸易的便利，很多轮船公司还在华北解放区港口设立办事处。①

如果说对于英国对华航运贸易而言，国民党的封锁是冰山一角，那美国对华禁运则是雪上加霜。自2月以来，美英在对华贸易禁运问题上分歧不断，尤其是围绕在香港实施贸易禁运的问题上，英国坚决不同意美国提出的在香港实施对中国内地贸易出口管制。4月，英国殖民地部向英国外交部提交《关于香港与解放区贸易关系》的备忘录。其中，殖民地部认为，香港与华北解放区的直接贸易已经开始小规模恢复，太古、怡和等英国轮船公司已经与天津建立贸易联系。英国航运代表和交通部驻香港代表发回调查，经香港前往华北和韩国的物资供应在恢复。其中，英国的机械设备、石油产品在华北地区很受欢迎，市场前景很可观。此外，香港通过与华北解放区的航运贸易，也可以获得大量海产品、豆类和其他物资。若是采取控制措施，会使香港与解放区的航运贸易受挫，而且采取控制的办

---

① "Table Showing Arrival in Hong Kong of Vessels from North China and Korea from 24th October to 27th November 1949," Ministry of Transport Comminicated, 19th December, 1949, FO 371/75920/F19154.

法本身也会有很大的困难。①

英国贸易部也向英国外交部强调航运对香港的重要性，香港拥有世界上最好的天然海港之一，其地位无可比拟。香港的贸易主要是从远东获取稀有原材料以换取美国和欧洲的制成品，其中食品、纺织品、植物油约占50%，金属、化工业品、烟草和纸制品约占25%。抗战胜利后，这个转口贸易中心的兴盛令人瞩目。香港大量人口从事转口贸易、船舶建造、储存、保险和银行等相关行业。约有20万吨的英国航运以香港为基地。1921年，在其顶峰时，香港进出口大约是4350万吨，1948年达到2200万吨。香港在东亚的地理位置优越，位于从新加坡到日本的2500英里航线的中途，在战略上处于世界上服务最好的海空航线上。② 换言之，英国担心禁运会使香港的转运贸易转移到东亚其他转运港口，导致香港贸易中心地位遭到严重冲击。③ 然而，美国不断向英国施加对华禁运压力。5月底，美国国务院多次询问英国驻美大使，希望英国尽快就对华禁运表明态度。④ 巴特沃思还建议，可以考虑先在香港实施对中国内地贸易控制的措施，然后在类似于香港的转运港口也实施贸易控制，如菲律宾。⑤

从6月到9月，英美两国就对华贸易管制问题进行多次协商，最后初步达成一致：英国禁止把1A清单物资出口到中国内地、中国澳门、朝鲜；密切关注1B清单对中国内地和朝鲜的出口，彼此交换信息。⑥ 在国民党封锁和美国对华禁运的双重影响下，到1949年年底，虽然英国有少数商船可以进出上海，但是英国轮船公司主要发展香港与华北地区、朝鲜的航运贸

---

① "Request for Guidance on the General Policy to Be Followed in the Matter of Trade with Communist Controlled Areas in China," From Hong Kong to Colonial Office, 22nd March, 1949, FO 371/75853/5072.

② "Hong Kong Economic Conditions," From Board of Trade to Foreign Office, 16th May, 1949, FO 371/75854/7536.

③ "The Ambassador in London (Douglas) to the Secretary of State," June 24, *FRUS*, 1949, The Far East: China, Vol. 9, pp. 861–863.

④ From Washington to Foreign Office, 27th May, 1949, FO 371/75854/7762.

⑤ "Question of Control of Imports into China through Hong Kong," From Washington to Foreign Office, 31st May, 1949, FO 371/75854/8094.

⑥ "Control of Strategic Export to China," From Washington to Foreign Office, 15th October, 1949, FO 371/75857/15501.

易。据英国交通部统计，1949 年 10—11 月，前往中国华北地区的外国船舶，主要前往秦皇岛、青岛、天津、营口、烟台等港口，前往的长江以南地区港口主要包括厦门、汕头以及上海，其中又以天津和青岛港为主。从事航运贸易的船舶包括英国、美国、巴拿马、丹麦、挪威、葡萄牙等国商船，其中英国商船最多。在香港与华北各主要港口之间的贸易往来中，由华北向香港主要出口果蔬、海鱼、棉制品、鸡蛋及蛋制品、中药、煤炭、糖、豆油、毛皮等物资，由香港向华北、上海出口橡胶、汽车、机械设备、电力设备、烧碱、石油产品、钢铁制品。① 这种航运贸易局面一直持续到朝鲜战争爆发前。

1950 年 1 月，英国宣布正式在外交上承认中华人民共和国，双方围绕新中国在联合国代表权问题、台湾问题等展开了艰难的建交谈判。新中国成立后以及中英双方建交谈判期间，英国轮船公司采取积极措施，加快发展与新中国的航运贸易。一方面，英国轮船公司继续发展与华北地区各主要港口的航运贸易，推进香港—华北—韩国—日本的转口贸易。另一方面，新中国成立后，福州、厦门、汕头、广州等南方港口相继回到人民怀抱。英国轮船公司也注意到，虽然国民党加强对上海的封锁，但是上海以南的各沿海主要港口受到影响较小。为了尽快与美国、巴拿马等其他国家轮船公司抢占长江以南沿海港口的航运市场，英国轮船公司凭借着与华北解放区恢复航运贸易的经验，着手恢复与华南地区，如福州、厦门、汕头、广州等南方港口的航运贸易。1950 年年初，英国轮船公司就开始向广州、汕头、厦门等城市的军管会提交英国船舶进出港口的申请。然而，因中英之间"两航"问题、中英建交谈判中涉及的新中国对台湾领土主权问题、新中国在联合国合法席位等问题尚未解决，中英关系并未实现正常化，英国轮船公司与广州、厦门等港口航运贸易也受到一定影响。②

朝鲜战争爆发后，受以美国为首西方国家集团采取对朝鲜、中国实行

---

① "Table Showing Arrival in Hong Kong of Vessels from North China and Korea from 24th October 1949 to 27th November," Ministry of Transport Communicated, 19th December, 1949, FO 371/75920/F19154.

② From Canton to Foreign Office, 9th February, 1950, FO 371/83452/FC1391/5.

全面贸易禁运的影响，英国对华航运贸易急转而下。1950年7月4日，迫于美国的压力，英国内阁会议决定禁止从英国、中国香港向朝鲜出口任何物资。7月10日，英国政府决定进一步扩大对中国的贸易出口控制，禁止从中国香港、新加坡等地向中国内地出口石油等战略资源。[①] 在英、美的推动下，"巴黎统筹委员会"（简称"巴统"）成员国同意对中国和朝鲜实行同对苏联和东欧社会主义国家相同的贸易禁运。受此影响，加上国民党在美国的支持下，对中国的海上封锁日甚一日，英国轮船公司与中国上海及其他华北和长江以南港口间的航运贸易基本停滞。1951年6月，英国提出了针对中国的贸易禁运清单，其中包括石油、橡胶、钢铁、金属矿石以及电子设备等战略物资。[②] 1952年9月，"巴黎统筹委员会"又成立了针对中国及亚洲其他社会主义国家的"中国委员会"（China Committee），禁运物资清单中不仅包含原"巴统"的部分禁运物资，还增加了200余种不在原"巴统"禁运清单中的物资。换言之，"中国委员会"的贸易管制水平远超过"巴黎统筹委员会"对苏联、东欧社会主义国家的贸易管制水平。[③] 英美对中国禁运的不断加强，也导致了英国轮船公司对华航运贸易完全停滞。

小　结

近代以来，英国轮船公司伴随着英帝国主义侵华而进入中国，借助列强强加给中国的不平等条约，不仅获得了沿海航运、贸易等特权，还将航运势力深入到中国内河，严重破坏了中国内河航运权。进入20世纪后，英

---

① "Strategic Exports to China," From Washington to Foreign Office, 11th July, 1950, FO 371/83366/FC1121/48.

② "Items Subject to Embargo for China," *Board of Trade Journal*, No. 2844, 23rd June, 1951, pp. 1321-1322, 转引自崔丕：《美国的冷战战略与巴黎统筹委员会、中国委员会（1945—1994）》，中华书局，2005，第299页。

③ 崔丕：《美国的冷战战略与巴黎统筹委员会、中国委员会（1945—1994）》，第305—306页。

国轮船公司不仅在中国有着巨大的航运贸易利益，而且垄断了中国的航运市场。抗战爆发后，受到日本侵华战争的影响，英国在华轮船公司相继退出，其在华航运利益和对华贸易受到严重影响。1943 年，中英、中美改定新约后，废除了外国船舶在中国的内河航行和沿海贸易的特权。抗战胜利后，英国为恢复和扩大在华航运利益，重新在中国航运业中占据重要地位，先是不断对国民党政府施加压力以谋求实现航运贸易利益，在遭遇失败后，又向美国求援再遇挫败。到 1948 年年底，英国只是恢复了在中国沿海的航运贸易。

1949 年年初，中国解放战争态势日趋明朗化，英国又开始调整对华政策，对中国共产党采取主动的外交策略，其目标就是维护在华巨大的商业利益，这其中也包括英国在华航运利益。为维护英国在华航运利益，英国政府与英国轮船公司又采取了两种办法：英国政府试图与中国共产党建立联系，谋求以官方的方式恢复对华航运贸易，却未能实现；英国轮船公司则与华北解放区港口直接接触，遵照华北解放区港口的相关规定，恢复与华北解放区的航运贸易。上海解放之前，英国还曾一度试图在国统区和解放区之间维持英国对华航运贸易的存在。由于中国共产党、中国航运界的极力反对和国民党统治的覆灭，英国轮船公司重获航运特权的计划落空。上海解放后，中国共产党重开上海对外航运，英国轮船公司遵守上海港的有关规则，积极恢复与上海的航运贸易。

在新旧中国更迭之际，在对华航运贸易问题上，虽然英国在对中国共产党和国民党的策略上有所不同，但是其维护英国在华航运利益的目标是不变的。然而，由于英国在中英建交谈判中在新中国在联合国代表权、对台湾领土主权等问题上持消极态度，加之国民党不断加紧海上封锁，特别是朝鲜战争爆发后美国对中国和朝鲜实施全面贸易禁运，尽管英国政府和英国轮船公司不断调整对华航运贸易政策，但是曾经垄断中国近代航运业的英国轮船公司还是黯然退出中国，英国在中国享有航运特权的历史宣告终结。

这一情况发生的原因有如下几个。首先，英国政治、经济实力的下降。国民党政府在中美、中英新商约问题上的不同态度反映出战后英国国力的衰弱。虽然英国不断对国民党政府施加压力以维护对华航运贸易利益，却又遭遇后者的消极推诿和中国航运界的坚决抵制。面对国民党的海上封锁，英国政府纵使态度强硬，但仍无济于事。其次，受美国对华政策的影响。抗战胜利后，美国在经济上鼓励美国工商业界"开发广阔的中国市场，扩大对中国的贸易出口"，① 《中美商约》签订就足以说明美国的意图。相比较实力强大的盟友，英国自然相形见绌。新中国成立后，受美国对华实施贸易禁运的影响，英国对华航运贸易又一度停滞，所以战后英国维护对华航运贸易利益的意图还受到美国对华政治、经济政策的牵绊。最后，新中国的成立和航权实现自主。随着解放战争由北向南推进，中国沿海和内河港口相继回到人民怀抱。新中国成立后，中央政府整顿航运事务，建立航政管理机构和人民海关，制定航运管理规章制度，将海关、引水、航运保险、航线制定等航权收回，协调各地航运事务和航运价格，统一经营沿海、长江内河及远洋航运，结束外国轮船公司操纵中国航运的局面，对新中国航运事业恢复和发展起到决定性作用。

---

① "United States Industrialization Plan for China," From Washington to Foreign Office, 6th December, 1945, FO 371/46172/11753.

第六章　新中国成立前后的英国对华石油贸易

19 世纪中期，随着第二次工业革命的飞速发展，石油工业率先在欧美主要资本主义国家发展起来。第二次鸦片战争之后，伴随着帝国主义列强对中国军事、经济侵略，英荷壳牌石油公司、美国美孚石油公司和德士古石油公司等外国石油公司进入中国，开始进行石油产品运输和销售。19 世纪后期，壳牌石油公司先后在香港、上海、广州等地建立了自己的油库，开始在上海等地销售煤油。1875 年，美国美孚石油公司进入中国，开始在中国销售煤油，先后在香港、广州、上海等地取得美孚产品的代理权。①20 世纪初，壳牌石油公司在香港和上海设立分支机构，在香港的分支机构主要经营壳牌石油公司在华南地区的石油业务，在上海的分支机构主要经营华北地区的石油业务。

20 世纪 20 年代前后，美国德士古石油公司、苏联"油遍地"火油公司相继进入中国。虽然有多个外国石油公司在中国经营石油业务，但规模较大的是美孚、德士古和壳牌等三家石油公司。为了扩展自己的石油业务，壳牌石油公司在中国推行划区经营，设立上海区、南京区、汉口区、重庆区等十余个经营区，每个经营区又有储油站和加油站若干。② 美孚、德士古石油公司也采取类似的策略，不断扩展各自的石油业务，分割中国石油产品销售市场。在中国的发展过程中，壳牌石油公司同美孚和德士古一直存在既竞争又合作的关系。为了扩大销售，三家石油公司彼此排挤，

---

① 徐定：《美孚公司煤油侵华史》，上海市政协文史资料委员会编《上海市文史资料存稿汇编·工业商业》(7)，上海古籍出版社，2001，第 118 页。

② 中国人民政治协商会议上海市委员会文史资料工作委员会编《旧上海的外商与买办（上海文史资料选辑第五十六辑）》，上海人民出版社，1987，第 54—55 页。

竞相压低价格，抢夺对方石油业务。[1] 同时，在扩展在华石油贸易特权方面，三者又彼此合作。三家石油公司不仅在中国沿海港口纷纷设立油栈，利用海关关税特权压低税收，大肆向中国倾销石油产品，还侵犯中国内河航运权，利用自身拥有油轮的优势，将石油销售业务沿内河延伸到中国内地，拓展其经营区域。此外，对待中国石油公司以及其他外国石油公司，三家公司采取一致的策略。20 世纪 30 年代，苏联"油遍地"火油公司想借助中国光华火油公司在上海销售煤油。壳牌公司联合美孚、德士古公司，不断压低煤油价格，还利用其海关特权，抵制苏联煤油进入上海市场。在三家公司的联合排挤打击下，苏联"油遍地"火油公司无奈退出中国市场。[2] 在彼此的竞争与合作中，壳牌、美孚和德士古三家石油公司垄断了中国的石油产品运输和销售市场。

抗战爆发后，英、美石油公司在华石油贸易受到冲击。抗战胜利后，英、美石油公司逐步恢复了在中国的石油贸易。1946 年，国民党政府成立中国石油公司，进行石油勘探、开采和销售。这对英、美石油公司在中国的石油销售构成一定的威胁。在壳牌石油公司牵头之下，三家石油公司控制对中国石油公司的石油供应。由于自身实力有限，加之原油进口受制于人，中国石油公司不得已妥协让步。经协商后，中国石油公司与壳牌、美孚和德士古在中国市场的销售比例为：美孚占 30%，德士古占 30%，壳牌占 26%，中国石油占 11%，其他占 3%。[3] 壳牌、美孚和德士古三家石油公司再次形成垄断中国石油市场的局面，并一直持续到新中国成立前夕。

第一节 新中国成立前夕的英国对华石油贸易

1949 年年初，中国革命态势已经基本明朗。面对中国局势的变化，英

---

① 中国人民政治协商会议上海市委员会文史资料工作委员会编《旧上海的外商与买办（上海文史资料选辑第五十六辑）》，第 57 页。

② 中国人民政治协商会议全国委员会文史资料研究委员会编《工商经济史料丛刊》（第 4辑），文史资料出版社，1984，第 31—32 页。

③ 同上书，第 35 页。

国采取主动接触中国共产党的外交策略，以维护英国在华巨大的经济利益，其不仅涉及英国在华的航运贸易，也包含着英国对华石油贸易。受中国局势和战争的影响，英、美对华石油贸易受到一定影响。随着北平、天津等地的解放，华北地区局势基本稳定下来，进而面临着经济恢复问题，对石油、面粉等生产生活物资需求不断增加。为了维护自身在华石油贸易利益和所占市场份额，美孚、德士古石油公司在对国民党政府供应石油的同时，开始着手与华北、东北解放区协商石油供应合同。同时，壳牌石油公司采取同美孚、德士古石油公司同样的策略，既与华北、东北解放区建立起新的石油贸易关系，又保持对国民党政府的石油供应。3月份以来，随着英国商船遵守华北解放区港口的相关规定，英国轮船公司逐步恢复与天津、秦皇岛、烟台、青岛等华北主要港口的航运贸易。壳牌石油公司借助英国轮船公司与华北解放区航运贸易的恢复，也逐步建立起与华北解放区各沿海港口的石油贸易联系，开始对华北解放区供应柴油、汽油、润滑油等石油产品。

在英、美石油公司开始对解放区供应石油之时，苏联也开始向东北解放区供应大量石油，这引起了英、美石油公司的注意。2月初，在美、英两国协商对华贸易禁运时，当涉及有关控制对解放区的石油供应问题时，壳牌、美孚和德士古三大石油公司均表示反对，担心若是干预对中国共产党解放区的石油供应，会使中国共产党更加依赖苏联的石油供应，使英美石油公司失去解放区的石油市场，进而出现苏联垄断对解放区石油供应的局面。同时，英美石油公司均在香港有分公司和石油储备，以便于对解放区进行石油供应，若控制香港的石油出口，亦会影响英美石油公司对解放区的石油供应。① 由于美英在对华禁运问题，尤其是在香港禁运问题上分歧不断，加之美国尚没有出台明确的对华政策，也没有明确的对解放区石油供应的禁运政策，因而壳牌、美孚和德士古三家石油公司继续保持对解放区的石油出口，特别是经香港对解放区的石油供应。据4月份统计，约

---

① "The Consul General at Shanghai（Cabot）to the Secretary of State," April 18, *FRUS*, 1949, The Far East: China, Vol. 9, pp. 1007–1008.

有 15 万桶汽油经香港运往华北解放区，这其中大部分是英美三大石油公司在供应。① 在上海解放前，壳牌、美孚和德士古对华北地区的石油供应达到了一定的规模。②

上海解放前夕，石油是上海最重要的工业生产资料和战略物资，而石油供应又被英美等外国石油公司垄断。上海解放初期，壳牌、美孚和德士古三家石油公司控制了上海 90% 的石油储备。其中，各种石油产品的储备量为：汽油够用 4 个月，煤油够用 5 个月，轻柴油够用 2 个月，中等柴油够用 3 个月，重油够用 4 个月。③ 这三家石油公司的石油储备为：壳牌石油公司约有 12,000 吨，美孚石油公司约有 4000 吨，德士古石油公司约有 8000 吨。其他公司约有 8000 吨。④ 然而，上海工业生产和人民生活对石油产品的消耗需求是巨大的。单上海发电厂的消耗就占相当大的比例，一个月的发电量就需要消耗燃油 30,000 余吨。即使在石油供应紧张时期，为保证机器设备运转，电厂每月最低燃油消耗也达到 10,000 余吨。⑤ 由于国内陆路、铁路尚在战后修复阶段，而内河航运又无法满足石油供应与运输的需要，海上航运就成为这些外国石油公司向上海供给燃油的主要通道。若是在正常时期，上海的外国石油公司的石油储备和稳定的海上运输能够保证上海的石油产品消耗。但是，6 月中旬以后，国民党对上海以及附近港口实施海上封锁，派出空军轰炸上海的工业设施，已经进入上海港的英商太古轮船公司商船"安契塞斯号"亦遭到轰炸，壳牌、德士古石油公司在上海港的油库也遭受较大损失。"安契塞斯号事件"发生后，国民党不仅无视英国政府和太古轮船公司的强烈抗议，还派出多艘军舰不断加强对上海的海上封锁，外国轮船公司与上海的航运贸易已被切断，英美壳牌、美

---

① "The Consul General at Shanghai（Cabot）to the Secretary of State," April 22, *FRUS*, 1949, The Far East：China, Vol. 9, p. 1008.

② "The Consul General at Tientsin（Smyth）to the Secretary of State," April 29, *FRUS*, 1949, The Far East：China, Vol. 9, pp. 1010–1011.

③ 《解放日报》1950 年 3 月 1 日。

④ "The U. K. Shipping Representative's Report," From Hong Kong to Ministry of Transport, 12th July, 1949, FO 371/75905/F11730.

⑤ Ibid.

孚和德士古石油公司对上海的石油运输和供应也近乎停滞。无奈之下，这三家石油公司转向主要发展与华北、东北解放区的石油贸易。这种石油供应局面一直持续到美国对华实施全面贸易禁运前。

为了进一步准确掌握对华北解放区的石油供应情况，英国贸易委员会调查了英、美三家石油公司对华北解放区以及朝鲜的石油产品供应，发现在 8 月份，三家公司供应润滑油 39, 690. 58 加仑，汽油 125, 874. 99 加仑，煤油 498, 403. 48 加仑，柴油 200 吨。① 由此不难看出，虽然受国民党对上海封锁的影响，英美石油公司对华北解放区和远东地区的石油供应量还是比较大的。不仅英美三大石油公司在扩大向华北解放区石油出口，苏联也在增加对华北解放区的石油供应。自 1949 年 1 月以来，苏联经香港运至天津港大量石油产品，其中有煤油 90, 100 加仑，汽油 711, 000 加仑，润滑油 1000 加仑，重油 500 吨。运往东北解放区煤油 15, 200 加仑，汽油 11, 000 加仑，润滑油 72, 000 加仑，重油 170 吨。运往烟台港的主要是汽油，为 757, 000 加仑。还有一些石油产品无法详细统计。② 不仅如此，壳牌石油公司还获悉，苏联正由海外向华北、东北解放区供应大量石油产品。7 月，苏联从罗马尼亚的康斯坦察港派出 4 艘油轮前往大连港（见表 6-1）。

表 6-1　苏联从康斯坦察港对大连供应石油的报告

凯特马士基 （Kate Maersk）	装载有 8000 吨煤油，7 月 23 日经过亚丁湾
凯特尔曼山 （Kettleman Hills）	装载有 13 万吨汽油，7 月 25 日经过苏伊士运河
博勒加德 （Beau Regard）	装载有 7751 吨汽油和 4800 吨煤油，7 月 28 日经过亚丁湾
圣克里斯托弗 （Saint Christopher）	可能载有汽油或是煤油，7 月 25 日经过伊斯坦布尔海峡

资料来源：From Ministry of Fuel and Power to Foreign Office, 17th August, 1949, FO 371/75932/12377。

---

① "Details of Hydrocarbon Oils Exported to Korea and North China for the Period August 1st to 31st," Board of Trade Communicated, 21st September, 1949, FO 371/75932/14240.

② From Shanghai to Foreign Office, 30th July, 1949, FO 371/75932/11316.

所有油品都在大连港交付，但是没有实际的交付者和收货人的信息。壳牌公司猜测可能是中国共产党和苏联以大豆换原油产品的以物易物的方式直接交易。① 这就意味着华北解放区开始向苏联购买大量燃油，这令壳牌石油公司感到不安。换言之，从英美三大石油公司和苏联对解放区石油供应的比较来看，英、美、苏之间已经初步形成对华北、东北解放区石油供应贸易竞争的局面。更重要的是，英国担心由于中国共产党对苏联的政策倾向，苏联对中国共产党供应石油和美国石油公司在华北地区所占的石油市场份额的不断增加，会进一步挤压英国石油公司在解放区的石油贸易，甚至会影响新中国成立后英国石油公司在华石油贸易利益。

英国在华北解放区的石油贸易问题上不仅面临着与美国、苏联的竞争，还要与美国协调对解放区石油供应的政策。随着英、美、苏对解放区石油供应的增加，美国开始考虑严格控制对解放区的石油出口。② 英国政府和壳牌石油公司都不愿意在对解放区石油供应问题上采取苛刻的管制措施，以防止损害英国对华石油贸易利益和英商在华商业利益。英伊石油公司与德士古石油公司在供应解放区石油协议时存在竞争，这进一步加深美国政府在对解放区石油供应问题上的顾虑。然而，在对解放区石油供应管制的问题上，美国又需要英国的合作。出于维护英、美特殊关系和顾忌此时美国的对华政策，英国政府认为有必要与美国协商有关对华石油供应的相关事宜，以便达成共同的对华石油贸易政策。在对华石油供应问题上，英国主张控制而不是严格限制，英国向美国建议，可以考虑让英美三家石油公司以短期合同的方式，对解放区进行石油供应，供应量仅限于满足民用和日常生活需要，以便于采取有力的措施监督与中国的石油贸易情况。③ 虽然美国倾向于对解放区进行石油贸易管制，但又考虑到美国石油公司在华的石油贸易利益，所以在利用石油公司控制对华石油供应问题上，美国

---

① From Ministry of Fuel and Power to Foreign Office, 17th August, 1949, FO 371/75932/12377.

② *FRUS*, 1949, The Far East：China, Vol. 9, p. 1024.

③ "Control of the Flow of Strategic Materials to China," Foreign Office Memorandum, 26th July, 1949. FO 371/75857/11197.

与英国的意图是相同的。[1]

在协调与美国对解放区石油贸易政策的同时，英国政府开始调查华北解放区的石油储备和供应情况。首先是调查壳牌石油公司对华北解放区的石油供应情况。根据英美的协商意见，英国外交部建议壳牌公司只供应华北解放区民用所需的石油产品，尽量达成短期石油供应合同。此外，燃料和动力部也明确告知壳牌石油公司和英伊石油公司两家英国石油公司，共产党控制中国后，除非有相关的政策，否则没有人反对英国石油公司对共产党供应日常所需石油产品，但如果要与共产党达成长期的石油产品供应合同，则必须事先与燃料和动力部及外交部协商。应燃料和动力部的要求，壳牌石油公司将其截至6月底的在华石油储备情况提交给了燃料和动力部（见表6-2、表6-3）。

表6-2　壳牌石油公司截至1949年6月底在解放区的石油储备情况

单位：吨

油品种类	上海储备量	内地储备量
航空汽油（Aviation spirit）	4100	500
汽车汽油（Motor spirit）	4400	2000
煤油（Burning oil）	7700	200
柴油（Diesel oil）	15, 100	2100
重油（Fuel oil）	11, 400	——
润滑油（Lubricate）	2000	200

资料来源："British Companies Supplying Oil to China," From Ministry of Fuel and Power to Foreign Office, 7th July, 1949, FO 371/75932/10040.

---

[1]　陈礼军：《国际石油公司与1950年西方第一次对华石油禁运》，《中国经济史研究》，2015年第1期。

表 6-3　壳牌石油公司截至 1949 年 6 月底
在中国南方地区（不包括香港）的石油储备情况　　　　单位：吨

油品种类	储备量
航空汽油（Aviation spirit）	400
汽车汽油（Motor spirit）	600
煤油（Burning oil）	1500
柴油（Diesel oil）	3000

资料来源："British Companies Supplying Oil to China," From Ministry of Fuel and Power to Foreign Office, 7th July, 1949, FO 371/75932/10040.

英国燃料和动力部也试图调查美国石油公司在华北地区石油储备情况，但是美孚和德士古石油公司并不愿意对英国提供相关数据。根据之前美国石油公司供应解放区石油的情况，英国燃料和动力部只能估算美孚石油公司大概拥有与壳牌石油公司同样的储备量，以及相当于德士古石油公司一半的储备量。[1]

在基本掌握壳牌石油公司在华北石油储备后，燃料和动力部还要求英国驻上海领事馆定期报告遭到封锁后的上海燃油消耗量，其中包括船用燃油、柴油机燃油、车用汽油和航空燃油的日常使用量，上海电厂每日燃油消耗量和煤炭储备量，进入上海港的燃油数量以及通过内河航运和陆路运输到达上海的石油产品数量。[2] 燃料和动力部一方面是想要通过此举掌握遭到封锁后中国共产党对上海的原油供应信息，进而了解上海的交通运输情况。另一方面，正值英国与国民党就解决"安契塞斯号事件"进行谈判，而且英国也正谋求武力护航以打破国民党封锁，所以燃料和动力部寄希望于在突破国民党对上海的封锁后，尽快为英国石油公司向上海供应原油做准备。

1949 年 8 月，在调查华北解放区的石油储备和上海燃油消耗情况的同

---

[1] "British Companies Supplying Oil to China," From Ministry of Fuel and Power to Foreign Office, 7th July, 1949, FO 371/75932/10040.

[2] Admiralty Communicated, 21st July, 1949, FO 371/75932/9890.

时，英国外交部又要求英国驻淡水领事馆调查台湾地区的石油储备以及石油提炼的情报，特别是国民党海军的燃油储备和空军的航空燃油储备情况，因为后两者直接关系到国民党对上海的封锁效果和英国轮船公司与上海的航运贸易。① 由于高雄是台湾地区的主要石油生产和提炼基地，所以淡水领事馆主要收集了高雄的石油生产信息。经过详细调查后，淡水领事馆将这一时期台湾高雄炼油厂的生产情况给英国外交部提交了一份较为详细的报告。主要内容为：（1）原油生产和运输：台湾高雄炼油厂的理论产量是每个月提炼 60,000 吨原油，但 1948 年 9 月至 1949 年 4 月期间，其最高月产量是 30,000 吨。近期有 5 艘油轮从伊朗阿巴丹岛的炼油厂向高雄运输燃油。高雄炼油厂每个月提炼石油产品，大约车用汽油为 8000 吨，煤油为 7500 吨，轻柴油为 1300 吨，重油为 13,200 吨。由于失去上海的石油供应市场，以及缺乏重油储备，炼油厂在 5 月份的产量出现了下降，预计 10 月份月产量将下降到 10,000 吨，但这已经能满足国民党军队的需求。10 月份以后的月产量，估计车用汽油为 1500 吨，煤油为 300 吨，轻柴油为 500 吨，重油为 2500 吨。之后，车用汽油将达到 2500 吨，重油将达到 4400 吨。（2）目前高雄石油库存：原油是 13,000 吨，满足 3 个月消耗；车用汽油是 9000—10,000 吨，够 6 个月；重油是 10,000 吨，够 4 个月。高雄炼油厂近期可能会增加原油进口，每月约为 15,000 吨，以满足提炼需要。位于高雄的国民党海军左营海军基地也有重油储备，虽然具体储备数量未知，但是国民党海军油轮近期将在香港购买燃油的信息说明左营海军基地的军舰燃油储备不足。国民党空军的航空燃油储备没有详细的信息。②

英国收集华北解放区和台湾较为详细的石油储备、石油勘探与提炼等信息数据，实则是为了在美国对华禁运倾向日益明显的情况下，为壳牌等英国石油公司适时调整向这些地区的石油供应做准备。一方面，英国政府希望通过调查解放区英国石油公司的储备情况，为能够维持现有对华石油供应规模与美国政府达成一致；另一方面，英国政府希望掌握台湾的石油

---

① From Foreign Office to Tamsui, 30th August, 1949, FO 371/75932/13120.

② "Production of Takau Oil Refinery," From Tamsui to Foreign Office, 22nd September, 1949, FO 371/75932/14302.

生产和储备信息，以便于掌握美国对台湾的石油供应情况。顾及"安契塞斯号事件"引起英国民众的强烈反应，英国同意壳牌石油公司对台湾地区采取等同于向华北解放区石油供应的政策，即避免签订大宗和长期石油供应合同，① 这也便于英国政府对台湾地区石油供应实行总体控制。

第二节　英国对国民党军舰"峨眉号"购买燃油的反应

在英美两国协调双方对华石油供应政策以及英国又设法维护对华石油贸易利益之时，国民党海军"峨眉号"提出向美国德士古石油公司在香港的分公司购买燃油的要求。由于刚发生了国民党空军轰炸英商太古轮船公司商船"安契塞斯号"的事件，而国民党购买燃油又可能用于不断加强对上海的封锁，因而此事引起英、美两国对"峨眉号"（Omei）的关注。

1949 年 6 月下旬，国民党海军油船"峨眉号"前往香港，想要从美国德士古公司在香港的分公司购买燃油。对此，英国海军部表示强烈反对，认为若是允许对国民党军舰供应燃油，国民党海军又很可能将购买的燃油用于对上海等地的封锁，干扰英国商船进出上海港及附近港口。此外，对国民党供应燃油也可能会招致中国共产党的不满，可能会影响"紫石英号事件"的解决以及英商在华商业利益。② 这一时期，英国驻广州领事柯希尔正与国民党就解决"安契塞斯号事件"进行谈判，其中谈判焦点之一就是关于国民党实施封锁的合法性问题。英国坚决否认国民党实施封锁的合法性。更重要的是，允许无端轰炸英国商船的国民党购买燃油，而且这些燃油还可能用于封锁和阻断英国与上海的航运贸易，会招致英国国内民众和反对党的强烈不满。还需要注意的是，美英两国认为在对华石油供应问题上的政策应协调一致，要避免单方面行动。英国海军部认为，根据美国的态度，美国石油公司不应该在没有咨询政府的情况下向国民党供应石

---

① Foreign Office Minute, 28th March, 1950, FO 371/83492/1531/1.

② "Arrival at Hong Kong from 'Formosa' of the Chinese Naval Tanker OMEI to Empark Light Diesel Oil from the Caltex Company," Admiralty Communicated, 29th June, 1949, FO 371/75932/9447.

油，而且美国也应征求英国的意见。如果不能阻止德士古石油公司向国民党供应燃油，但又为避免受到中国共产党的指责，应尽可能避免问题变得明显，应对燃油的供应数量加以限制。[①]

与此同时，国民党也向壳牌石油公司在香港的公司发出购买航空燃油的申请，而壳牌石油公司对此事也颇感矛盾。一方面，壳牌石油公司担心，国民党购买燃油可能用于对上海的封锁，不排除会再次发生攻击英国商船的可能性。中国国内正处于交战状态，英国石油公司对国民党供应燃油又可能会招致中国共产党的强烈反对，进而不利于壳牌石油公司与华北解放区达成燃油供应协议。另一方面，即使壳牌石油公司拒绝向国民党供应燃油，还会有美国等其他石油公司愿意向国民党提供燃油。壳牌公司担心会失去与台湾地区的石油贸易。[②] 壳牌石油公司只得询问英国外交部的态度，英国外交部也处于两难境地。由于国民党购买燃油很有可能用于封锁上海，而英国政府对上海的短期目标是努力恢复与上海的航运贸易，而外交目标是与即将成立的新中国建立外交关系，最终达到维护英国在华经济利益的目的。经过权衡，外交部同意海军部的态度，即允许非法干涉英国航运的国民党军舰在香港购买燃油是不切实际的，此种燃油的供应该加以拒绝。[③]

虽然国民党海军是向德士古石油公司购买燃油，但是地点却在香港。港英政府担心，拒绝国民党在香港购买燃油可能会引起国民党对香港实施封锁。即使封锁香港的可能性不大，但国民党通过破坏性活动扰乱香港社会稳定的可能性亦是存在的。[④] 在是否允许对国民党海军"峨眉号"供应燃油的问题上，海军部的态度变得更加强硬，认为港英政府应该拒绝向所

---

① Admiralty Communicated, 29th June, 1949, FO 371/75932/9447.

② "Request by Mr. Vignoles of the Shell Petroleum Co. for Advice on His Company's Attitude toward Sales to the China Petroleum Corporation," Foreign Office Minute, 27th June, 1949, FO 371/75932/9540.

③ "Supply of Oil to Chinese Warship at Hong Kong," From Foreign Office to Admiralty, 29th June, 1949, FO 371/75932/9823.

④ "Request for Advice Regarding the Supply of Oil to the Chinese Naval Tanker Omei," From Colonial Office to Foreign Office, 30th June, 1949, FO 371/75932/12666.

有国民党军舰供应燃油，向国民党海军供应燃油将是一件荒谬的事情。国民党不久前在上海对英国的无辜商船进行了轰炸，并正在进行非法的海上封锁。虽然还无法确认德士古石油公司是否会反对英方要求其拒绝这一交易的请求，但毫无疑问，就当时来看，英国轮船公司会强烈反对向国民党军舰供应燃油，因为这些军舰可能会干扰英国轮船公司与华北解放区港口的航运贸易。海军部建议外交部尽快作出决定，与港英政府和壳牌石油公司协商解决供应燃油的问题。

在是否允许国民党军舰"峨眉号"在香港购买燃油的问题上，英国外交部、海军部、港英政府和壳牌石油公司有着很大的分歧，此事又正值英国解决"紫石英号"和"安契塞斯号事件"之时，这促使英国政府不得不尽快作出决定。由于国民党海军"峨眉号"是要求从德士古石油公司的香港分公司购买燃油，若英国采取相关措施就必须征求美国和德士古石油公司的意见。一方面，港英总督葛量洪就此事咨询美国驻香港总领事，另一方面又建议德士古石油公司延期供应。美国驻香港总领事对此事也很谨慎，先是请示美国国务院要求尽快给出意见，同时又建议德士古石油公司直至收到国务院回复后，才能决定是否给"峨眉号"提供燃油。德士古公司对此也表示同意。此外，国民党空军封锁上海和轰炸英国商船"安契塞斯号"殃及德士古石油公司在上海港的部分油栈，德士古公司亦有较大损失。因此，美国也担心国内民众因国民党轰炸美国公司财产而反对对国民党的燃油供应。考虑到维护美国对华石油贸易利益以及美英在对华石油供应政策上的一致性，美国总领事也要求美孚石油公司在香港的分公司暂停对"峨眉号"的燃油供应，同时建议壳牌石油公司的香港分公司也能遵照。壳牌石油公司表示同意，但也强调在此之前国民党与壳牌石油公司的购买协议仍然有效。壳牌石油公司油船"埃罗多纳号"（Erodona）将于7月8日从马来西亚前往台湾基隆，船上有供应国民党海军的8800吨燃油，这笔燃油购买合同不在此列。① 此时，国民党海军又在催促德士古石油公

---

① "Arrival at Hong Kong from 'Formosa' of the Chinese Naval Tanker to Embark Light Diesel oil from the Caltex Company," Admiralty Communicated, 30th June, 1949, FO 371/75932/9447.

司尽快供应所需的桶装炉油、润滑油和燃油，表示石油公司没有任何理由延迟燃油供应。①

　　美国国务院的态度是不干涉美国石油公司对华供应石油。上海解放后，美国石油公司有意与上海的中国石油公司达成一项3—5年的石油购买合同。虽然美国官方对这份合同的达成持怀疑态度，但是美国石油公司回应，如果拒绝向中国共产党供应石油，英国另一家石油公司——英伊石油公司就有可能会抢走这份石油供应合同。英国外交部对此事持怀疑态度，因为没有经过咨询燃料和动力部，英伊石油公司不会与中国共产党签订石油供应合同。燃料和动力部表示会就此事询问英伊石油公司。② 虽然不能确定美国石油公司与上海中国石油公司是否签订了原油购买合同，但可以确定的是，美国德士古石油公司已经与东北解放区的葫芦岛炼油厂初步达成3—5年的原油购买合同意向，每年供应7.5万—15万吨原油，而且德士古石油公司已经就该原油购买合同咨询了美国国务院。美国国务院认为，如果要与中国共产党签订原油供应合同，最好是采取短期供应原油的政策，以月或者是以季度为单位供应原油，但是并没有明确建议德士古石油公司拒绝这份与中国共产党的原油供应合同。因此，美国在德士古石油公司在香港向国民党提供燃油的问题上表现出犹豫不决。美国国务院建议美孚石油公司和美国其他石油公司考虑是否可以接受这笔业务。同时，考虑到国民党空军可能使用这些航空燃油封锁上海，这也不利于美国轮船公司与上海的航运贸易，国务院对此也有顾虑。如果德士古公司拒绝接受该笔燃油供应合同，美国国务院希望国民党能与壳牌公司商谈燃油购买事宜。③

　　为了尽快就是否向解放区和国民党海军"峨眉号"供应燃油的问题达成一致，美国驻英国大使巴特利特（Bartlett）专程前往英国外交部进行协商。一个是美国石油公司是否向中国共产党长期供应石油的问题。巴特利特表示，尽管国务院希望美国的大多数石油公司不要与中国共产党达成任

---

①　Admiralty Communicated, 29th June, 1949, FO 371/75932/9447.

②　Foreign Office Minute, 25th June, 1949, FO 371/75932/9659.

③　From Washington to Ministry of Fuel and Power, 24th June, 1949, FO 371/75932/9714.

何长期供应石油的协议，但是总会有少数石油公司会这么做，而这样做是有危险的。另一个是关于对国民党供应燃油的问题。巴特利特表示，"到目前为止，美国国务院没有明确反对国民党用自己的储备基金购买用于军事行动的石油产品"。英国外交部则表示，英国和美国的石油公司向国民党供应燃油，很可能被国民党用于封锁上海，干预英美两国轮船公司与上海的航运贸易，这有悖于英美两国的在华经济利益，也会招致英美国内民众反对。① 就巴特利特的态度来看，美国政府没有明确反对石油公司向中国共产党供应石油，只是希望美国的石油公司不要与中国共产党达成长期的供应原油的协议。对于英国而言，美国就国民党在香港购买燃油以及可能用于封锁上海的态度是模糊的。在英国看来，美国的这种态度一定程度上纵容了国民党对上海的海上封锁，也使国民党海军"峨眉号"在香港购买燃油的问题变得复杂。

鉴于"峨眉号"已经到达香港数日，而台湾的国民党空军又急需航空燃油，国民党决定对德士古石油公司施加压力，准备以违背购买合同和延迟供应燃油为由起诉德士古石油公司。由于美国政府没有表示反对，更重要的是，德士古石油公司不愿因拒绝供应燃油给国民党而影响其在台湾地区的石油贸易利益。最后，德士古石油公司决定对国民党海军"峨眉号"供应燃油。② 由此看来，港英政府拒绝向国民党海军供应燃油会被国民党认为是一种挑衅，而且也会被认为是无效的。

供应国民党海军"峨眉号"燃油问题引起了英国政府内部和港英政府的分歧，国民党对上海的封锁又影响到英国在上海的商业利益和航运贸易、壳牌石油公司在华石油市场等诸多问题，美国国务院对此事又采取不干预政策，国民党又不断向石油公司施加压力。7月4日，为了协调英国政府内部意见，英国外交部、海军部召开内部会议，主要焦点是关于是否承认国共双方的交战权，这又关系到是否允许国民党军舰在香港购买燃油。从这次会议的备忘录中可以看出，外交部和海军部围绕交战权问题，

---

① "Supply of Oil to Communist and Nationalists in China," Foreign Office Minute, 1st July, 1949, FO 371/75932/9892.

② Admiralty Communicated, 3rd July, 1949, FO 371/75932/9890.

初步形成了三点意见。首先，需要承认中国共产党的交战权。这意味着：（1）对中国国内交战双方要平等对待；（2）承认交战的国共双方在海上的交战权；（3）英国应依据战争时期的中立规则处理石油供应的问题。事实上，英国外交部表示，如果同意国民党军舰购买大量燃油，也就等于承认了国民党的海上封锁的合法性。其次，明确反对国民党的封锁。在中国内战状态下，国民党实施的封锁仅是关闭一些港口，并不是事实上的封锁。因此，英国政府不能承认国民党的交战权，也不能承认交战的国共双方未来在海上的交战权，其结果就是国民党无权关闭港口。最后，需要确认国民党是否承认中国共产党的交战权。如果答案是肯定的，这意味着国民党官方承认其国内"反叛一方"，即中国共产党的交战权。由此英国也就承认了中国国内交战双方的交战权。如果国民党不承认中国共产党的交战权，英国政府就不承认国民党实施所谓的"封锁"以及关闭海港的权力。①

在这份备忘录中，从英国对国民党海军在香港购买燃油以及相关问题的评估中可以看出英国方面的态度。若是允许国民党军舰在香港购买燃油，就意味着承认了国民党实施封锁的合法性，而承认国民党封锁的合法性也就等于默认了国民党的交战权，进而也就意味着承认了国共双方的海上交战权。但是，英国政府坚持认为国民党的海上封锁是无效的，而且国民党在实施封锁时也没有承认中国共产党的交战权。英国与国民党在解决"安契塞斯号事件"的谈判过程中，依然坚持国民党的封锁无效。此外，英国政府以及英商中华协会担心，若是承认国共双方的交战权以及海上交战权，交战的双方将来若在海上发生冲突，将会对英国对华贸易以及商业团体的利益，甚至对香港的航运贸易都造成不利影响。

就国民党在香港购买燃油的问题，英国还需要听取美国国务院的建议，毕竟国民党是向美国德士古石油公司在香港的分公司购买燃油，港英政府无权强硬要求德士古公司不得供应国民党燃油。此外，英国政府还担心允许国民党在香港购买燃油会招致中国共产党的指责而影响其对即将成立的新中国的外交政策。但是，若是拒绝国民党在香港购买燃油，英国石

---

① From Colonial Office to Foreign Office, 30th June, 1949, FO 371/75932/12666.

油公司则可能失去部分中国的石油市场，特别是英国在台湾地区的石油供应贸易。然而，为了实现英国维护在华利益的目标，英国政府还是作出妥协。虽然英国政府担心国民党军舰在香港购买的燃油可能会用于封锁，英国壳牌石油公司已经计划 7 月初从马来西亚向台湾基隆供应近 9000 吨燃油，这些燃油可能用于海上封锁。此外，英国外交部和海军也召开会议协商国民党实施海上封锁和关于交战权及其涉及的国民党燃油购买等问题，最终英国外交部还是改变了不同意国民党军舰在香港购买燃油的最初政策。①

第三节　英国对新中国石油禁运政策的出台

新中国成立后，英国准备在外交上承认新中国，此时美国对华政策日益明朗，对华经济遏制倾向在不断加强。早在 9 月，英国外交部助理次官德宁访问华盛顿，与艾奇逊和巴特沃思协商对华禁运问题。虽然双方在对华禁运问题上仍存很大分歧，但是在一些具体问题上初步达成一致，如就对中国石油供应方面，美英三大石油公司对中国的石油供应不能超出正常的民用需求，同时避免签订长期的石油供应合同，美英相互交换对中国的石油供应信息。② 新中国面临着经济恢复和建设的艰巨任务，经济恢复和工业生产对石油的需求量很大，英美石油公司又不愿失去对中国的石油贸易，继续向新中国供应石油。10 月下旬，美国国务院获悉，中东石油销售公司已经与德士古石油公司签订一份 1950 年供应中国石油公司石油的供应合同，数量约为 75,150 吨且以美元支付，由中东石油销售公司提供油轮，运往上海或者是葫芦岛。根据之前英美双方的石油供应协议，美国将该消

---

① From Hong Kong to Colonial Office, 30th June, 1949, FO 371/75932/12666.

② "Control of Strategic Export to China," From Washington to Foreign Office, 15th October, 1949, FO 371/75857/15501.

息告知英方。① 为了有效地控制对中国的石油供应，美国还要求美孚、德士古石油公司与政府互通在华石油储备和石油供应信息。② 然而，美孚石油公司担心，对美国石油公司的石油出口加以限制，可能会促使壳牌石油公司对中国的石油供应扩大。③ 美国也在关注英国对中国的石油供应情况。美国国务院获悉壳牌石油公司与中国政府签订约 100 万港币的石油供应合同后，向英国外交部求证。壳牌石油公司答复，该公司与中国的石油合同在英美限制的要求范围之内，至于 100 万港币的石油供应合同之事并不存在。④

根据英美达成的对中国石油供应协议，英国开始要求壳牌石油公司限制对中国的石油供应规模，同时英国和英国石油公司也在密切关注美孚、德士古石油公司对中国的石油出口。12 月中旬，壳牌石油公司得到消息，德士古石油公司决定向中国供应 10 万吨原油，接收地点尚不确定。由于英美两国先前已达成对中国的石油供应仅满足日常民用需求的默契，德士古石油公司却与中国达成较大规模的原油供应合同，就此事，壳牌石油公司请英国外交部询问美国国务院，德士古石油公司是否就这项原油供应合同咨询过美国国务院，以及后者对此事的态度。美国国务院经过调查，得知德士古石油公司确有此项对中国的石油供应合同，也对德士古石油公司的行为感到惋惜。英国方面注意到，在向华北地区供应石油的同时，美国石油公司还向国民党供应石油。10 月底和 11 月初，德士古石油公司先后向台湾地区运送了 28,130 桶高级汽油和 25,560 桶车用汽油。此外，德士古公司还与国民党海军签订了供应 1 万吨轻柴油和 64 万加仑车用汽油的合同，这些石油产品不日将运到台湾。⑤ 壳牌石油公司还注意到，虽然美国

---

① "Sales Contract for Araoian Crude Oil Supplied to a Chinese Buyers," Foreign Office Minute, 20th October, 1949, FO 371/75932/15870.

② *FRUS*, 1949, The Far East: China, Vol. 9, pp. 1031–1033.

③ Ibid., pp. 1034–1035.

④ "Deal Conclude by the Asiatic Petroleum Company for Supply of 1 Million Hong Kong Dollars Worth of Petroleum Products to Communist China," Foreign Office Minute, 21st December, 1949, FO 371/75932/19122.

⑤ "Supply of Oil for China Navy Air Force," From Tamsui to Foreign Office, 18th November, 1949, FO 371/75932/18107.

得知德士古等石油公司对中国的石油供应情况，但是美国政府并没有对德士古石油公司的行为进行约束性的警告。这与英国政府对壳牌石油公司的约束性政策恰恰相反，壳牌石油公司正是接受了英国政府的意见，开始控制对华石油供应数量，而美国政府并没有真正管制美国石油公司对华的石油供应。[1]

美国之所以采取这种政策，有着顾忌美国石油公司的利益和对华政策的经济因素。随着美苏冷战对抗格局日趋明显，美国等西方阵营对苏联等社会主义国家的贸易禁运在不断加强。1950 年 1 月初，在美国牵头之下，有英国、法国、意大利等国参加，成立了针对苏联和东欧国家的"对共产党国家出口管制统筹委员会"的禁运控制机构，因机构设在美国驻法国大使馆内，被称为"巴黎统筹委员会"或"巴统"。[2] 针对刚刚成立的新中国，美国也实行了经济禁运政策，只是程度要比其对苏联和东欧的贸易禁运宽松。早在 1949 年 3 月，美国国家安全委员会通过了国务院远东司提交的《美国对华贸易政策》，即 NSC41 号文件。[3] 该文件规定：应该建立对全中国的出口管制体系；凡是具有"直接军事用途"的物资，都应对解放区实行禁运；对华贸易管制水平应该比对苏联、东欧国家略有缓和，只对1A 清单中物资实行全面禁运，对 1B 清单物资进行出口管制。[4] 这一时期对华出口的石油和其他石油产品不在全面禁运物资清单中。美国之所以这么做，一方面是为了动用美国政治、经济力量推动与中国的经济联系，使经济手段成为对待"中国共产党政权最有效的武器"，避免完全把中国推向苏联一边，因而有限度鼓励美国公司与中国共产党的经济贸易往来，美国国务院不干涉美国石油公司对华供应石油产品就是一种体现。另一方面，英国、荷兰等西欧国家与中国还有密切的经济贸易往来，对中国实行全面贸易禁运恐会遭到西欧国家的强烈反对，因而采取了对华较为宽松的

---

① Sir F. S. Tomlinson to Sir O. Franks, 28th March, 1950, FO 371/83492/1531/1.

② 崔丕：《美国的冷战战略与巴黎统筹委员会、中国委员会（1945—1994）》，第 146 页。

③ NSC41, U. S. Policy Regarding Trade with China, February 28, *FRUS*, 1949, The Far East：China, Vol. 9, pp. 826—833.

④ 崔丕：《美国的冷战战略与巴黎统筹委员会、中国委员会（1945—1994）》，第 146 页。

经济贸易管制政策。

1950 年 3 月，为进一步控制对中国的石油供应，美国国务院主张以最低数量，由英美石油公司联合供应中国石油的方案。[①] 美国此举意在有效控制英美石油公司对华石油供应规模，又防止英国石油公司私下扩大对华石油供应规模。美国联合控制对华石油供应的建议得到英国政府原则上的同意。在这种联合控制对华石油供应的模式下，英美石油公司对华石油供应数量和规模受到影响。1950 年 4 月，英美石油公司对华北主要港口城市的各种油品供应情况是：天津为 242,613.32 加仑，青岛为 529,861.68 加仑，大连为 116,600 加仑。5 月，供应上述部分城市的油品数量呈下降趋势，青岛为 264,930.85 加仑，大连 48,583.37 加仑，只有天津上升为 2,071,912.23 加仑。[②] 至朝鲜战争爆发前，美国对中国石油出口的管制大致保持先前的政策，只是在美国国家安全委员会多次催促国务院应加强对华石油供应管制的情况下，国务院才对对华贸易禁运政策进行调整，即对 1A 清单物资实行绝对禁运，但是包括大多数石油产品在内的 1B 清单物资，允许在限制的数量范围内继续对华出口。[③] 受此影响，英国遵照英美两国先前协商的原则，即对对华石油供应采取限制性政策，限制接受美国石油公司拒绝的石油供应业务，仅供应满足中国日常所需的石油产品。

6 月 25 日，朝鲜战争爆发。6 月 28 日，美国政府宣布对朝鲜实行全面贸易禁运，要求"巴统"成员国予以配合。考虑到中苏已经结盟及中国对朝鲜战争的态度，而美国当时仍对中国出口部分物资，美国担心朝鲜会从中国得到军事和战略物资的补给，这可能间接增加朝鲜的军事力量，会对李承晚政权造成军事上的不利，因此美国认为有必要对中国实行更加严格的经济禁运。鉴于石油在战争中的重要性，美国建议把石油产品也纳入对华完全禁运之中。6 月 29 日，美国国务院要求美孚和德士古石油公司暂停向中国出售石油，停止所有石油出口协议的谈判。美孚和德士古石油公司

---

①　*FRUS*, 1950, National Security Affairs; Foreign Economic Policy, Vol. 1, pp. 622-625.

②　Board of Trade Communicated, 14th June, 1950, FO 371/83492/1531/17.

③　*FRUS*, 1950, East Asia and the Pacific, Vol. 6, pp. 638-639.

取消所有对华石油合同，并保证不再向中国和朝鲜出口石油产品。[①] 6 月 30 日，华盛顿远东委员会召开会议讨论朝鲜战争问题，议题之一就是对中国石油出口禁运问题，认为国务院应要求英国政府对壳牌石油公司施加压力，暂停所有英国石油公司对中国的石油供应。英国外交部对此的反应是，美国应该关注台湾，而不是朝鲜局势，因为新中国正在准备解放台湾，也可能将作战目标转向其他地区。但是，考虑到美国的强硬态度，英国外交部决定设立"石油工作组"（An Oil Working Party），以作为将来紧急处理对华石油供应问题的协调机构。[②] 不仅如此，英国也对德士古和美孚石油公司能否遵照美国国务院的要求持怀疑态度。国务院表示，会在需要的时候要求这两家美国石油公司遵照美国政府的要求。[③]

英国外交部告知美国国务院，按照英美两国协商的有关对中国实行有限制的石油供应协议，包括壳牌石油公司在内的英国石油公司，只能向中国提供满足日常民用消耗的石油产品。壳牌石油公司更是抱怨美国的做法，根据英美两国协商的对华石油供应管制办法，即对华采取限制性的石油供应政策，仅满足日常民用所需，壳牌等英国石油公司也接受了这种要求。1950 年的头 5 个月，壳牌石油公司经香港对中国内地的石油供应仅为 2.5 万吨，包括汽油 1.3 万吨，煤油 5000 吨，柴油 6000 吨，润滑油 1000 吨。[④] 截至 5 月底，壳牌石油公司在中国的石油储备量已经不足 2.5 万吨。[⑤] 前 6 个月仅为 2.6 万吨，这已经低于中国日常民用需要的 10%。而壳牌公司在 1948 年的供应总量是 25.7 万吨，1949 年的供应量则是 8.23 万吨。[⑥] 为了能有限度地扩大对华石油供应，壳牌石油公司曾询问英国外交部，在 8 月份之前，是否可以运输 5000 桶航空燃油到天津和青岛，以及 5000 桶车用汽油和 5000 桶润滑油去天津。这引起英国政府关注，壳牌石

---

① *FRUS*, 1950, East Asia and the Pacific, Vol. 6, p. 653.

② From Foreign Office to Washington, 30th June, 1950, FO 371/83492/1531/29.

③ Memorandum, June 29, *FRUS*, 1950, East Asia and the Pacific, Vol. 6, p. 640.

④ From Foreign Office to Washington, 30th June, 1950, FO 371/83492/1531/29.

⑤ From Foreign Office to Washington, 1st July, 1950, FO 371/83492/1531/18.

⑥ From Foreign Office to Washington, 18th July, 1950, FO 371/83493/1531/34.

油公司不得已维持当时供应水平。① 此外，鉴于英国轮船公司承担着一部分向中国运输石油的业务，美国政府还要求英国轮船公司停止所有对中国的航运贸易，以此作为对华实行石油禁运的必要措施。英国驻上海领事厄克特对美国国务院的要求充满疑虑，担心英国对中国也采取和美国一样严格的贸易禁运会给因国民党封锁已经处于困境的上海英国商业团体带来愈加严重的困难，尤其对英国轮船公司与华北地区的航运贸易造成巨大的冲击。② 7 月 4 日，在美国的压力之下，英国政府决定禁止从英国、中国香港向朝鲜出口物资，石油产品亦在禁运之列，但是否对中国内地也实行同样的贸易管制措施，英国政府还是犹豫不决。

鉴于英国外交部的迟疑态度，壳牌石油公司向英国外交部表示，为了避免损害与中国已经建立起来的石油贸易关系，若是没有英国政府明确的禁运指令，公司将继续按照先前与中国签订的合同出售石油产品。同时，壳牌石油公司也向美国国务院保证，不接手美国石油公司已经停止供应中国的石油业务，也会遵守相关原则，继续执行仅限于满足日常民用的石油需求的供应量。壳牌石油公司还要求美国国务院允许公司通过中国香港向中国南方地区进行有限的石油供应，并履行公司先前已经签订的供应青岛 6000 桶桶装汽油和天津 1000 桶润滑油的合同，否则壳牌石油公司将遭到中国政府的经济处罚；希望美国政府考虑，若壳牌石油公司停止对华石油贸易，公司将可能面临难以设想的经济困难。③

同时，壳牌石油公司也抱怨在中国的公司资产已经从新中国刚成立时的 475 万英镑下降到当时的 200 万英镑。公司在中国的雇员大约 25 人，其中大部分员工在上海，约有 17 人，还有 8—10 人是家属，在其他地区还有 8 人以及部分家属，每月维持这些雇员和家属的日常开销需要花费 7 万英镑。停止壳牌石油公司对中国的石油供应业务，会对公司带来很大的财政负担。相比较而言，美国石油公司在中国的雇员很少，德士古石油公司和

① From Foreign Office to Washington, 1st July, 1950, FO 371/83492/1531/18.

② From Shanghai to Foreign Office, 4th July, 1950, FO 371/83492/1531/19.

③ From Foreign Office to Shanghai, 10th July, 1950, FO 371/83492/1531/19.

美孚石油公司两家公司在上海的雇员仅 10 人左右。① 言下之意，壳牌石油公司在中国的资产已经降到很低，雇员却比美国的石油公司显然要多出许多，任何停止向中国供应石油的措施，对于壳牌石油公司而言都具有损害性。英国外交部也向美国国务院说明，当时壳牌石油公司对中国的石油供应数量已经很小，仅满足中国日常所需，英国外交部也保证会要求该公司今后的供应额不会超过目前的供应量。②

壳牌石油公司还援引了由英国驻广州领事柯希尔提交的关于英美两国石油公司供应中国南方地区石油的报告，报告说明英美两国石油公司在 1950 年头 5 个月向中国南方地区供应了约 662.5 万加仑的汽油，包括 4 月供应的数百万加仑汽油和 5 月供应的 175 万加仑的汽油，而中国南方地区当时民用消耗不超过每月 30 万加仑汽油，因此供应中国如此少量的石油不可能被用于军事目的。③ 然而，美国政府并没有顾及英国政府和英国石油公司的利益诉求，继续向英国政府和英国石油公司施加压力，以达到停止对中国供应石油的目标。美国担心，美国民众若是得知英国的石油公司还在向中国供应石油，将会非常反感。英国外交部也向美国国务院表明存在的忧虑，若英国停止对中国的石油供应业务，中国可能会采取反制措施。④

壳牌石油公司还向燃料和动力部提供了一条消息，"6 月底，香港的一家石油公司驻南美代办处向中国出售 58,000 桶高标号航空燃油。壳牌公司猜测，可能是德士古石油公司或美孚石油公司，或是这两家石油公司的合作伙伴，要求英国外交部向美国政府提出对这两家在香港的石油分公司进行核查"。⑤ 英国驻美国大使弗兰克斯（Franks）也向美国国务院表示，如果要求英国停止对中国供应石油，美国也应要求所有美国的石油公司以及

---

① From Foreign Office to Washington, 30th June, 1950, FO 371/83492/1531/29.

② From Foreign Office to Peking, 10th July, 1950, FO 371/83492/1531/24.

③ From Canton to Hong Kong, 4th July, 1950, FO 371/83493/1531/33.

④ From Washington to Foreign Office, 4th July, 1950, FO 371/83492/1531/24.

⑤ "Oil Supplies to Communist China," From Ministry of Fuel and Power to Foreign Office, 6th July, 1950. FO 371/83492/1531/30.

独立的石油公司停止对中国的石油供应业务。① 在英美两国及各自石油公司互相猜忌之时，美国媒体出现了不利于英国的评论。7月，美国赫斯特集团发表评论称，英国对中国供应石油，因此它可能要为造成朝鲜战场上死亡的美国士兵担负责任。② 英国外交部担心，"现在困难来自对华石油供应，尽管英国石油公司对华石油供应已经微不足道。但是，美国固有的思维是，德国在二战中崩溃的主要原因是石油供应不断遭到破坏，而朝鲜军队的坦克正是依靠石油供应才能维持如此的进攻态势，无论供应石油的数量有多少，都会成为敌人的武器。如果朝鲜的局势变得更糟，在美国民众看来，英国的石油将成为中国的替罪羊。美国再次要求英国对华实施石油禁运"。③ 无奈之下，英国政府向壳牌石油公司施加压力，后者也不得不表示，原则上同意停止对中国的石油供应。

7月13日，艾奇逊专门会见英国驻美国大使弗兰克斯，再次询问英国政府对中国石油禁运的态度。弗兰克斯表示，英国供应中国的石油已经很少了；即使英国不向中国供应石油，中国也可以从苏联进口石油转而供应朝鲜。④ 面对美国政府不断施加压力以及美国媒体对英国政府不利的舆论，英国政府无奈采取退让的政策。当天，英国外交部召开有关对华石油供应的会议，召集财政部、殖民地部、交通部、国防部、海军部、战时办公室以及壳牌石油公司代表参加。会议主题是：（1）就目前朝鲜局势，英国是否继续向中国供应石油。大部分人认为，考虑到远东地区的局势以及美国政府的态度，有必要扩大对中国安全出口控制措施；但是目前而言，还不能包括石油以及石油产品，也不能决定是否应该采取类似的措施停止香港和新加坡对中国内地的出口。壳牌石油公司代表也明确表示，1950年头5个月，壳牌公司对中国的石油供应量仅为25,000吨，只占中国石油需求的5%，远达不到中国民用需求的10%，目前对华石油供应几乎不会影响朝鲜

① "U.S. Attitude towards Supply of Oil to China and Korea," From Washington to Foreign Office, 11th July, 1950, FO 371/83492/1531/28.

② "British Oil Export to China," From Washington to Foreign Office, 16th July, 1950, FO 371/83493/1531/34.

③ From Washington to Foreign Office, 11th July, 1950, FO 371/83492/1531/28.

④ From Washington to Foreign Office, 13th July, 1950, FO 371/83493/1531/32.

局势。（2）关于经香港向中国内地供应石油的问题。殖民地部和壳牌石油公司代表表示，由于香港处于航运交通中心，顾及香港的经济发展，希望允许经香港向中国内地供应少量石油。殖民地部进一步说明，美国已经停止对中国的石油供应，也要求英国政府以及壳牌石油公司采取同样的措施，英国希望避免在禁运政策上采取歧视中国的办法，也希望避免因禁运使中国可能对英国石油公司采取反制措施。外交部认为，如果出于战略原因认为对中国实行禁运是必要的，那就有必要执行禁运清单Ⅰ。①

7月15日，经过多次讨论，英国最后决定：对中国实行石油禁运。为了执行有效的禁运政策，英国外交部提出："（1）任何政府的行动都不公开反对中国。（2）考虑到香港的地位，任何（对中国内地的）禁运措施都由英国政府实施而不是香港政府。（3）保护壳牌石油公司及其在中国的职员，以使壳牌公司能够以'不可抗力'为借口而停止对中国（内地）的石油供应。"根据上述考虑，英国政府采取以下禁运管制措施：首先，英国海军部会立即调查在香港的所有石油储备，并且有权将这些石油库存予以管制，不仅包括壳牌石油公司，还进一步扩大到美国石油公司在香港的分公司，而且美国的石油公司对此也不应该反对。其次，香港本地区所需要使用的石油产品将会定期发放，其余部分由海军部调配使用并供应给石油公司。再次，截停正准备由香港前往天津的壳牌公司油轮"福山号"。最后，联合美国将所有石油产品纳入禁运清单Ⅰ，并扩展到香港和新加坡的物资禁运清单。②

考虑到海军部控制所有在香港的石油而不供应给中国，可能会招致中国政府的不满，英国外交部表示需要尽力最小化地宣传禁运政策。一旦禁运遭到中国政府的反对和指责，英国政府应强调英国海军部有权行使其在紧急情况下，为战略需要征用英国物资的权利。为公平起见，也为防止在英美两国石油公司已经停止对中国供应石油后，会有其他国家向中国供应石油而填补英美石油公司撤出中国后的石油市场空缺，英国外交部向美国

---

① Foreign Office Minutes, 13th July, 1950, FO 371/83493/1531/36.

② From Foreign Office to Washington, 15th July, 1950, FO 371/83493/1531/32.

国务院建议，应采取必要额外措施，以确保最大限度地中断对中国的石油供应，因为有一些产油国还不在"巴统"实施管制范围之内，有必要要求其他石油出口国，如刚刚宣布独立的印度尼西亚，也采取类似的控制措施，防止这些产油国向中国出口石油。[1] 7 月 16 日，英国驻美大使弗兰克斯告知美国国务院，英国决定对中国实施石油禁运。同时，为减少英国民众因知道英国政府已经决定对中国实行严格的禁运政策而批评政府，英国外交部强调尽量避免英国民众知晓此事的重要性，还要求美国政府予以合作，避免公开相关信息。艾奇逊也表示，希望英国外交部能在伦敦表明，石油禁运是在相当严重的情况下采取的不得已措施。[2]

英国由开始不愿意到最后同意对中国实施完全的石油禁运，采取上述禁运政策，是由多方面因素促成的。首先，维护英美特殊关系的需要。虽然英国在中国有着重要的经济利益，英国政府为了维护战后建立起的英美特殊关系，却将其政策重心放在欧洲安全和本国事务上。特别是欧洲已经开始美苏冷战对峙，无论是在对抗苏联，还是在经济上对欧洲施以援手上，英国都需要美国的帮助。因此，英国不愿在对华石油禁运问题上惹怒美国。其次，为维护英国在香港的利益和英商在中国内地的经济利益。虽然英国在华经济利益远没有英美特殊关系让英国政府看重，但是英国政府也不是完全不顾英国在华经济利益，更何况还事关香港的经济利益与稳定，所以英国提出由政府管制所有在香港的石油公司的石油储备，尽量减少英商在华利益的损失，并要求把关于禁运的消息尽量淡化处理，以避免激怒中国政府。最后，试图扩大对华石油禁运的范围。在英国看来，为了达到禁运效果，应把台湾地区纳入对中国大陆禁运的范畴。同时，鉴于美国在日本对华贸易问题上的模糊态度，也需要控制从日本对中国石油供应的渠道。此外，英国认为应把一些新兴独立国家也纳入实施对华石油禁运的国家名单中，如印度尼西亚。

英国决定对中国实施石油禁运之后，也为了给英国提供对华石油禁运

---

① From Foreign Office to Washington, 15th July, 1950, FO 371/83493/1531/32.

② From Washington to Foreign Office, 16th July, 1950, FO 371/83493/1531/34.

寻找借口，英国提议将对苏联、东欧的贸易管制扩大到中国和朝鲜，其中一个问题就是列出石油禁运类目清单。在"巴统"成员国召开会议期间，美国提出初步的对华原油和石油产品禁运清单：（1）原油；（2）车用燃料；（3）柴油（所有等级）；（4）煤油；（5）润滑油和油脂。并且美国希望英美两国就此清单尽快达成一致。① 英国表示原则上同意上述清单，还建议将燃油纳入清单中，并保留后续添加新石油产品进入禁运清单的权利。② 7月24日，经过讨论，英美两国达成《英美联合备忘录》，依据英国的建议，"巴统"将美国的石油产品禁运清单调整为：（1）原油；（2）车用燃料；（3）柴油（所有等级）；（4）燃油；（5）煤油；（6）润滑油和润滑脂。③ 然而，部分"巴统"成员对此石油产品禁运清单有不同意见。荷兰认为中国和朝鲜的情况有所不同，应该加以区别对待；加拿大认为石油禁运应该公开进行。④

为尽快切断经香港向中国内地供应石油的渠道，美国还要求英国政府将该石油禁运清单通知港英政府，尽快让其执行对中国内地和朝鲜的石油产品禁运。为确保在石油产品禁运清单确定之前没有石油产品经香港输往中国内地，美国国务院多次询问英国外交部，英国海军部是否确保优先管制到达香港的石油及石油产品。⑤ 英国表示，在禁运清单出台之前，可以确保短期内不会允许经香港的石油出口。对华石油产品禁运清单出台后，英国对从香港到中国内地的石油供应实行了严格的禁运，而且也不允许苏联等国家借道香港向中国内地供应石油。⑥

美国在担心经香港向中国内地供应石油的可能性的同时，英国政府还顾虑通过其他渠道向中国供应石油的可能性，如印度尼西亚可能会向中国

① From Organisation for European Economic Cooperation Paris to Foreign Office, 21st July, 1950, FO 371/83493/1531/46.

② From Foreign Office to Organisation for European Economic Cooperation Paris, 21st July, 1950, FO 371/83493/1531/46.

③ Foreign Office Minutes, 1st August, 1950, FO 371/83493/1531/51.

④ *FRUS*, 1950, East Asia and the Pacific, Vol. 6, pp. 655–656.

⑤ From Washington to Foreign Office, 1st August, 1950, FO 371/83494/1531/64.

⑥ From Hong Kong to London, 29th July, 1950, FO 371/83493/1531/52.

供应石油，而印度尼西亚还没有被纳入对华石油禁运的国家行列之中。所以，英国急需把印尼也纳入石油禁运的国家中，以给英国提供因"不可抗力"因素而无法供应中国内地石油的借口。① 经过英国政府协调，新加坡、中国香港、北婆罗洲、沙捞越、文莱都对中国内地和朝鲜等实行了石油禁运，但印尼依然在实施禁运国家行列之外。美国对印尼可能会向中国供应石油产品的问题也非常关注，与英国外交部进行了多次协商。针对这种可能性，英国政府提出对待印尼的态度，先是采取劝说政策，若劝说无效，则采取强硬措施。② 英国国防委员会同意英国外交部的建议，即联合美国与荷兰，一同劝说印尼不向中国供应石油，美国政府对此亦表示同意。

英国在控制印尼向中国供应石油问题上有两个目标：一个是让印尼遵照禁运清单 I，堵住石油输往中国的渠道；另一个是防止壳牌石油公司从其在印度尼西亚的油田向中国供应石油。就前者来说，壳牌公司和美孚公司在印尼都有油田，而且美孚公司在美国的要求下已经不再向中国供应石油。然而，后一个目标让英国颇为忧虑。在中国香港、新加坡、沙捞越和文莱已经实行对中国内地的石油禁运后，印尼是目前远东地区唯一可能会让壳牌石油公司履行向中国内地供应石油合同的石油来源地。英国政府担心，壳牌石油公司为确保其在上海的雇员的安全，以及不承担因未履行对中国供应石油合同而可能遭到中国政府的指责和索赔，可能会从其在印尼的油田私下向中国供应石油。这样一来，壳牌石油公司和英国政府都将会受到美国政府指责。

然而，英国燃料和动力部与壳牌公司都反对把印尼纳入对华石油禁运的范畴，认为不应让印尼认为英国以其拥有特许权的油田对生产地政府的出口目的地进行干预。经过权衡，英国外交部表示，让印尼接受对华石油禁运清单意味着英国需要把石油禁运扩大到更多可能对中国供应石油的国家。实际上，当时主要的石油供应和运输已经被英美石油公司垄断，如果没有英美两国石油公司所拥有的油轮运输，不可能有独立公司可以从印尼

① From Foreign Office to Washington, 9th August, 1950, FO 371/83494/1531/64.
② Memorandum by R. M. K. Slatery, 15th August, 1950, FO 371/83494/1531/69.

向中国运输石油，因而可以忽略印尼对华的石油供应。①经过权衡，英国政府最终放弃将印尼纳入对华石油禁运。

就是否把印尼纳入对华石油禁运国家的争论刚结束，美国又提出应把沥青也纳入禁运清单中，英国政府对此持保留态度。美国之所以关注沥青，是因为壳牌公司是英国石油公司中唯一向中国供应沥青的石油公司。英国认为，沥青包括两种：一种是天然沥青，主要产于特立尼达，但这种天然沥青为美国控制，不可能运输到中国；另一种是普通沥青，是石油产品之一。英国外交部与燃料和动力部认为没有必要将沥青纳入禁运清单 I 中，因为石油产品已经在禁运清单中；如果需要，可以在后续修正或是增加禁运物资清单。壳牌公司也不同意美国的建议，壳牌石油公司表示，从 1950 年 1 月 1 日开始该公司就没再直接向中国内地供应沥青，只是供应给香港 11 吨，但是不排除供应香港的沥青中有一部分可能会流向中国内地，但这些沥青的供应是在朝鲜战争爆发之前。壳牌公司也询问过在香港的分公司代表，证实没有船舶运输沥青前往中国内地。壳牌石油公司反对将沥青纳入禁运清单中的一个重要原因，是壳牌公司在这一时期还向芬兰供应了约 130 吨沥青，而芬兰是苏联主导下"铁幕"集团中的国家之一。② 壳牌公司担心，如果对沥青实施禁运，其对芬兰的沥青供应合同会中途夭折。

虽然英国政府将中国香港、新加坡、沙捞越、北婆罗洲、文莱等纳入对中国内地、朝鲜实行禁运控制的名单，但是这些地区还没有对苏联和东欧国家实施禁运，英国外交部担心禁运物资有可能从这些地区运往符拉迪沃斯托克，进而运往朝鲜的罗津港。英国殖民地部认为，上述地区与东欧国家之间的贸易往来很少，让这些地区也对苏联及其东欧卫星国实施禁运可能会影响这些地区的经济稳定。就这些地区的物资运输问题，可以采取修正和增加禁运物资清单条目的办法，或者建议美国加强对朝鲜北部海域的巡逻，密切关注朝鲜罗津港的船舶进出情况。③

---

① From Foreign Office to Washington, 21st August, 1950, FO 371/83494/1531/69.

② Ibid.

③ Foreign Office Minutes, 3rd August, 1950, FO 371/83494/1531/69.

虽然英美两国就对华实施石油禁运问题达成一致，可两国对彼此的石油禁运实施效果都心存芥蒂。在石油产品禁运清单出来之前，美国国务院就多次询问英国外交部，是否能够在香港做到严格的对中国内地石油禁运。朝鲜战争爆发后，虽然英国政府决定对中国实行石油禁运，但是壳牌石油公司还是于 7 月份向中国南方地区供应了约 3400 吨燃油。[①] 美国政府对此表示颇为不满，即使壳牌公司表示中国政府将这批燃油用于战争的可能性很小。反之，英国政府也密切关注着美国对中国的石油出口情况。对中国实施石油禁运后，美国德士古石油公司在香港的分公司想继续对台湾地区供应石油，但是港英政府以英国海军部已统一对所有在香港的石油及石油产品予以管制为由，没有发给其出口许可证。英国认为，对中国实行石油禁运，台湾地区也应该在禁运范围内，况且国民党正在对中国大陆实行海上封锁，中断了英国对华航运贸易，这也让英国无法释怀。英国外交部还获得消息，正有拉美地区的石油通过间接渠道流向中国，美国国务院对此事也非常谨慎。经过调查，美国政府坚持认为这种可能性是不存在的，表示美国对拉美地区的石油产品出口实行严格出口许可制度，包括航空汽油、航空润滑油、车用汽油、所有高标号润滑油、柴油、燃油、原油等。美国政府还说明，从 1950 年 6 月底开始，美国可以确保这些地区的石油产品不会供应中国和朝鲜，也确保不会供应给第三国，从而出现从第三国流向中国和朝鲜的可能性。[②]

紧接着，燃料和动力部向外交部报告，一艘油轮"圣何塞号"（San Jose）于 8 月 6 日，从日本神户前往天津。船上装有 2205 桶机油、2662 桶车用汽油、2325 桶轴润滑油和 7192 桶其他燃油。4 天后，又有油轮"切波号"（Chepo）由神户前往天津。该船载有 592 桶车轴油、2947 桶润滑油和 3539 桶其他燃油。"圣何塞号"和"切波号"油轮都悬挂巴拿马旗帜，船

---

① Foreign Office Minutes, 20th July, 1950, FO 371/83493/1531/43.

② "Rumours of U.S. Petroleum Reaching Communist China through Indirect Channels, Especially by Way of Latin America," From Washington to Hong Kong, 8th August, 1950, FO 371/83494/1531/72.

舶所属公司是一家中国公司，英国政府对此表示不满。① 美国对日本实行严格的贸易出口许可制度，居然还有如此大量的石油产品由日本运往中国！英国为了执行严格的石油禁运，不仅对香港的所有石油储备进行管制，还将新加坡、沙捞越、北婆罗洲、文莱等地区也纳入对中国内地和朝鲜的禁运地区行列，但是美国控制下的日本却在向中国供应石油，这对英国石油公司是不公平的，美国不应在英国对华石油供应问题上横加指责。再者，日本向中国供应石油产品，如果这批石油产品经中国流向朝鲜，对朝鲜局势会产生一定影响，美国又该如何回应先前美国媒体指责英国石油公司要为牺牲在朝鲜战场的美国士兵负责的言论？美国对此仅表示会作出调查，许诺不会再有日本的石油运往中国。②

　　1950 年 7 月以后，在英美就对华石油禁运问题达成一致后，壳牌、美孚和德士古三家石油公司基本停止对华石油供应。随着朝鲜战争的发展，美国不断强化对华禁运政策。1951 年 6 月，在美国的压力下，英国进一步提高对中国的贸易管制程度，在石油产品相关领域，英国把原油、各种精炼油、石脑油、矿油精、各种石油溶剂、4 加仑以上的储油设备和石油运输设备、石油精炼和钻探设备都纳入对华禁运物资清单中。③ 1952 年 8 月，美、英、法、加、日五国在华盛顿召开会议。这次会议通过两项决定，一个是日本正式加入"巴统"组织，另一个是设立"巴统"在亚洲的分支机构——"中国委员会"。9 月，"中国委员会"制定了贸易禁运清单，清单共包括 295 种物资。这其中既包括了原"巴统"禁运清单中的部分物资，还有 200 余种根本不属于"巴统"贸易管制对象的物资。换言之，相比较对苏联、东欧国家的贸易禁运水平，英美对中国的禁运政策要严苛许多。

---

　　① From Ministry of Fuel and Power to Foreign Office, 7th September, 1950, FO 371/83494/1531/77.

　　② Memorandum, September 13, *FRUS*, 1950, East Asia and the Pacific, Vol. 6, pp. 660-662.

　　③ "Items Subject to Embargo for China," *Board of Trade Journal*, No. 2844, 23 June, 1951, pp. 1321-1322，转引自崔丕：《美国的冷战战略与巴黎统筹委员会、中国委员会（1945—1994）》，第 299 页。

小　结

近代以来，英美等外国石油公司先后进入中国，不断扩大在华石油贸易活动。其中，英荷壳牌石油公司、美国美孚、德士古石油公司三大石油公司尤为明显。这三大石油公司凭借在中国的贸易和税收等特权逐渐垄断了中国的石油供应与销售，这种局面一直持续到新中国成立前夕。1949年年初，面对中国解放战争局势日趋明朗的局面，英国不断调整对华政策以维护在华商业利益，其中就包括英国对华石油贸易利益。然而，英国维护在华石油贸易利益的目标又受到美苏冷战对峙、美国对华政策变化和对华贸易禁运的影响。从1949年年初开始，英国政府就一直积极采取措施与解放区建立石油贸易联系，向东北、华北和华南等地区供应原油及石油产品，这不仅是为了避免因中国局势变化影响英国在中国的石油贸易利益，也是为了与美国德士古、美孚等石油公司争夺新中国的石油市场份额。随着美国对中国贸易禁运倾向不断加强，英国政府和英国石油公司为维护在中国的石油贸易利益，一直不愿意对中国的石油供应采取严格的管制措施，英美之间分歧不断加深。朝鲜战争爆发后，在美国的压力之下，英国不得已对中国采取石油禁运政策，但是英美两国以及各自的石油公司就对华石油禁运问题的分歧依然存在，对彼此的石油禁运效果也互相猜忌，这也成为20世纪50年代中期英国率先突破美国对华禁运的一个重要原因。

朝鲜战争爆发后，面对英美对华石油禁运，中国实行了反制措施，一方面，中国要求壳牌、美孚和德士古等石油公司按照先前达成的石油供应合同，继续对中国供应石油。中国政府在多次催促无果后，不得已接收了外国石油公司在天津、上海和武汉等地的库存原油及石油产品。如上海市军管会要求在上海的多家外国石油公司，包括壳牌石油公司、德士古石油公司、美孚石油公司在内，移交其在上海的库存石油给上海中国石油公司。这些库存包含约3700吨中等柴油、5800吨燃油、4000吨轻柴油、

1400 吨车用汽油、1700 吨航空汽油、680 吨煤油和润滑油。① 另一方面，为了解决英美等国石油公司对中国实行石油禁运造成的严重困难，中国政府转向苏联以获取经济发展和工业生产所需原油和石油产品。20 世纪 50 年代，中国进口石油总量约为 1460 万吨，其中大部分来自苏联。② 此外，在苏联的援助下，中国在新疆建立了中苏石油股份有限公司，推动了新疆的石油冶炼与勘探；③ 创办石油技工学校，培养了大批石油工人和技术人才。这在一定程度上也造成中国对苏联石油供应的依赖。中苏关系恶化后，苏联对华石油出口贸易急转直下，中国出现石油供应紧缺局面。为此，中国加快发展自己的石油勘探、冶炼工业。20 世纪 50 年代后期至 60 年代，克拉玛依油田、大庆油田相继勘探开发成功，中国初步实现了石油的自给自足，这不仅改变了中国石油工业的落后面貌，奠定了中国石油工业发展的坚实基础，也进一步推动了中国工业化的发展。

---

① From Shanghai to Foreign Office, 24th July, 1950, FO 371/83493/1531/49.

② 沈觉人主编《当代中国对外贸易（下）》，当代中国出版社，2009，第 96 页。

③ 吴泉成：《论 1949—1950 年中苏关系中的新疆问题》，《党史研究与教学》2011 年第 3 期。

第七章 1950 年英国与海上越境事件

1949 年 10 月，中华人民共和国成立，近代以来中国人民饱受帝国主义侵略和压迫的时代一去不复返。但是，中国人民解放军解放全国的进程并没有结束。1950 年 5—8 月，中国人民解放军发起解放广东万山群岛的战役。国民党海军总司令桂永清在广东万山群岛集中部分国民党残余海军，企图控制进出香港、澳门的主要航线，封锁珠江入海口，阻挠中国人民解放军解放万山群岛。万山群岛临近香港，群岛附近海域和空域是英国船只和飞机进出香港的必经之路。在万山群岛战役期间，英国军舰和军机依然沿用在国民党政府时期形成的特权，无视中国人民解放军事先发出的安全警告，继续经过这些海域和空域进出香港。在中国人民解放军解放万山群岛战役即将结束时，发生了英国军舰和飞机进出香港时跨越中国内地海域和空域的越境事件。

事件发生后，英国政府试图向中国政府提出抗议，还试图进行武装护航。中国政府坚持中国主权不容侵犯，严正抗议和谴责英国军舰和飞机侵犯中国主权的行径。然而，因为此时正值朝鲜战争爆发，东亚骤然紧张和复杂的局势以及中英双方都有维护香港的稳定和经济发展的初衷，中英两国政府始终保持了克制和冷静的态度，这有助于事件的和平解决。英国曾一度表现出昔日对华炮舰外交思维，还提出无害通过权。但是，因受自身实力所限并且英国政府并没有找到可以对中国采取强硬态度的国际法理依据，加之朝鲜战争爆发后，在美国不断的政治压力下，英国不得已对中国实施全面贸易禁运，已经引起中国政府的强烈不满，英国不愿在该事件上再引起中国政府强烈反应，遂改变先前的强硬态度。正是中国政府"保持边界平静"政策和沉稳的处理事件的态度，使得虽然在这一时期发生多次英方越境事件，但这些事件都并没有进一步恶化，即使在美英对华实施贸易禁运之后，香港仍然在很大程度上保持了稳定和经济的发展。

第一节　海上越境事件的发生及中英双方的反应

1950 年 5 月初，海南解放后，国民党海军总司令桂永清在万山群岛集中部分国民党残余海军，企图控制进出香港、澳门的主要航线，封锁珠江入海口，阻止中国人民解放军解放万山群岛。万山群岛位于广东省珠江口外，在香港与澳门之间，地理位置险要，是扼守广州的战略要地。万山群岛总计有近 50 个岛屿，主要岛屿有垃圾尾岛（今桂山岛）、外伶仃岛、三门岛、大小万山岛、担杆列岛和佳蓬列岛等多个岛屿。1950 年 5—8 月，中国人民解放军发起解放广东省万山群岛的战役，经过与国民党军队三个月的苦战，不仅解放万山群岛，也打破了国民党海军对珠江口的海上封锁。中国政府对万山群岛及其附近海域、空域宣告主权，这对于巩固华南的海防、保证海上渔业生产和交通运输的安全具有重要意义。在解放万山群岛战役期间，出于与国民党军队作战和维护中国海权的需要，广东省政府临时关闭了香港附近属于中国内地的相关水域，称外国船只没有获得许可，不得在这些水域航行。8 月 14 日，广东省人民政府主席兼广东军区司令员叶剑英重申，将对所有外国船只（包括军舰）和飞机进出或是飞越中国领土、领水和领空予以警告，外国船只和飞机只有提前获得中国政府许可，方能进入中国领海和领空。然而，英方船只和飞机却无视中国方面的声明，依然按照先前在国民党政府时期获得的航海和航空特权，继续沿万山群岛附近的中国内地海域和空域进出香港。于是，在人民解放军解放万山群岛战役期间，发生了英国船只和飞机，包括军舰和英国皇家空军多次进入中国内地海域和空域的越境事件，"和睦号事件"就是其中之一。

8 月 17 日，英国巡洋舰"和睦号"在伶仃岛附近，进入中国内地海域细担岛水道时，附近岛上的中国人民解放军守卫部队当即发出警告，"和睦号"予以还击。[1] 8 月 24 日，在调查清楚事件后，叶剑英对英国方面一再越境事件发表强烈抗议，声明："兹接获我国海防部队报告：'八月十七日晨有英舰一艘，来自万山群岛之佳逢岛（原文如此，今名佳蓬岛）方面，经我伶仃担捍岛（原文如此，应为担杆岛）间海峡突侵入我之领海范围。我岛上人民解放军防卫部队当即发出警告。讵该英舰竟向我军发炮二十余发，弹片直落入我驻守防地。该舰并于驶返港境后，又连续发炮二发向我军轰击。'本人接获关于英舰此种侵犯我国领海事件之报告，已不止一次。"在声明中，叶剑英还说道，7 月 6 日，英国空军在深圳上空进行了空中侦察。8 月 2—6 日，英国空军先后飞越万山群岛及附近岛屿进行侦察。上述事件均系英方的军舰、飞机及英军越界侵犯中华人民共和国领土、领海、领空的非法行为，中华人民共和国的领土主权是神圣不可侵犯的，中国人民是不容许任何帝国主义者的挑衅行为的。[2]

　　面对英方海上越境事件以及叶剑英发表声明，英国方面开始对此事进行调查，并表示没有收到有关叶剑英所说有关英国空军于 8 月 2—6 日飞越中国领土的报告，也没有收到有关军舰遭到炮击的报告。英国外交部就此事有自己的考虑，"一方面是不愿讨论香港周边海域是中国领海的问题，另一方面可以确定的是，英国空军在 8 月 2 日进入中国领空。因此，如果要详细答复中国政府，意味着英国就要承认'挑衅行为'。如果不承认中国政府在一定情况下有权关闭中国水域，英方就不能深入了解合法权利和可能的错误（结果可想而知，英国商船每次进出香港，将不得不向中国政府提出申请）"。由于急需了解中国政府对此事件的态度，英国外交部询问英国驻中国代办胡阶森。胡阶森答复，《光明日报》就此事件表态："英方此时越界，侵犯我国主权，也是英国工党的政策。很明显，是为了配合美国在东方的侵略行为。在英国参与朝鲜战争后，英国这么做，绝不是偶然，我们不能忽视严重性，而且中国人民不能接受任何帝国主义的挑衅行为。"要求英国陆、海、空军力量尊重中国主权，不要再发生侵犯中国主

---

① Foreign Office Minutes, 25th September, 1950, FO 371/83329/FC1052/30.

② 《香港英国当局的挑衅行为》，《光明日报》1950 年 8 月 25 日第 1 版。Sir Hutchison to Sir Trench, 25th August, 1950, FO371/83328/FC1052/3, p. 14.

权的事件。叶剑英重申，外国船只和飞机只有得到许可，方能进入中国水域和领空，否则要为其行为负责。①

中国对英方越境事件反应如此强烈，原因主要有：首先，包括英国军舰和空军在内的英国船舶和飞机进出香港时经过中国内地海域和空域的事实毋庸置疑。其次，中方的抗议主要集中在英方军事力量的越境上，如英国空军、海军飞机船只越境，英国"和睦号"巡洋舰就是其中之一，并未提及英国商船和民航飞机。这说明中国政府并不反对香港正常的航运船只和民航飞机需要经过中国内地海域和空域的惯例，也反映了中国政府维护香港社会稳定和经济发展的意愿。最后，越境事件集中发生在中国人民解放军与国民党军队作战期间。出于安全考虑，中方已经公开声明，要求所有外国船舶、飞机必须得到中方许可后才能进入中国内地海域和空域，但是英方并没有遵守，尤其是英国军舰和军机。英国军事力量入境，侵犯中国主权，这是中国政府坚决不能容忍的。

叶剑英和《光明日报》对英国飞机和船只越境事件反应强烈，而英国驻中国代办胡阶森也把中方对英方越境事件的严正抗议报告给英国外交部，而港英当局也意识到问题的严重性。8月28日，葛量洪与远东陆军司令部就此事件进行协商，并向殖民大臣汇总近期一系列的越境情形，如"英国船舶在经过南丫岛、伶仃岛和大屿山等岛屿附近的中国海域时，会遭遇附近岛屿上中国守卫部队的警告"。葛量洪表示，"进出香港所有的航道都受到威胁，香港西面和南面的航道可能会被中国军队封锁。如果我们继续对这些警告持消极态度，形势将是危险的，也就等于我们就放弃了香港应该使用航道的正常权利。如果我们允许这种形势继续，将会有更多的困难，也意味着鼓励共产党更多地挑衅。近日叶剑英的声明，意味着中国共产党可能会继续干扰进出香港的英国船舶。从胡阶森发回的信息推测，北京政府（指中国政府）不会立刻采取行动，外交部考虑采取措施以防卫香港尚有时间。同时，鉴于此时中国正准备解放台湾，中国可能会声明，

---

① From Peking to Foreign Office, 25th August, 1950, FO 371/83328/FC1052/3.

不允许英国飞机和船舶靠近中方的岛屿"。①

葛量洪和远东陆军司令部向殖民大臣建议，英国应该采取强硬的政策，有必要采取强有力的行动。如果在"合法"的情况下，船舶或飞机进出香港的正常航线，即使在毗邻香港的中国内地海域、空域内，倘若受到附近中国所属岛上守岛部队的警告，英军有权采取有效的方式予以回击。葛量洪还建议，在香港附近航道建立军舰武装巡逻制度，授权英国军舰对中国岛屿上的守岛部队进行武力回击。此外，他还认为在采用强硬政策之前，英国政府应该对中国政府予以警告。② 早在1949年年初，中国人民解放战争迅速发展之时，葛量洪曾建议英国殖民大臣和外交部增加在香港军事力量。广州解放后，人民解放军并未显示出进一步接收香港的政策，英国方面也撤回部分军事力量，这使得葛量洪一直耿耿于怀。现在葛量洪再借英方越境事件发难，并有意将事件严重化，意在向英国政府施加压力，迫使英国政府重新考虑香港的"安全问题"。

葛量洪不仅向殖民大臣提交了报告，还向海军部和远东舰队表示，如果他给殖民大臣的建议得到批准，英国政府应该向中国政府作出声明，香港将恢复使用原先正常的进出香港的西线航道。葛量洪认为，中国关闭内地海域以停止进出香港的正常航线不符合先前的惯例，并称英国方面有权使用以下航道：蓝塘海峡、西博寮海峡、大屿海峡和细担岛水道。同时，英国有必要派出军舰在水道附近进行巡逻，若沿岸岛屿上的中国守岛部队进行炮击，英国军舰将予以回击。③ 此外，1949年6月国民党对上海实施封锁时，就发生过国民党空军轰炸英国太古轮船公司商船的"安契塞斯号事件"。事件发生后，英国政府内部一部分人就主张对进出上海港的英国商船进行武装护航，但因种种原因而不得已放弃。现在葛量洪再次提出武装护航，又是在朝鲜战争爆发后和中国人民解放军解放万山群岛之际，况且葛量洪未经英国政府和殖民大臣同意，就向海军部和远东舰队提出该建议，不排除其有扩大事件影响和引起英国政府注意的想法，这也是英国对

---

① From Hong Kong to London, 28th August, 1950, FO 371/83328/FC1052/4.

② From Hong Kong to London, 28th August, 1950, FO 371/83328/FC1052/4.

③ From Hong Kong to Singapore, 30th August, 1950, FO 371/83328/FC1052/4.

华炮舰外交思维在作祟。

中国广东省桂山岛与港英政府的驻地大屿山之间是大屿海峡，港英政府所属西博寮海峡向南延伸就进入中国内地的外伶仃岛附近海域和担杆列岛北面的担杆水道，以及佳蓬列岛、万山群岛和担杆列岛中间的担杆列岛西南末端细担岛附近的细担岛水道，这些水道与香港的西博寮海峡、大屿海峡相连，是英国商船和军舰进出香港的西线、南线和西南线水道与空中航线的必经之路，也是英国军舰和飞机发生越境事件最为集中的区域，"和睦号事件"亦发生在此区域内。由于这些水道是香港航运的重要通道，对香港航运贸易至关重要，加之美国正向英国不断施加压力，要求在香港实施对中国内地贸易禁运，此外，国民党海军已经对上海及附近沿海港口实施海上封锁，造成香港与上海的航运贸易近乎中断，所以，英国非常重视海上越境事件。朝鲜战争爆发后，虽然英国决定出兵朝鲜，但这不意味着英国完全赞同美国对战争的政策。① 由于英国无法确定中方对包括"和睦号事件"在内的英方越境事件的严正抗议，是否是中国就英国对华贸易禁运问题和英国在朝鲜战争问题上的态度的强烈反应，所以英国对海上越境事件高度关注。在此之后，英国方面主要关注大屿海峡、担杆水道和细担岛水道的通行问题。

虽然葛量洪的态度很强硬，但英国政府的态度相对谨慎。一方面，中英双方建交谈判陷入僵局后，虽然中国政府只承认胡阶森的建交谈判代表的身份，但在事实上允许其享受一定的外交特权和礼遇，而且胡阶森可以就英国在华的各种事宜与中国外交部沟通。② 这也是英国保持与中国沟通的重要渠道。另一方面，朝鲜战争爆发之初，英国对朝鲜战争的政策虽然并没有导致中英关系恶化，但是在美国的压力之下，英国同意对中国实行经济封锁和贸易禁运。此时发生英方越境事件，又关乎进出香港的必经水道和航线，使英国政府颇感不安。③ 考虑到胡阶森并不知晓越境事件的详情，英国外交部又把事件的相关细节告知胡阶森，如 7 月 27 日，英国巡逻

---

① 赵学功：《朝鲜战争与英美关系》，《史学集刊》2004 年第 2 期，第 48 页。

② *DBPO*, Series I, Volume Ⅷ, Britain and China, 1945-1950, pp. 444-446.

③ From Foreign Office to Peking, 6th September, 1950, FO 371/83328/FC1052/5.

人员越境进入中国内地辖区，后被中方守卫部队暂扣，进行批评教育后放回。中方也认为，英方巡逻人员越境属于偶然事件，但要求对方严格要求相关人员。8月2日，有4架英国皇家空军喷火式战斗机飞越中国内地空域，受到中方警告。[①]

鉴于朝鲜战争爆发以及中英建交谈判陷入僵局，胡阶森表示，"英国政府采取强硬态度是不合理和非常不友好的，必定会招致中国政府的强烈不满"。就朝鲜局势，胡阶森表示，"如果可能的话，中国政府原本打算避免卷入冲突。中国政府对英方越境事件的反应也非常温和，此时中国的主要媒体对英国在联合国的活动以及跟随美国参加朝鲜战争的活动几乎没有提及。此外，炮击的次数并不能说明中国方面有意在进行挑衅"。胡阶森进一步强调，"葛量洪的建议带有明显的战略性和直接针对中国的意味，如果不是通过正常的外交关系，英国不可能向与英国只是建立了表面友好关系的中国政府提出建议，而且该建议也不能在实际上起到维护英国航运贸易利益的作用"。胡阶森也不同意葛量洪提出的对中国守岛部队予以武力回击的建议。胡阶森认为，"英国没有理由要求削弱香港附近中国岛屿的防御，而且这些岛屿本身是公认的中国领土，所以中方对这些岛屿的防御有其战略需要"。对于葛量洪的要求，胡阶森认为不会有哪怕是轻微的机会得到满足。所以，葛量洪的建议不仅是无效的，而且可能违背了国际法的相关规定。[②]

为了解决进出香港的航道问题，胡阶森向英国外交部建议："英国是否可以与中方达成一项协定，即英国船舶在不受附近中国岛屿上守岛部队警告的情况下可以进出香港，中国对其领海的控制权应得到正当的尊重。"关于达成协定的问题，胡阶森还提出两个途径供英国外交部参考，一个是，香港政府或者是英国轮船公司在广州的代表通过私人渠道，与广东省政府进行非正式谈判，这可能是目前最为便捷的途径；另一个是，由胡阶森本人与中国外交部讨论该问题。胡阶森之所以提出与中国外交部协商该

---

①　From Foreign Office to Peking, 6th September, 1950, FO 371/83328/FC1052/5.

②　From Peking to Foreign Office, 1st September, 1950, FO 371/83328/FC1052/6.

事件，是因为在胡阶森看来，"中央政府会比广东省政府更加冷静，而且与中央政府达成的协议将比与广东省达成的协议更具说服力"。但是，胡阶森也表示后一个途径略有困难，因为其对香港问题熟悉程度不够并且在航海和地形水域等领域缺乏专业知识，需要完全了解所有的法律和技术方面的问题有困难。更重要的是，胡阶森认为后一途径也有现实困难，即若中国中央政府同意就此事与英国方面协商，此举可能会被认为等同于中英双方建立了外交关系。① 从胡阶森的建议来看，其态度比葛量洪更显谨慎。在此事件上，他更多考虑的是现实局势，以及中国政府的态度，不愿采取葛量洪所提出的强硬政策，他希望通过以与中国政府协商的方式解决越境事件，实现香港航运通道的正常通行，以利于推进中英双方关系。

第二节　英国对海上越境事件的政策

鉴于朝鲜战争的爆发、英美对华实施贸易禁运的复杂局势以及无法具体了解事件的过程，在明确中国政府在该事件上的严正表态后，综合葛量洪、胡阶森的意见后，经过内部研究，英国外交部认为："从法律的角度讲，香港在航运问题上处于有利地位，除援引香港引用的相关原则之外，根据之前惯例，英国船舶在邻近中国水域享有无害通过的权利。但是，英国飞机飞越中国领空不符合无害通过的情形。"英国外交部表示，中英两国政府都是1944年签订《国际民用航空公约》的缔约国，根据该公约第五条，缔约各国同意其他缔约国的一切不从事定期国际航班飞行的航空器，在遵守本公约规定的条件下，不需要事先获准，有权飞入或飞经其领土而不降停。第九条关于限制和禁止飞行的权力规定，缔约各国由于军事需要或公共安全的理由，可以一律限制或禁止其他国家航空器在其领土内的某些地区上空飞行，但对该领土所属国从事定期国际航班飞行的航空器和其他缔约国从事同样飞行的航空器，在这一点上不得有所区别。但是这

---

① From Peking to Foreign Office, 1st September, 1950, FO 371/83328/FC1052/6.

项权利不适用于国家飞行器（其中包括军用飞机）。^① 出于国家安全、海关等因素的考虑，一国政府可以拒绝或限制外国飞机进入其领土、领海、领空，但必须以合理的方式行使这一权利，如应该向船只和飞机的所属国发出通知；只有在严重的紧急情况下，才有理由向未能遵守限制或禁令的船只发出警告。然而，出于实际形势的考虑，英国不能承认中国政府关闭临近香港的中国内地海域的权利。因此，外交部认为，英国应该就航运问题与中国政府进行交涉。^②

　　需要注意的是，由于中方的强烈反应和东亚局势的骤然紧张，无论是葛量洪，还是英国国内，都把中方抗议英方军事力量越境，误解为包括军舰和空军在内的所有英国船舶和飞机的越境。英方这种信息误读，不排除受到先前"紫石英号事件"的影响。^③ 英国外交部指示胡阶森，"希望其准备与中国外交部进行协商，并正式提出所有英国船舶（包括军舰——原文如此）进出香港时经过中国内地海域，享有无害通过权"。英国外交部认为，中国中央人民政府并不打算拒绝英国船舶沿用惯例和出于航行需要在进出香港时经过中国内地海域。英国政府也希望经过协商后，中央人民政府能够尽快通知叶剑英，并向香港附近中国岛屿上的守岛军队予以说明，使英国船舶沿正常航线进出香港时不受干扰。为了确保船舶安全，英国将授权英军远东司令部，若英国船只以合法理由进出香港时再次遭到干扰，英军可予以还击。^④

　　至此，英国外交部就海上越境事件正式表明英方的态度，一方面是希

---

　　① 1944 年 12 月在美国芝加哥签订的《国际民用航空公约》1947 年 4 月生效。中国为该公约缔结国。1971 年 2 月 15 日，中华人民共和国正式宣告承认该公约，1974 年 3 月 28 日公约正式对中国生效。中国民用航空总局政策法规司：《国际民用航空条约汇编》，中国民航出版社，2005。

　　② From Foreign Office to Peking, 15th September, 1950, FO 371/83328/FC1052/6.

　　③ 1949 年 4 月南京解放前夕，英国军舰"紫石英号"无视中方警告擅自闯入长江下游前线地区，从而引发与中国人民解放军相互炮击的事件。事件发生后，中英双方都保持了克制的态度，也就此事件进行了谈判，但因双方立场差距较大，谈判几度陷入僵局。"紫石英号"趁夜逃离，僵局得以打破。"紫石英号事件"标志着英国舰炮外交政策在中国的终结，西方国家军舰随意进入中国内河的历史宣告结束。详见陈谦平：《论"紫石英"号事件》，《南京大学学报（哲学·人文·社科）》1998 年第 2 期；王建朗：《衰落期的炮舰与外交——"紫石英"号事件中的一些问题再探讨》，《近代史研究》2001 年第 4 期。

　　④ From Foreign Office to Peking, 15th September, 1950, FO 371/83328/FC1052/6.

望能与中国中央人民政府进行沟通，确保英国船舶（包括英国军舰）按照已经形成的惯例航道经过中国内地海域进出香港；另一方面，英国外交部采纳了葛量洪所提出的意见，即若英国船舶遭到袭击，英国军舰将进行还击，但是葛量洪的武装护航主张未被采纳。此外，英国外交部也首次准备向中国政府提出无害通过权。1965 年生效的《领海与毗连区公约》和1982 年签署的《联合国海洋法公约》均承认无害通过权，并把它确定为一种制度。《联合国海洋法公约》第十七条就无害通过权明确规定："在本公约的限制下，所有的国家，不论为沿海国或内陆国，其船舶均享有无害通过领海的权利。"这是领海中的一项重要制度，是领土主权和领海主权根本区别的关键所在。第十九条也明确说明了无害通过权的意义：通过只要不损害沿海国的和平、良好秩序或安全，就是无害的。如果外国船舶在领海内进行下列任何一种活动，其通过即应视为损害沿海国的和平、良好秩序或安全：对沿海国的主权、领土完整或政治独立进行任何武力威胁或使用武力，或以任何其他违反《联合国宪章》所体现的国际法原则的方式进行武力威胁或使用武力；以任何种类的武器进行任何操练或演习；任何目的在于搜集情报使沿海国的防务或安全受损害的行为；任何目的在于影响沿海国防务或安全的宣传行为；在船上起落或接载任何飞机；在船上发射、降落或接载任何军事装置；违反沿海国海关、财政、移民或卫生的法律和规章，上下任何商品、货币或人员；违反本公约规定的任何故意和严重的污染行为；任何捕鱼活动；进行研究或测量活动；任何目的在于干扰沿海国任何通信系统或任何其他设施或设备的行为；与通过没有直接关系的任何其他活动。[①]

　　然而，需要注意的是，在 1950 年前后，国际上相关的国际海洋法律公约中并没有关于无害通过权的明确规定与说明，只是在 1946 年，英国与阿尔巴尼亚之间发生的科孚海峡案中提到过无害通过权，在当时造成很大的影响。1946 年 5 月，英国两艘巡洋舰通过阿尔巴尼亚与希腊之间的科孚海峡时，英国巡洋舰遭到阿尔巴尼亚军队炮击。英国和阿尔巴尼亚都向对方

———————

[①] 《联合国海洋法公约》，海洋出版社，1992，第 8—9 页。

表示强烈抗议，英国政府提出其军舰享有无害通过权。阿尔巴尼亚则声明，海峡最窄部分是阿尔巴尼亚和希腊的领海。外国军舰或商船在没有得到事先允许的情况下，无权通过该海峡。之后，英国派出巡洋舰以试探和扫雷为名，又两次通过该海峡。科孚海峡案发生后，英国和阿尔巴尼亚都将此事诉诸国际法院。国际法院根据英国巡洋舰三次通过科孚海峡的情形以及发生的不同结果进行了有区别性的裁定。国际法院裁定，前两次英国巡洋舰通过科孚海峡享有无害通过权，第三次英国军舰则不享有无害通过权。①

　　针对英国海上越境事件，英国海军部参考了科孚海峡案，提出自己的意见：首先，虽然到目前为止还没有一部正式的国际法律文本对无害通过权作出明确的说明，但无害通过权是英国的航行原则，也是已经形成的国际惯例。其次，军舰通过海峡的无害通过权，已经在国际法庭裁定科孚海峡案时作出明确裁定。最后，也是最重要的一点，在科孚海峡案中，英国军舰就是在属于领海的海峡上航行，而细担岛水道恰恰是中国领海，这就需要正确地解释"领海是海峡的一部分"的条款的合理性。因此，海军部建议主张，根据国际法庭在科孚海峡案中的裁定，所有船舶，包括军舰在内，按照国际惯例享有无害通过另一个国家水域的权利。②

　　英国远东陆军司令部也就越境事件表示，为了确保英国船舶进出香港时经过中国内地海域的无害通过权，有必要采取除空中行动以外的军事行动，但也强调尽可能在不使用武力的情况下实现该目标，以降低由这些事件引发的重大危机。远东陆军司令部还主张，如果中国政府推迟答复或是给予英国政府令人不满意的答复，而英国政府又需要维护英国的地位和权威，那英国政府就不应该推迟维护权利的行动。因此，英国远东陆军司令部向英国国防部建议：（1）就已经发生的事件，向中国政府表示强烈抗议；（2）向中国政府明确说明，英国船舶享有无害通过中国领海的权力；（3）鉴于目前新中国政府与国民党政府的敌对状态，一方面不主张继续使用细

---

① 详见杨瑛：《科孚海峡案涉及的无害通过权的法律问题分析》，《理论月刊》2018年第8期。

② From Admiralty to Foreign Office, 4th September, 1950, FO 371/83328/FC1052/17.

担岛水道，另一方面建议英国船舶使用远东陆军司令部所建议的进出香港的其他正常航道；（4）发出警告，如果英国的船只仍然遭到干扰，英国军舰将予以还击。

英国国防部在权衡殖民地部、海军部和远东陆军司令部的建议后，表示英国应坚持已经形成的使用中国内地海域的惯例。由于除了绕行路线外，进出香港的主要航道都在附近中国岛屿守岛部队的防御范围内，如果船舶进出香港经过中国内地海域时依然受到干扰，英国军舰可以还击，但必须是防御性的。[①]

由此看出，在海上越境事件中，英国外交部、海军部和远东陆军司令部在无害通过权问题上意见是一致的。在朝鲜战争爆发后，远东局势已经日趋紧张。况且在美国的压力之下，英国政府已经同意对中国内地和朝鲜实施全面禁运，香港亦在美国对中国内地贸易禁运的范围中，而且香港的对外贸易因美国对中国内地禁运已经受到很大程度的影响。此外，中英两国建交谈判也因英国在诸多问题上的消极态度而陷入僵局，所以为了维护香港贸易的正常发展，英国政府不愿采取可能会进一步激怒中国的政策。但是，英国政府也有其自身的利益诉求，英国海军也在"紫石英号事件"中颜面尽失，备受国内反对党的指责。所以，在海上越境事件中，英国主张坚持按照已经形成的惯例，即英国船舶进出香港时享有经过中国内地海域航行的无害通过权，一方面表达了希望与中国政府进行协商的态度，但另一方面也表示保留相应的防御性还击的权利。

就英国政府的表态，中国政府表示强烈抗议，表明维护中国领土和领海主权的严正立场。9月3日，《南方日报》对英国军舰和飞机越境事件发表评论，"近几个月来，英国军事人员、警察，飞机和军舰多次侵犯中国主权，这是中国人民所无法容忍。早在5月8日，中国外交部已经就此一系列事件，向英国政府提出强烈抗议，英政府此举是对中华人民共和国和中国人民不友好和不理性的表现，应停止此类行径。但是，英方没有纠正错误行径的意图。中国政府无法容忍这些恶意行径。正如最近广东省长叶

---

① From Hong Kong to London, 8th September, 1950, FO 371/83328/FC1052/8.

剑英在 8 月 24 日发表的声明所述，英方要对英陆、海、空军侵犯中国主权的行径负全部责任。我们告诫英方，要改变不友好态度，保证不再侵犯中国主权"。① 同日，《解放日报》也发表评论，指责英国政府军事力量通过空中和海上侵犯中国主权。②

9 月 8 日，在获悉外交部、海军部等意见后，葛量洪再次向殖民大臣去电，但是相比较之前的强硬政策，已经有所改变。葛量洪认为："根据国际法，英国船舶在沿海国家的领海航行享有无害通过权。但是在任何时候，都不愿挑战中国的主权。"此外，葛量洪不同意胡阶森所提，即由港英政府或英国轮船公司与广东省政府进行谈判的建议，因为中国政府曾声明，在没有建立官方联系的基础上，外国不可能与中国地方政府接触，所以还得通过外交途径解决该事件，而且之前中英两国之间就建交谈判已经有了谈判的经验。③

9 月 9 日，英国外交部、殖民地部和海军部召开内部会议，商讨英国船舶和飞机越境事件。英国外交部常务次官（Permanent Under Secretary）威廉·斯特朗（William Strang）指出："就中国政府警告皇家空军飞机越境事件，英国政府不愿表示强烈抗议。如果英国政府在没有强有力证据的情况下，抗议英国飞机遭到中国方面的警告，把中国政府警告英国飞机和船舶联系在一起，有可能会破坏英国在中国抗议英国航运方面的立场。"就英国飞机是否有所谓进出香港的惯例航线，威廉·斯特朗要求英国民航部答复该说法是否正确，并要求空军部汇报英国皇家空军在香港附近的飞行活动情况。经过调查后，英国民航部告知外交部，有一条"常规"航线前往香港启德机场，但确实需要飞越中国内地空域。7 月底，在一架法国飞机遭到警告后，港英政府民航部门就发出警告：当飞机靠近香港时，应该避开中国内地空域，绕道只需要 1—2 分钟的时间。同时，民航部也向英国外交部说明，尽管从 3 月份以来，越境事件发生在香港附近，但除发出

① 《警告港英政府》，《南方日报》1950 年 9 月 3 日。From Canton to Foreign Office, 5th September, 1950, FO 371/83328/FC1052/26.

② From Shanghai to Foreign Office, 4th September, 1950, FO 371/83328/FC1052/7.

③ From Hongkong to London, 8th September, 1950, FO 371/83328/FC1052/11.

一次警告外，中国政府并没有干扰任何英国民航飞机进出香港。[①]

此外，威廉·斯特朗还提到，"叶剑英的声明中没有过多涉及英国民用航空器侵犯中国领空的行为"。实际上，虽然上述飞机越境事件开始于3月份，但中国政府于7月底开始允许英国民航飞机飞越中国内地空域前往启德机场。另一方面，由于香港的天气条件，无论是否有意，英国皇家空军的飞机都不可避免会飞越中国内地空域。此外，出于进行空中侦察的需要，英国空军也可能会飞越中国内地空域，但是空军飞机在30000英尺的高空飞行，所以中国方面无法确定是否有外国空军飞机在中国内地上空。所以，威廉·斯特朗向殖民地部和海军部建议说，英国政府无法对叶剑英声明中提到的关于飞机飞越中国内地空域的内容作出回应。如果英国政府只在船舶和民航飞机上对中国方面的声明作出答复，有可能会让中国政府认为，英国在空军飞机越境事件上犯有明显的错误。不仅如此，威廉·斯特朗还认为，如果船舶和飞机循"惯例"航线进出香港再次遭到警告，英国政府很难作出将予以回击的决定；如果中方在飞机越境问题上向英国提出质疑，英国将不得不承认。更重要的是，事实上没有一架英国飞机在"惯例"航线上遭到中方的干扰。因此，威廉·斯特朗建议，在英国与中国政府的沟通中，不要提及任何有关飞机越境的事情。如果之后发生涉及飞机越境的事件，可以根据具体情况来处理。英国民航部门对此也没有异议。殖民地部对威廉·斯特朗关于英国飞机飞越中国内地空域的表态没有明显反对，况且葛量洪、英国殖民地部和海军部主要关注的是进出香港的英国航运。[②]

英国外交部、殖民地部和海军部关注的重点在中国政府对英方海上越境事件的抗议上，不愿提及英国空军飞机越境，也准备在将来与中国政府的协商中忽略关于飞机越境的内容。一方面，叶剑英的声明主要是关于英国海军海上越境的，有关英国飞机越境的内容涉及不多；另一方面，相比

---

① "Watch on British Ships and Aircraft near Hong Kong," Foreign Office, 15th September, 1950, FO 371/83328/FC1052/18.

② "Minute, Watch on British Ships and Aircraft near Hong Kong," Foreign Office Minute, 15th September, 1950, FO 371/83328/FC1052/18.

较英国飞机越境而言，英国船舶进出香港经过中国内地海域的频率更高。对于港英政府而言，香港航运贸易既是香港维持日常生活物资运输的重要通道，更是香港发展对外贸易关系的重要依托。此外，威廉·斯特朗的说明还提到英国空军对中国进行高空侦察，尤其收集有关广东省中国人民解放军活动的情报。若是英国政府将飞机越境和海上越境视为同等重要，有可能会引起中国政府进一步关注英国空军飞机越境，进而会影响英国空军对中国的军事侦察和情报收集。因此，在飞机越境事件上，英国政府有意不提及，将关注焦点放在英国的海上越境事件上。

9 月 16 日，获悉英国外交部的表态后，胡阶森还是保留先前的意见，英国应该坚持无害通过权，也对根据国际法和国际惯例是否就能证明英国不通过谈判的方式，而是借助武力途径或是武力威胁来维护无害通过权的正当性，持怀疑态度。英国政府如果试图回归到炮舰外交政策的话，势必会遭到中国政府和中国人民的强烈反对。此外，胡阶森还是倾向由港英政府与广东省政府进行谈判，"当然首先应该跟中国外交部提出此事，以获得允许广东省政府与港英政府进行协商的法律程序"。更重要的是，在胡阶森看来，虽然中英双方的建交谈判已经陷入僵局，但是因为双方都有维护香港稳定和经济发展的意愿，双方是可以通过协商的方式解决目前关于英国船舶进出香港经过中国内地海域问题的。[①]

9 月 18 日，胡阶森再次向英国外交部提出："解决问题的最佳途径是通过合理与和平的方法。通过和平的沟通，中国政府会遵照国际惯例，允许英国船舶进出香港时使用大屿海峡附近的中国内地水域，如，细担岛水道等。我们可以预先通知中方，如果通知后还没有产生预期的结果，再考虑采取更加强硬的方式抗议。"此外，胡阶森还主张对中国共产党与国民党予以区别对待。国民党对上海实施封锁后，英国商船和物资均遭到国民党空军轰炸，还有多艘英国商船遭到国民党海军的扣押和驱返，所以英国对国民党可以采取强硬政策，如"安契塞斯号事件"发生后，英国方面就表示强烈抗议，不承认国民党封锁的合法性。在胡阶森看来，相比较对国

---

① From Peking to Foreign Office, 16th September, 1950, FO 371/83328/FC1052/14.

民党的态度，英国不能对新中国采取更为敌视的政策。目前，英国对中国的政策目标是谋求建立外交关系，维护英国在华商业利益。虽然中英建交谈判陷入僵局，但是这不能改变英国与中国建交的外交政策的初衷。况且，此时正值英国在联合国就中国的代表权问题进行最后表决的时候，所以目前就此事件对中国的态度不应包括任何关于英国军舰将进行武力还击以确保英国船只安全的内容，而应该在英国就中国在联合国代表权问题表决之后，再就此事件向中国政府提出抗议。①对于进出香港的航道问题，胡阶森又建议，出于英国船舶进出香港的需要，建议在大屿海峡、西博寮海峡和蓝塘海峡三条水道的基础上，恢复使用第四条水道，也就是细担岛水道。可以告知英国船舶在进出香港时，暂时远离其他中国所属岛屿，虽然这可能会给英国船舶正常使用水道造成不便。②

9 月 22 日，英国外交部参考胡阶森的意见后，向胡阶森发出了准备发给中国政府的协商电报草稿。在电报中，英国外交部表示，英国船舶（包括军舰）享有进出香港时使用中国内地海域的无害通过权，也认为中国政府不会拒绝英国船舶进出香港时，正常使用出于航行需要和已经成为惯例要经过的中国内地海域，希望中国政府在收到该通报后，可以通知当地中国守岛部队，确保英国船舶可以沿正常的航线航行，特别是在大屿海峡、西博寮海峡和蓝塘海峡水道不会受到干扰。为确保英国船舶的安全，如果英国船舶在通过中国内地海域时再次遭到干扰，英国政府将授权英军予以回击。③

9 月 27 日，英国外交部向葛量洪说明，要全面和正确地报道一系列海上越境事件，建议葛量洪也可以考虑在香港边境，借助香港警察与中国方面巡逻人员经常接触的情况，通过中方巡逻人员，向广东省政府说明该事件，这可能会产生有益的效果。④这就意味着，英国政府已经在考虑胡阶森的建议，在试图与中国政府沟通的同时，也尝试通过与广东省政府接触，

---

① From Peking to Foreign Office, 18th September, 1950, FO 371/83328/FC1052/16.
② From Peking to Foreign Office, 21st September, 1950, FO 371/83328/FC1052/16.
③ From Foreign Office to Peking, 22nd September, 1950, FO 371/83328/FC1052/16.
④ From Foreign Office to Colonial Office, 10th October, 1950, FO 371/83328/FC1052/27.

尽快解决海上越境事件。在英国政府看来，港英政府如果可以与广东省政府就海上越境事件进行沟通，有可能会取得因比与中央政府沟通更好的结果。9 月 29 日，胡阶森向英国外交部提出申请，由其向中国外交部送交英方的正式书面声明。10 月 11 日，英国外交部回复胡阶森，根据形势的发展，如果胡阶森认为需要向中国外交部送交书面声明，外交部不会反对。[①]

9 月底，受英国英中友好协会邀请，由中华全国总工会副主席刘宁一任代表团长，包括中华全国民主妇女联合会副主席李德全、清华大学教务长周培源等人在内的中国代表团一行 6 人前往伦敦。在欢迎仪式上，刘宁一表示，"中英两国之间能在平等互利及互相尊重领土主权的基础上建立外交关系及贸易关系，乃是中国人民的愿望。我们愿意趁这次集会，向你们说明中国人民对英国政府政策的意见"，同时也强调，"英国政府所实行的外交政策，使中英两国关系的开展中有了障碍；英国政府实际上对新中国是不友好的，因为英国政府直到目前还没有和国民党断绝一切关系"。[②]刘宁一在伦敦的讲话，表明了中国政府的态度，即英国政府想要与中国政府建立外交关系并且进行贸易往来，前提就是应该尊重中国领土主权并与国民党断绝一切关系，以及停止在香港附近中国内地海域进行的不友好活动。这表明中国政府就在香港附近有关英国军舰、飞机的越境事件，以及英国政府就海上越境事件向中国政府抗议的态度，也说明了中国政府在维护中国领空、领海主权方面不会妥协和让步的立场。

第三节 英国对海上越境事件态度的转变及原因

因中国政府在海上越境事件上的严正表态，朝鲜战争爆发后东亚局势日趋紧张，更重要的是，英国政府内部就香港附近中国内地海域是否属于"海峡"的问题上始终未能达成一致，英国对海上越境事件的政策开始发

---

① From Foreign Office to Peking, 11th October, 1950, FO 371/83328/FC1052/27.

② 《刘宁一在伦敦发表讲话》，《光明日报》1950 年 10 月 25 日。

生变化，由原先坚持使用中国内地海域的无害通过权和以武力威胁，转变为建议英国进出香港的船舶暂时避开中国内地海域。

一方面，美国仁川登陆后，朝鲜战争局势发生重大转折。9 月以来，美国飞机多次飞越中朝边境，在中国临江、丹东等地区不断进行空中轰炸，造成大量中国军民伤亡。中国外交部长周恩来就此向美国政府提出强烈抗议，声明美国政府严重侵犯中国主权，如果美国军队跨过三八线，中国政府不会置之不理。10 月 3 日，在美国军队大规模进入朝鲜半岛北部前，周恩来总理召见印度驻华大使潘尼迦，要求其转告美国政府："若美军跨过三八线，侵略朝鲜，我们不会坐视不顾。"这一时期发生了英国海上越境事件，中国政府也明确表达了中国领海主权是不容侵犯的。与此同时，英国政府也在关注朝鲜战争局势的发展。随着朝鲜战争局势的发展，英国政府并不愿看到因美国越过三八线后引起中国政府可能采取的军事行动。英国已经决定对中国内地和朝鲜实施等同于对东欧的战略物资禁运，并把香港和新加坡纳入对华禁运范围。① 但是，美国仍怀疑英国实施禁运的效果，尤其是英国在香港对中国内地的贸易禁运。为防止战略物资经香港流向中国内地，美国准备要求其他西方国家，禁止对香港贸易出口，而这将使香港贸易面临严重的困境。英方担心，此时因英方海上越境再引起中国政府对英国的强烈反应，或是出于国防安全需要，中国政府关闭香港附近的中国内地海域，不允许英国船舶经过。这会对香港的航运贸易造成不利影响。所以，英国政府开始逐渐改变先前的强硬政策。

另一方面，英国军舰和船只进出香港使用的惯例水道，其中万山群岛附近水域是中国领海，事实是毋庸置疑的。1931 年，国民党政府就已经公开宣布中国领海固定在 3 海里，12 海里是海关禁止走私的范围。1934 年，国民党政府通过《中国海关预防法》，重申了出于海关目的 12 海里的范围。1949 年 6 月，国民党出于对上海等港口实施封锁的需要，声明在自己的领海范围内行使主权管辖权，关闭了一些原先对外国船只开放的港口，

---

① "Control of Strategic Export," Colonial Office Minute, 14th September, 1950, FO 371/83369/FC1121/139.

并在 12 海里范围内拒绝外国航运贸易。9 月 5 日，国民党再次声明："出于安全原因或本国相关法律，把领海主权延伸到 12 英里。"新中国成立后，中央人民政府颁布一系列规章制度，规定中国领海宽度为 12 海里。

关于英国船舶进出香港经过的万山群岛附近海域是属于"海峡"，还是仅仅是中国领海，英国政府内部并没有达成一致，而且英国政府里一部分人认为这些海域就是中国领海，这也是英国在海上越境事件上政策发生变化的重要原因。10 月 3 日，英国殖民大臣致电葛量洪，"英国政府就法律方面向中国政府提出抗议遇到了相当大的困难：船舶虽然享有在别国水域的无害通过权，但是，在通常情况下，沿海国家有权限制外国船舶进入其领海，甚至出于安全的原因，有权完全拒绝外国船舶进入"。对于海峡，所有船舶都享有通行权，虽然沿岸国家可以行使一定的控制权，但无权完全封闭航道，这也是科孚海峡案中所涉及的。国际法院在科孚海峡案中表明，"决定性的因素是其连接公海两部分的地理位置，以及它被用于国际航行的事实"，因此有必要厘清船舶进出香港所使用的中国内地海域是否就是科孚海峡案中所定义的"海峡"。但是，西博寮海峡和细担岛水道是否适用于科孚海峡中的"海峡"是值得怀疑的。目前英国政府所关心的是，"从经济和政治的方面，如果英国船舶避开接近西博寮海峡和细担岛水道的话，对香港航运贸易会有什么影响，特别是在海上越境事件之前，英国海军和商船使用这两条水道的频率情况"。同时，殖民大臣还要求葛量洪，在收到英国政府进一步的说明之前，应维持现行政策，包括避免再使用西博寮海峡和细担岛水道。① 不但英国殖民大臣如此劝告葛量洪，而且英国国防部也告诫英国远东陆军司令部，切勿在西博寮海峡和细担岛水道与附近中国岛屿的守卫部队发生直接冲突。②

英国在科孚海峡享有无害通过权的重要原因就是科孚海峡最窄部分是用于国际航行的海峡，而英国船舶进出香港时所经过水域却是中国内地海

---

① From the Secretary of State for the Colonies to Hong Kong, 3rd October, 1950, FO 371/83328/FC1052/29.

② From the Ministry of Defence to Far East Land Forces, 4th October, 1950, FO 371/83328/FC1052/29.

域。在这一点上，英国政府也承认英国船舶在使用现有水道时经过了中国内地海域，这与科孚海峡案的情形有着本质上的不同。虽然船舶享有在别国领海的无害通过权，但是沿海国家有权根据需要限制别国船舶进入其领海。鉴于朝鲜战争局势的变化，英国担心中国政府会以战争形势需要为由，关闭中国领海。如此一来，虽然英国船舶也可以使用其他航道进出香港而不经过中国内地海域，但是这依然会给航运带来很多不便。此外，英国外交部认为，胡阶森坚持等待中国政府就海上越境事件作出答复很有可能会使中国政府认为英国代表的目的是与中国建立外交关系，但英国政府并没有赋予胡阶森这项职责。由于中国政府正在关注朝鲜局势，很可能会延迟答复英方代表请求。在等待中方答复期间，进出香港的英国船舶将不得不继续避开中国内地海域。① 经过权衡后，英国政府告知英国船舶进出香港时，尽量避开中国内地海域。

9月底，英国外交部根据香港的南方、西南方和西方附近的岛屿是中国领土的现状，就英国船只如何避开中国内地海域向港英政府提出建议：(1) 香港的东面是蓝塘海峡，船只可以大量使用此条水道。(2) 英国船只还可以航行经过大屿海峡，然后进入西博寮海峡，尽量避开中国内地海域，这也是澳门与香港之间的常规水道。(3) 香港的西南方向水道，船只可以在蚊尾洲岛的北面航行，水面宽约为800码，不在中国内地海域。但由于此处航道狭窄，船舶观测员是否可以确定经过的船只不会经过中国内地海域还是值得怀疑的。(4) 进出香港的东南航道，要经过细担岛水道。若是不经过中国内地海域，此水道就无法使用。② 英国外交部建议英国船舶进出香港时避开中国内地海域，并不意味着英国政府放弃了先前的主张，即英国船舶享有通过中国内地海域的无害通过权，英国政府还在寻找英国船舶使用这些中国内地海域的国际法律依据。

9月25日，英国外交部官员贝克特（W. E. Beckett）就海上越境事件向皇家司法院首席检察官哈特利·肖克罗斯（Sir Hartley Shawcross）问询。

---

① Foreign Office Minute, 5th September, 1950, FO 371/83329/FC1052/30.

② Ibid.

贝克特表示："尽管与科孚海峡案不同，但是两者有很多相似的地方。现在经过东面水道的船舶都可以避开中国内地海域前往维多利亚港，但是其他船只，特别是从澳门来的船舶这么做需要绕行相当一段距离。不同于东线，船舶前往维多利亚港的任何常规的航线都会经过中国内地岛屿和海域，而这些岛屿在 3 海里的范围以内。在任何情况下，沿岸国家都拥有非常广泛的领海控制权，也有权关闭其领海的某些部分。虽然目前还不确定香港的这种情况是否属于此种情形，但是根据国际法，商船通过别国领海时享有无害通过权，军舰也是如此。"贝克特强调："目前的问题在于，英国船舶和军舰航行经过中国内地海域，是否是长期形成的惯例和实际需要。此外，附近中国岛屿守卫部队警告，英国政府必须强烈反对。如果军舰通过时遭到炮击，军舰将进行还击；或者是英国商船遭到炮击，若有英国军舰在附近，军舰也将予以还击。当然，这并不意味着在事件发生后，英国将进行任何报复行动。这种情形和科孚海峡案有很多相似之处。考虑到将来可能发生的事情，现在需要皇家司法院从法律角度确定英国船舶和军舰是否享有无害通过权，英国船只和军舰遭到炮击后是否有权进行还击。"①

哈特利·肖克罗斯本人并不赞成贝克特的意见。他认为："已经形成常规和便捷的经过他国领海的无害通过权，不是进入其他国家港口的唯一办法（在这种情况下，这与港口是英国的没有什么区别），必定受到国际法的质疑。""就海峡而言，对军舰和商船来说，无害通过权已得到很好的解决，尽管这种权利也受到沿岸国的某种控制。就领海而言，商船也有类似的无害通过权，尽管其实际情形并非绝对，也可能是一种普遍承认的使用权，而且这种通过权也将适用于军舰。但是，无害通过海峡的权利比无害通过领海的权利更有说服力。在后一种情况下，沿岸国家可以在战争时期，或者出于安全原因，禁止外国船只进入其领海。"哈特利·肖克罗斯强调，"在目前的情况下，很难说无害通过领海的权利更大。无疑，如果

---

① From Foreign Office to Royal Courts of Justice, 25th September, 1950, FO 371/83329/FC1052/30.

领海形成了通往港口的唯一途径，那将是不同的，但在香港的情况绝不是这样。所有船只可以从东面的水道到达维多利亚港，虽然或多或少会有不便"。哈特利·肖克罗斯也表示，"在目前的情况下，中国政府有权对英国军舰关闭其领海；在特定情况下，中国政府也有权对商船关闭其领海；目前中国还处在战争时期，中国政府这么做可能是出于安全的考虑。由于事实上英国政府与中国政府之间并没有正式的外交关系，也就没有正式的外交协商途径，而且叶剑英将军已经很明确地说明，船只必须事先获得许可才能通过中国领海，如果不这样做，船只就会遭到警告"。因此，哈特利·肖克罗斯表明，"中国政府有权采取相应的措施，虽然并不等同于绝对关闭相关领海，但是任何军舰和商船都不能要求绝对的通行权。如果英国船舶在公海遭到炮击，船舶有权进行自卫；如果是在英国领海内遭到炮击，则更应如此。如果我们的船舶有权通过中国领海，而这项权利被错误地拒绝或是干涉，我认为正确的做法不是采取武装行动或武力威胁，而是将此事提交联合国安理会"。哈特利·肖克罗斯也援引国际法庭在科孚海峡案中所关注到的，"法院只能把所谓的干预权视为武力政策的表现，如过去曾引起最严重的侵权行为，无论目前国际组织中存在何种不足，武力干预在国际法中找不到依据"。所以，哈特利·肖克罗斯表示，英国外交部提议武力干预政策而忽视其他的和平补救措施是不合理的。[1]

　　贝克特在收到皇家法院首席检察官哈特利·肖克罗斯的回复后，表示需要重新研究英国船舶遭到警告炮击时所处的海域，也进一步说明，科孚海峡案与英国军舰扫雷行动有关。国际法庭关于科孚海峡案的判决已经很明确，如果外国船舶行使通过沿海国家海峡的权利，沿海国家无权关闭海峡，若是沿海国家的沿岸炮兵对经过其海峡的外国船只进行了攻击，那么外国船只就有权还击。也就是说，贝克特坚持认为，类似于科孚海峡案，一旦英国船舶遭到炮击，可以授权英国军舰予以还击。[2] 就贝克特的态度，

---

　　[1]　From Royal Courts of Justice to Foreign Office, 28th September, 1950, FO 371/83329/FC1052/31.

　　[2]　From Foreign Office to Royal Courts of Justice, 28th September, 1950, FO 371/83329/FC1052/31.

哈特利·肖克罗斯认为："从国际法的角度，细担岛水道和佳蓬列岛东南边的南、北水道，和万山群岛与伶仃岛之间的西北面的水道构成一条海峡，是具有争议的。正如国际法庭科孚海峡案中所提到的，海峡决定性的标准是相关水域的地理位置，将公海的两个部分连接起来，并将其用作国际航行的事实。现在有一个事实上的问题，即这两个水道是否构成海峡，需要有更多的相关信息加以确认，而不仅仅是将其视为前往香港的水道。如果有证据表明它们是海峡，那么毫无疑问，若是英国的船舶或军舰被袭击，英国有权还击。"哈特利·肖克罗斯不仅坚持英国应该将此事件提交联合国安理会，而且从法律的角度讲，外交部基于把这两个水道视为海峡而假设的自卫权是错误的。[①]

葛量洪和英国海军部并不认同哈特利·肖克罗斯的意见，认为科孚海峡案处理结果不仅依据了海峡所处的地理位置，还考量了过去的已经形成的国际航海惯例，葛量洪还把近期经过香港附近中国内地海域的船舶通行情况进行了统计，试图从经济或航海的角度证明上述水道是海峡。据统计，每个月约有250艘船进出香港，其中70%，约有175艘船只通过了细担岛水道，约有12%，30艘船只经过了蚊尾洲，另有75艘船只经过其他水道。[②]哈特利·肖克罗斯认为，在科孚海峡案中，1年中的9个月，约有2880艘船经科孚海峡进出科孚港，还有相当数量的船舶只是经过海峡但没有进港。[③]所以，在哈特利·肖克罗斯看来，就船舶使用科孚海峡的频率而言，葛量洪和英国外交部提出的进出香港所经过的中国内地海域是"海峡"并没有很充分的理由。

10月24日，针对香港附近的中国内地海域是否是海峡，胡阶森向英国外交部表示，现在并不能合理地将这些经过中国内地海域的水道视为海峡，"出于航海和经济角度，可以考虑使用更便捷的替代路线。就目前远东的国际形势，英国政府应该认识到使用这些水道将受到沿海国家的限

---

①　From Royal Courts of Justice to Foreign Office, 29th September, 1950, FO 371/83329/FC1052/32.

②　From Hong Kong to London, 13th October, 1950, FO 371/83329/FC1052/33.

③　Ibid.

制，即使在担杆列岛西侧的三门岛和南丫岛之间有一条自由航行的水道，但是在现有的形势下使用它也是不明智的"。胡阶森还说道："如果中国政府采取与把美国飞机越境轰炸中国边境事件提交联合国同样的办法，也把英国空军和军舰越境事件提交到联合国，对英国政府则是不利的。"为了避免这种情况的出现，英国政府应该对中国政府采取友好的态度，使中国政府允许英国船舶进出香港时经过中国的内地海域。①

关于进出香港的英国船只经过的中国内地海域是否属于"海峡"的问题，英国皇家法院首席检察官哈特利·肖克罗斯的观点不同于英国外交部、海军部和港英政府，又因为该问题事关向中国政府提出抗议是否具有合法的法律依据，10月23日，英国外交部、海军部、殖民地部再次召开会议，就此问题以及英国政府应该在此事件上采取何种政策进行讨论。外交部表示，从法律层面而言，如果进出香港的水道是中国内地海域而不是"海峡"，那么中国政府就有权关闭其内地海域；相反，如果这些水道如科孚海峡案中所定义的"海峡"，中国政府则无权关闭。海军部和外交部都认为，援引科孚海峡案，这些水道应该被视为"海峡"。此外，外交部还表示，使用这些水道的判定依据取决于英国政府和中国中央人民政府是否接受3海里的领海范围，然而中国中央人民政府是否接受这点明显是值得怀疑的。外交部、海军部和殖民地部也一致同意，尽快拿出能证明这些水道是"海峡"的法律依据，说服首席检察官哈特利·肖克罗斯，以避免其所提出的将问题提交联合国安理会的做法。外交部建议，如果向中国政府提出抗议无效，就向中国政府提交一份报告，阐明英国在该事件上的立场，要求中国政府作出让步。如果这两种途径都没有达到预期的目标，那就重新考虑威胁中国政府将此事件提交联合国安理会。② 但是，殖民地部不同意将该事件提交联合国安理会。一方面，中国政府在联合国的合法席位尚未解决，而且若是将此事提交安理会，将对英国与中国政府建立外交关系造成严重不利影响。另一方面，即使将此事提交联合国安理会，现在

---

① From Peking to Foreign Office, 24th October, 1950, FO 371/83329/FC1052/34.

② Colonial Office Minute, 24th October, 1950, FO 371/83329/FC1052/36.

正值朝鲜战争期间，美国和中国都已经卷入朝鲜战争，国际社会的注意力也都集中在朝鲜半岛，无暇顾及此事。同时，安理会审议此事件也需要时间。此外，将此事提交安理会有可能会促使中国政府采取进一步的行动。这些因素都将影响英国船舶使用进出香港的水道，进而影响香港的航运贸易。所以，殖民地部认为，向中国政府进一步抗议是无效的，应该向中国政府发出声明，警告中国政府避免对进出香港的英国船舶实行进一步干扰，且有必要采取更有力的措施保护进出香港的航运。①

就在英国国内对海上越境事件的政策意见不一时，美国对华贸易禁运也在加紧步伐。11 月中旬，美国国家安全委员会出台 NSC91/1 号文件，明确规定：从 12 月 3 日开始，不论是否在贸易禁运清单中的物资，美国不仅取消对中国内地的出口贸易，还取消对香港和澳门的出口，以防止直接从美国运出的货物被转运到中国内地。② 针对美国强化对华贸易禁运政策，英国表示，香港的生活物资主要来自中国内地，如大米、蔬菜、肉类、家禽、鸡蛋和豆类。香港的大部分贸易是转口贸易，不少香港工业品从中国内地进口，例如纺织品、手电筒电池、生姜、火柴和竹制家具等。美国对香港实施贸易禁运以及香港对中国内地贸易禁运，将会导致香港出现严重的经济困难，甚至会影响香港的社会稳定。③

一方面，美国不断强化对华贸易禁运，特别是在香港实施出口贸易管制，把英国置于两难困境。另一方面，英国外交部、海军部和殖民地部一致认为，需要向中国政府表示抗议，并表示如果英国船只再受到中国方面的干扰，将采取武力还击。但是，在进出香港时经过中国内地海域的水道是否是"海峡"的问题上，虽然英国援引科孚海峡案，认为这些水道属于"海峡"，可是并没有从相关国际法中找到这些本属于中国内地海域的水道是"海峡"的明确依据。最后，英国外交部也不得不承认，不能视三门岛和南丫岛之间的水道，即担杆列岛北侧的担杆水道为海峡。由于中国守卫部队驻扎的岛屿主要在香港的南面和西南面，即大屿海峡南侧中国内地海

① From Colonial Office to Foreign Office, 1st September, 1950, FO 371/83329/FC1052/37.

② *FRUS*, 1950, East Asia and the Pacific, Vol. 6, pp. 671-673.

③ Foreign Office Minute, 4th December, 1950, FO 371/83370/1121/150.

域、担杆水道和细担岛水道，目前使用这条水道是不切实际的。

为了避免海上越境事件再次发生，英国外交部告知葛量洪，进出香港的船只暂时不要使用担杆水道。同时，英国外交部希望胡阶森向中国表明，按照国际惯例，英国船只通过中国内地海域时享有无害通过权；英国对过去发生的中国岛屿守卫部队炮击英国军舰的事件，保留在适当的时候提出抗议的权利，希望中央人民政府向当地部队发出指示，停止袭击进出香港的走常规水道的英国船只。[①] 英国在海上越境事件上的态度变化，表明其自知在法理上的不足并受自身实力所限，以及在朝鲜战争、美国对华实施贸易禁运等因素的影响下，无法实施过去对华的强硬政策，也反映出英国对华传统的炮舰外交政策的思维依然存在。

小　结

英国海上越境事件是继"紫石英号事件"，中华人民共和国成立后中英之间的又一个重要事件。该事件虽然没有"紫石英号事件"影响大，但由于它发生在朝鲜战争爆发后，中国人民解放军与国民党残余部队作战期间，又正值美英不断强化对华贸易禁运之时，对中英关系亦有重要影响。纵观英国海上越境事件，英国在事件中态度的变化反映了英国对华炮舰外交政策虽已终结，但炮舰外交思维仍在作祟。中国在越境事件中则采取了合理斗争的原则，在事件的妥善处理上发挥了至关重要的作用。

事件发生后，中国政府主要对英方军事力量越境提出严正抗议，坚持中国领海主权不容侵犯，同时并没有干扰香港正常的航运贸易，这也体现了中国政府维护香港经济发展和社会稳定的初衷。由于受"紫石英号事件"以及远东局势日益紧张的影响，英方对中方主要抗议英方军事力量的越境，尤其是英国海军的海上越境予以误读，还提出在中国领海享有无害通过权，甚至主张以武力威胁。然而，受中英建交谈判陷入僵局、朝鲜战

---

① From Foreign Office to Peking, 15th December, 1950, FO 371/83328/FC1052/38G.

争爆发等因素的影响，中英双方又保持了审慎的态度。英国虽然主张无害通过权，但没有找到英国船舶经过中国内地海域和武力威胁的相关国际法理依据。同时，美国还不断对英国施加压力，要求英国强化对中国的贸易禁运，不仅要求英国在香港实施对中国内地贸易禁运，而且为了达到禁运效果，美国已经开始强化对香港的贸易管制措施。① 英国担心，强化对中国的经济制裁，不仅会导致香港对外贸易关系破裂，也会使英国在华商业团体不可避免地受到影响。② 如果此时，英国在海上越境事件上坚持强硬态度，中国政府对英国的敌意很有可能会增加；若中国政府因战争和国家安全需要，关闭香港附近的中国内地海域，这对于已经深受美国贸易禁运影响的香港航运贸易而言，无疑是雪上加霜。更重要的是，英国还担心，贸易禁运以及英国在海上越境事件上的强硬态度，会导致香港在贸易方面失去对中国内地的吸引力，进而会影响香港作为贸易中心和东亚转运港口的地位。③ 权衡英国与中国的政治关系、英国在华经济利益以及英国并没有找出相关支持其采取强硬态度的国际法理依据的情况，英国在海上越境事件上转而采取了让步政策。

虽然经历了英国在中英建交谈判、"两航"起义等问题上令中国不满的消极态度，也面临着美英对华实施贸易禁运，但是出于维护香港的社会稳定和经济发展的考虑，中国政府主要抗议英国军事力量越境，并不反对英国商船和民航飞机正常通过中国海域、空域。相反，虽然受美英对华贸易禁运的影响，但海上越境事件发生之后，中国内地与香港的贸易仍保持着缓慢增长。1950年，中国内地向香港出口贸易额达8.58亿港元，从香港进口贸易额达14.161亿港元；1951年，中国内地向香港出口贸易额达8.631亿港元，从香港进口贸易额达16.038亿港元。④ 此外，还有大量民用物资，如马来西亚的橡胶经香港运往中国内地。⑤ 由于中英双方在香港

---

① From Washington to London, 22nd December, 1949, FO 371/75858/19382.

② Foreign Office Minute, 4th December, 1950, FO 371/83370/1121/150.

③ From Colonial Office to Foreign Office, 2nd January, 1951, FO 371/83370/1121/156.

④ Wenguang Shao, *China, Britain and Businessmen: Political and Commercial Relations 1949–1957* (Hong Kong: Macmillan, 1991), p.66.

⑤ From Foreign Office to Washington, 4th December, 1950, FO 371/83370/1121/150.

海上越境事件中都采取了克制的态度，即使在朝鲜战争日趋紧张和东亚动荡不安的周边环境下，该事件并没有被放大。鉴于美国公然派出舰队闯入台湾海峡，香港海上越境事件更使中国政府深刻认识到维护中国领海与海洋主权的重要性，为中国政府在维护领海主权方面提供了宝贵的经验。

第八章　结论

　　1949 年年初，中国革命形势飞速发展，中国共产党领导的人民解放战争进入决定性阶段。面对中国局势的变化，英国开始调整对华政策，提出"门内留一只脚"的政策，希望借助与中国共产党建立起联系，对即将成立的新中国采取主动的外交政策，其主要目的就是维护英国在中国巨大的商业利益。虽然英国对国民党采取放弃政策，但是为了既有政治和经济利益，又试图保持与国民党的联系，因而在新中国成立前夕，英国在对中国共产党和国民党的态度上又表现出骑墙心态。同时，由于英国又不愿改变往日对中国的强权姿态，其对华传统的炮舰外交思维仍在作祟，在"紫石英号""安契塞斯号"和海上越境事件中表现得尤为明显。这一时期，美苏在亚洲的冷战态势逐渐趋向紧张。受此影响，并鉴于中国局势的变化，美国对华政策亦在不断调整与变化，尤其是对新中国实施贸易禁运和遏制政策，此种调整与变化在很大程度上影响着这一时期的英国对华政策。因而，在新中国成立前后，英国为维护在华商业利益而不断调整对华政策的过程中，不可避免地受到上述因素的影响。

第一节　新中国成立前夕的英国对华政策

　　世界反法西斯战争期间，英国对国民党并无好感。1942 年年底至 1943 年年初，为发挥中国战场在世界反法西斯战争中的作用，英美分别与中国签订新约，废除两国在华诸多特权。但是，在中国有着大量商业利益和贸易特权的英国则一直耿耿于怀。面对国民党在抗日战争后期的态度，时任英国驻华大使馆参赞李约瑟认为："国民党代表了几千年来统治中国的官僚绅士阶级的利益，还代表了后来在沿海城市出现的银行买办阶级的利益。"① 抗战胜利后，时任英国驻华大使薛穆对国民党政权的一党独裁彻底失望，认为"中国的财政危机和通货膨胀主要是由国民党的政策所致。国民党政府不断发行纸币，使货币贬值，购买力下降，物价上涨而人民生活水平不断下降"。② 面对国民党挑起内战，英国采取了"中立"政策，不介入国共之间的冲突，但其实质是维持与国民党政府的关系，以利于维护英国在华商业利益。到 1948 年年底，中国人民解放战争不断取得胜利，而国民党则节节败退，并且由于国民党发动内战造成中国经济混乱的局面，务实的英国人不再对国民党抱有希望。11 月下旬，英国驻华代理大使蓝姆再次致电英国外交部时，认为"对待中国目前局势的明智对策是面对现实以待时机，而不是去支持一个苟延残喘的政权或是通过武力在南方建立的政权"。③ 12 月初，英国外交部助理次官德宁明确向外交大臣贝文表示："蒋介石政权已经腐败，面对共产党的军事压力，蒋介石政府即使准备迁往广州，也只能做无效的抵抗。共产党控制整个中国不会需要很长时间，共产党军队即将解放南京和上海。"④ 由于德宁主管英国远东事务，所以其对贝文的对华政策有着很大的影响。贝文主张"门内留一只脚"的政策，认为，"共产党中国的胜利会使马来亚、新加坡、印度支那、印度尼西亚等地区的共产党活动不断增强。由于共产党缺乏经济建设和管理经验，所以共产党不得不与外国发展贸易关系，英国在华有着大量的投资和企业，中国沿海航运和内河航运对英国也有着重要的商业价值"。⑤

面对中国局势的发展以及国民党已经失去支持基础的情况，英国开始考虑调整对华政策以维护英国在华经济利益。12 月 10 日，英国外交部向

---

① "Attacks on the Chinese Government," From Chungking to London, 18th December, 1944, FO 371/41616/5920.

② 李世安：《太平洋战争时期的中英关系》，第 88 页。

③ "Appreciation of the Overall Military Situation in China Area by Area," From Nanking to Foreign Office, 18th November, 1948, FO 371/69542/16258.

④ "Draft Paper on the Present Situation in China," Foreign Office Minute, 4th December, 1948, FO 371/69546/17560.

⑤ "The Implications on British Policy and Interests in the Far East of a Communist Domination of China," Foreign Office Minute, 8th December, 1948, FO 371/69546/17564.

英国内阁提交了第 48 号备忘录，题为"共产党中国的经济缺陷和英国利益的地位"，该报告主要分析中国共产党政权即将面临的经济困难，以及英国与友好国家怎样利用这些困难以达到维护在华利益的目的。英国外交部认为："共产党中国将面临诸多经济困难，在财政方面，共产党中国将面临平衡预算、增加税收、削减开支和重建货币信心的巨大困难，将面临着与现任政府一样的通货膨胀失控的威胁。食品和农业方面：正常情况下，中国每年进口约 100 万吨大米，新政权建立后将面临粮食供应的问题。在工业方面，工业落后是中国经济的重要缺陷，共产党中国想要解决中国工业的缺陷，需要资本、物资以及技术的外国援助，苏联及其卫星国能在多大程度上提供所需物资是值得怀疑的。在交通（包含航运）运输和公共设施方面，由于战争的原因，中国公路和铁路处于中断状态，共产党中国将严重依靠外国航运、海洋航运以及内河航运，而粮食供应问题在很大程度上取决于航运以及航运设施的改善。在工矿业和物资方面，共产党中国的橡胶、石油、化肥等物资将完全依赖外国供应，目前最为紧缺的是钢铁产品。目前英国在中国与世界其他国家的贸易中占据相当大的比例，英国也在中国经营着大量工矿业。1941 年，英国在中国的商业资产和投资已经约为三亿英镑，其中一半以上集中在上海。"[1] 英国外交部的这份备忘录，反映了英国为维护在华经济利益，不仅分析了新中国成立前夕的中国经济状况，还试图利用英国在华经济优势向中国共产党施加压力，谋求维护其在华经济利益。

1949 年 1 月初，英商中华协会副主席米切尔向英国内阁提交了关于"英国在华利益"的备忘录，米切尔强调了目前英国在中国的总体利益，"目前英国在中国的工商业是经过长期努力才得以建立起来，不仅在中国对外贸易中占有很大的比重，而且在中国工业和商业公司中也占有相当大的比例。英国商业团体在中国与世界其他国家的出口贸易中所占的比重超过 50%，英国商人创办的棉纺厂占中国全国纺纱和纺织设备的很大一部分，战前，在中国沿海地区贸易中，英国航运公司约占 75%。在中国对外

---

[1]　Foreign Office Minute, 2nd February 1949, FO 371/75864/F1717.

贸易中，英国海洋航运占据主导地位。英国在中国对外开放口岸中拥有的码头，占到了相当大的比例；英国保险公司在中国商业的再保险业务中占有很大份额，而且在海上航运保险业务中也居于重要地位；英国公司拥有中国唯一已开发的大型煤田 50% 的股份；壳牌石油公司拥有中国 50% 左右的石油勘探设备。目前，所有英国在华商业利益主要集中在上海，约有 80% 的英国投资者和投资也都集中在上海。据英商中华协会估计，目前英商在上海的资产达到 10 亿英镑。除了上海外，英国在天津、汉口等港口有着重要的航运和石油贸易利益；在其他一些港口城市，如福州、厦门、广州、青岛、南京、重庆等地，英国也有大量的港口和工业投资"。① 因此，无论如何，出于政治原因，英国应该尽可能长时间留在中国；从经济角度来看，将英国工业从对于英国商品有着潜在巨大需求的市场相隔绝也是令人遗憾的。英国利益在中国维持更长一段时间的最大希望在于，共产党可能需要英国在公共事业、保险、银行和运输以及工业和商业等方面的持续运作，直到共产党已经有了代替方案。② 英国交通部也认为："目前中国的战争状态，通信的中断，交通设施的破坏，使贸易活动已经降到很低程度。目前中国需要一个稳定的政府，实施有效的管理。"③

上述英国外交部、英国驻华大使、英商中华协会对待中国和英国在华利益的态度还有更深层次的原因。第二次世界大战中，英国遭受重创。所以，英国在战后的主要精力是恢复和发展本国经济，关注美苏在欧洲的冷战对抗。受到自身实力下降的影响，英国在亚洲不断进行战略收缩。但是，这并不等于英国会放弃在这一地区的影响和存在，在马来亚等地的殖民统治对英国至关重要，英国还希望维持其在东南亚英联邦国家中的政治影响力。中国共产党领导的中国革命取得全国胜利和新中国的成立已经不可逆转，中国革命的成功又会影响英国在马来亚等地的殖民统治以及英国在东南亚英联邦国家的地位。为了维护其在马来亚等地的殖民统治和在东

---

① "British Mercantile Interests in China," From China Association to Foreign Office, 12th January 1949, FO 371/75864/F723.

② Foreign Office Minute, 2nd February 1949, FO 371/75864/F1717.

③ From Ministry of Transport to Foreign Office, 10th February 1949, FO 371/75864/F2240.

南亚的政治影响力，以及在华巨大的经济利益，英国主张在外交上采取对中国共产党主动的策略。

1949 年年初，面对中国解放战争的快速推进，英国政府认为中国共产党可能会在南京建立全国性的新政府，因而英国外交部和驻华大使施谛文不顾国民党政权多次就英国大使馆和大使南迁广州的请求，坚持英国驻华大使馆和大使留在南京，以待南京解放后与新政府建立事实上的联系。同时，英国还极力推动美国等西方国家驻华大使馆和大使留在南京的"共同阵线"，其目的就是为了增加与中国共产党的联系和日后对新中国外交承认的筹码，进而达到维护英国在华经济利益的目的，施谛文在向英国外交部建议英国大使馆和其本人留在南京的建议中也明确表示出，其留在南京"也便于处理经济事务和保护在解放区的英国商业利益"。[①]

此外，在"紫石英号事件"和"安契塞斯号事件"中，英国在对待中国共产党和国民党的态度上的差异又表现得尤为明显。"紫石英号事件"发生后，英国外交部不但没有提出抗议，反而采取了审慎的态度。中国共产党坚持不承认国民党政府时期的外交关系，也视外国在华外交人员为普通侨民，使得英国希望借助解决该事件与中国共产党建立事实上联系的企图遭遇挫败。同时，英国在"紫石英号事件"中保持审慎的态度还有一个重要的原因，就是该事件没有直接冲击英国在华商业利益，英国也不希望因该事件而影响英国在华商业利益。对于英国而言，"紫石英号"的趁夜逃离，既使该事件得到解决，又不会因此而影响英国在华经济利益。"安契塞斯号事件"则不同，上海本就是英国在华经济利益最为集中的地方，国民党轰炸英国商船和对上海实施封锁，直接冲击了英国在上海的经济利益，这就与英国调整对华政策的初衷相悖，因而英国在该事件和国民党封锁问题上表现出强硬的态度，也有别于其在"紫石英号事件"中的态度。同时，也正是为了维护在华利益，英国又采取骑墙政策，对国民党予以"道义"上的支持，与国民党政权保持"外交"上的联系，在台湾淡水仍留有"领事馆"。

---

① From Nanking to Foreign Office, 17th February, 1949, FO 371/75795/2543/10118/10.

需要注意的是，英国对华政策的调整和对中国共产党外交上的主动，并不等于英国放弃了往日对华的强权姿态，英国传统的对华炮舰外交思维仍在作祟。在"紫石英号事件"中，英国远东舰队不仅在"紫石英号事件"发生后，分别从上海和南京派出其他 3 艘军舰予以武装救援，英国远东舰队副司令还试图以"紫石英号"为旗舰，强行将该舰带离长江；在"安契塞斯号"和海上越境事件中，英国又一度提出武装护航。但是，"紫石英号"的趁夜逃离，以及英国放弃武装护航的设想又标志着英国炮舰外交政策在中国的终结。中国人民解放战争的胜利和中华人民共和国的成立，又的的确确使英国认识到，需要以新的目光来审视中国共产党，以新的方法来处理它与新中国的关系。

第二节　英国对华政策中的美国因素

1948 年年底至 1949 年年初，面对中国政治局势的发展，美国尚没有明确的对华政策。1949 年 1 月，在美国驻华大使馆是否南迁的问题上，美国国家安全委员会以及杜鲁门都认为司徒雷登应留在南京，以准备和中国共产党接触。1949 年 3 月，美国国家安全委员会通过了 NSC41 号文件，其主要内容是利用"目前共产党与克里姆林宫之间摩擦的萌芽"，以及美国必须动员其政治、经济力量，建立中美之间正常的经济关系。[①]"在对华经济关系方面，美国拥有'对付共产党政权'最有效的武器。"尽管美国与中国的贸易在美国对外贸易中所占份额很小，但是日本与中国的贸易对日本经济恢复和发展却有着重要影响，"日本若不能与中国发展相当规模的贸易往来，就不能恢复自立的基础"。所以，"在具备安全保障的前提下，（美国）允许恢复中国与日本、西方世界之间正常的贸易关系"。[②] 同时，美国还把中国看成对苏联和东欧国家的战略物资转运通道，主张应该对中

---

① 崔丕：《美国的冷战战略与巴黎统筹委员会、中国委员会（1945—1994）》，第 194—195 页。

② *FRUS*，1949，The Far East：China，Vol. 9，p. 827。

国实行贸易出口管制，认为凡是具有"直接军事用途"的物资，都应对中国实行完全禁运；密切关注向中国出口的工业、运输、通信等物资和设备，防止这些物资经中国转运到苏联、东欧和朝鲜；除去直接用于战争的物资外，对华贸易出口管制应比对苏联、东欧国家有所缓和，只对 1A 清单中的部分物资实施完全禁运，1A 清单其余物资和 1B 清单物资则实行出口数量限制。需要注意的是，NSC41 号文件还说明，"如果美国采用经济手段促使中国远离苏联的政策失败，美国应动员所有西方世界的政治和经济力量，对中国进行恐吓和直接威胁"，"尽一切力量阻止中国成为苏联的'附庸'"。① 到朝鲜战争爆发前，美国的对华政策基本是按照该文件在展开。②

这一时期英国为维护其在华利益而不断调整对华政策，美国对华政策的出台不可避免会影响英国的对华政策。同时，美国也根据自身在华利益诉求而不断影响英国的对华政策。面对中国解放战争进程的发展，虽然美国不同意英国对中国共产党采取主动的外交策略，但无论是美国国务院还是大使司徒雷登都想了解中国共产党的意图，甚至谋求影响中国共产党的对外政策，以进一步观察中国事态的发展，所以在大使馆和大使留在南京以及"共同阵线"问题上，美国和英国不谋而合。在"紫石英号事件"问题上，美国并没有卷入其中，也不愿因过多介入而引起中国共产党对美国的敌意，进而影响美国与中国共产党接触的既定政策。南京解放后，随着司徒雷登与黄华接触，美国已经了解到中国共产党的对外政策，黄华表示"中方不承认美国以及其他国家的外交官身份，而且中国共产党会给中国人民带来区别于美英旧式民主的新式民主"。③ 与此同时，美国加紧从中国脱身的进程，司徒雷登的回国，使得英国推动的"共同阵线"瓦解，但这并未改变英国对新中国外交承认的既定政策。

然而，根据美国的 NSC41 号文件，美国对华实施贸易出口管制的政策

---

① *FRUS*, 1949, The Far East: China, Vol. 9, pp. 826-834.

② 徐友珍：《分歧与协调：美英关系中的承认新中国问题（1949—1951 年）》，第 250 页。

③ "The Ambassador in China (Stuart) to the Secretary of State," May 11, *FRUS*, 1949, The Far East: China, Vol. 8, pp. 741-742.

却实实在在地影响了英国对华政策调整的初衷，即维护英国在华商业利益。1949 年 2 月，美国就已经向英国表露出要对中国实施贸易管制的意图。3 月，美国出台 NSC41 号文件，明确了对解放区和即将成立的新中国实施贸易出口管制的政策。但是，英国因为要维护在华商业利益和香港的经济地位，与美国存在相当大的分歧。鉴于美国已经开始酝酿对华贸易出口管制，在中国占有重要地位的英国航运贸易和石油贸易企业，如英国怡和轮船公司、太古轮船公司、壳牌石油公司等加快恢复与解放区的航运贸易和石油贸易的步伐。在与华北解放区贸易联系得到初步恢复和缓慢发展之后，英国轮船公司和石油公司又逐步重新建立了经华北解放区各主要港口，如青岛、天津、秦皇岛等中国港口与朝鲜、日本港口间的转口贸易。英国驻天津、青岛等地的领事馆也不断向英国驻华大使馆和英国在华公司提供华北解放区的经济发展情况的信息，这对恢复英国在华企业与解放区的贸易联系起到了重要作用。

在恢复与华北解放区贸易联系的同时，英国还试图维护和扩大其在长江以南，特别是在上海的航运贸易和石油贸易，继续与苟延残喘的国民党政府进行贸易往来。英国轮船公司试图借国民党撤离、中国人民解放军尚未解放上海之际，乘机扩大在这些地区的贸易利益，如以英国太古轮船公司为代表的英国轮船公司，借助国民党南撤运输大量物资对航运的需求，伺机恢复在长江内河航运贸易的权利。英国壳牌石油公司不仅恢复对华北解放区的石油供应，还允许国民党海军在香港购买燃油，同时维持对台湾地区的石油供应，与美国石油公司在对华石油贸易上既竞争又合作，以维持自身在中国石油市场上的份额。然而，上海解放后，国民党开始对上海等地实施海上封锁，而"安契塞斯号事件"以及国民党的封锁使英美等国在上海的商业利益受损。不同于英国受到的巨大影响，由于"美国在华大多数企业的根基在美国，在中国只是从事'分支'性质的经营"，① 所以国民党封锁对美国在上海的经济利益冲击较小。6 月中旬，美国撤回司徒雷登，开始加快对解放区的贸易出口管制，因而在国民党的封锁问题上采取

---

① 金光耀：《1949—1950 年英国对新中国的承认》，《历史研究》1994 年第 5 期。

默许的态度。不仅如此，美国也在加快与英国协商关于对华实施贸易管制的进程。

6月下旬，美国派出贸易谈判代表前往伦敦，美英双方就对华贸易禁运问题先后进行了两次谈判。①美国主张，在对华贸易控制的问题上，把英国的合作看作寻求其他国家合作的最重要前提。目前，第一，必须视中国为苏联的卫星国；第二，在必要的时候，要限制或禁止中国进口能够增强其战争潜力的物资；第三，在现有清单的基础上，进一步扩大禁运物资范围，以作为与共产党在政治上讨价还价和保护其在华利益的筹码。美国建议，除1A清单物资外，1B清单中有五类共产党目前急需的主要物资，包括矿山设备、电力设备、交通运输设备、钢铁厂设备和石油产品，应列入对华贸易出口管制中；在香港和新加坡实施对中国内地和朝鲜的贸易出口管制，并与美国互换有关贸易管制信息。②虽然美国承认，香港已经有相应的出口管制条例，也因此影响到香港的食物及若干钢铁产品等物资的供应，但考虑到香港作为转运贸易港，现有的管制措施可能比（美国）当时的措施更宽松。因此，首先在香港实施对中国内地贸易管制，然后在其他转运港口也实施贸易出口管制，如澳门、菲律宾等。③美国已经明确表态，对中国内地和香港的贸易出口控制政策不可更改。权衡自身在华利益以及英美特殊关系，英国无奈表示：（1）英国可以用现有的贸易控制政策，限制英国向中国和朝鲜出口1A清单物资；（2）把1B清单物资纳入出口许可管制范围，区域可以限制在苏联、东欧和远东地区。英国也明确说明，不愿意在香港和新加坡对中国内地贸易控制问题上区别对待，英国可以考虑在香港和新加坡对中国内地实施1B物资的出口管制，但贸易出口控制最有效的方式，是把在远东地区有经济利益的国家和地区都纳入对中国内地

---

① 6月3—4日，美英双方在华盛顿进行了第一次会谈，From Washington to Foreign Office, 4th June, 1949, FO 371/75854/8291；6月21—23日，双方在伦敦进行了第二次会谈，Foreign Office Minute, 23rd June, 1949, FO 371/75855/9124。

② "Discussions with United States Represpentatives about the Control Export of Strategic Material to Communist China," Foreign Office Minute, 30th June, 1949, FO 371/75855/9995.

③ *FRUS*, 1949, The Far East：China, Vol. 9, pp. 849-851.

的出口管制范围，澳门等远东其他转运港口也应考虑纳入管制范围。[①] 虽然英美围绕对华禁运依然存在分歧，但是为了尽快限制解放区获得物资，美国开始强制限制部分英国对华的物资供应，如 6 月下旬，美国国务院要求英伊石油公司只能和解放区签订以月或季度为单位的短期石油供应合同。[②]

9 月中旬，英国外交部助理次官德宁访问华盛顿，英美仍就对华禁运一事进行协商。经过协商，英美初步达成物资禁运协议：英国同意就 1A 清单对中国内地、澳门、朝鲜实施出口许可控制，香港和新加坡也实施同样的出口控制，以防止中国内地和朝鲜直接获得军事物资以及苏联和东欧通过转运获得类似物资；美国、英国和其他合作政府密切关注运往中国和朝鲜的 1B 清单物资，彼此交换信息。[③] 但是，为维护香港的贸易地位，英国仍然不愿意在香港实施对中国内地贸易禁运。[④]

虽然几经协调，但英美之间在对华贸易管制问题上的分歧仍然存在。首先，英国对华政策调整的目的就是维护英国在华商业利益。1949 年年初，英国不仅在华有着大量的投资，涉及航运、港口、工矿业、金融等行业，同时，作为转运港的香港，在很大程度上也依赖与中国内地的转口贸易。据统计，1948 年前 9 个月，英国对中国的出口和从中国的进口分别占其贸易总额的 17% 和 20%。[⑤] 其次，相比较英国，美国在华的经济利益要逊色许多。虽然 1946 年《中美商约》签订后，美国向中国进行经济渗透，但是其经济规模要比英国在华商业规模小得多。就连英国外交部负责中国事务的科茨也曾抱怨："和我们相比，美国在华利益是如此之少，以至于美国绝少像我们一样小心谨慎。"[⑥] 最后，美国加强对华贸易禁运的管制。

---

① *FRUS*, 1949, The Far East: China, Vol. 9, pp. 861, 863.

② From Washington to Ministry of Fuel Power, 24th June, 1949, FO 371/75932/9714.

③ "Control of Strategic Export to China," From Washington to Foreign Office, 15th October, 1949, FO 371/75857/15501.

④ "Draft Note to Foreign Government on the Imposition of Controls on Exports to China," Foreign Office Minute, 15th October, 1949, FO 371/75858/15584.

⑤ From Treasury to Foreign Office, 17th February, 1949, FO 371/75864/F3041.

⑥ "Consulates in Communist Territory: Problems Arising from the Communist Refusal to Permit Proper Functioning," From Nanking to Foreign Office, 23rd March 1949, FO 371/75810/F4314.

1949 年 12 月底，美国国家安全委员会通过 NSC48/2 号文件，提出要 "遏制苏联在亚洲的力量和影响"，对新中国采取经济遏制和全面贸易管制政策。[①] 1950 年 1 月 5 日，在英国正式承认新中国的前一天，杜鲁门宣布放弃蒋介石政府的声明，但这不能表明美国主动接受新中国。1950 年年初，美国国内麦卡锡主义开始泛滥，美国反苏反共氛围日渐浓厚。4 月，美国国家安全委员会通过 NSC68 号文件，其主旨是：美国必须以比现在更快的速度建设美国的政治、经济和军事力量，方能达到美国的根本目的，遏制共产主义的进一步扩张。报告建议大力扩展美国的武装力量，包括常规力量和核力量，以便支持美国在各地的外交政策目标。在亚洲，美国在中国遭到失败后，特别注重在东南亚和南亚 "防止共产主义的扩张"。[②] 朝鲜战争的爆发改变了东亚的政治态势，以美国为首的西方集团对朝鲜和中国实施经济封锁和贸易禁运。为了维护英美特殊关系，英国不得已接受了美国的要求，包括航运贸易和石油贸易在内的英国对华贸易降到了近乎停滞状态，英国在华利益遭受重创，其千方百计维护其在华经济利益的目标落空。

小　结

1949—1950 年，中华人民共和国成立、英国对华政策的变化与调整、美国对华贸易禁运政策的出台与实施以及朝鲜战争的爆发，对远东政治格局和中英关系产生重要影响。一方面，这一时期的英国对华政策受到诸多因素的影响。首先，维护英国在华经济利益是英国对华政策的重要目标。面对中国局势的变化和新中国的成立，为了维护自身在华经济利益，英国采取 "门内留一只脚" 的政策，以大使馆和大使留在南京和推动 "共同阵

[①]　NSC48/2, The Position of the United States with Respect to Asia, 30th December, 1949, Documents of the Nationals Security Council, 1947-1977, Microfilm, University Publications of America, 1980, 转引自崔丕：《美国的冷战战略与巴黎统筹委员会、中国委员会（1945—1994）》，第 219 页。

[②]　陶文钊：《1949—1950 年美国对华政策与承认问题》，《历史研究》1993 年第 4 期。

线"，谋求主动与中国共产党接触的外交策略。当这一计划遭遇挫败后，英国依然不顾美国的反对，对新中国予以外交承认。其次，美国在英国对华政策中的影响不言而喻。虽然美国没能阻止英国在外交上对新中国的承认，但是美国不断对英国施加政治和经济压力，即使在新中国成立前后，英国部分恢复了在华航运贸易与石油贸易等在华商业利益，但最后还是被迫接受美国对华禁运政策，特别是朝鲜战争爆发后对中国实施全面禁运，使得英国对华贸易一度停滞。由于英国维护在华经济利益的目的始终未变，因而美英两国围绕对华禁运问题的矛盾一直存在，这也成为日后英国率先打破美国对华禁运的重要原因。最后，英国对华政策的现实性。英国出于现实利益考虑，在新中国成立前夕，依旧保持与国民党政权的官方联系。新中国成立后，为了维护其在台湾地区的贸易利益，英国在台湾淡水仍留有"领事馆"。在中英建交谈判期间，英国在新中国在联合国的代表权问题、"两航"起义等问题上最后的错误态度，以及在朝鲜战争爆发后，英国站在了美国一边，支持美国对朝鲜的侵略战争，并派出军队进入朝鲜战场，极大地影响了中英关系的推进。

另一方面，新中国成立标志着中国进入新的历史时期。中国共产党领导中国人民经过艰苦卓绝的斗争，推翻了帝国主义、封建主义和官僚资本主义三座大山，成立了新中国，中国人民被剥削和压迫的时代一去不复返。1949 年春夏之际，毛泽东和中共中央先后提出"另起炉灶""打扫干净屋子再请客"和"一边倒"的外交方针，奠定了新中国的外交基本原则。10 月 1 日，毛泽东向世界庄严宣告："本政府为代表中华人民共和国全国人民的唯一合法政府。凡愿遵守平等、互利及互相尊重领土主权等项原则的任何外国政府，本政府均愿与之建立外交关系。"[1] 新中国成立后，虽然英国率先在外交上承认新中国，中英两国开始建交谈判。但是，英国并未完全断绝与台湾当局的官方联系以及在台湾问题上的消极态度，使中英关系发展面临最大障碍。朝鲜战争爆发后，英国参加侵朝战争，使得中英建交谈判陷于停顿。新中国通过抗美援朝战争，有效顶住了美国对中国

---

① 裴坚章主编《中华人民共和国外交史（1949—1956）》，第 2 页。

的军事威胁，为国内经济恢复与建设创造了稳定的周边环境。面对美英等西方国家的贸易禁运，新中国采取了一系列的反禁运措施，把对外贸易的重点转向苏联和东欧社会主义国家，逐渐克服了在美国封锁下中国进口物资不能满足国内工业需要的困难。[①] 中国还利用美英等西方国家在对华贸易禁运问题上的矛盾，发展与日本等资本主义国家之间的民间贸易。不仅如此，中央人民政府还制定了全国统一的贸易发展计划，加强全国工商业的经营管理，加快全国公路、铁路、航运的恢复与建设，以利于城乡物资的调配；抢购抢运物资，尽量减少外汇的损失；积极组织召开土产品和物资交流大会，加强城乡物资流动，尽可能地开辟国内市场。[②] 虽然新中国面临着美英严格的贸易禁运、朝鲜战争等复杂局势的影响，仍然粉碎了西方国家的孤立、封锁和一系列的破坏活动，不仅维护了中国的独立与国家主权，还坚持自力更生，集中全国力量发展经济，与广大友好国家开展经济、贸易和文化的交流活动，为新中国经济恢复与发展奠定了坚实的基础。

---

① 中国社会科学院、中央档案馆编《中华人民共和国经济档案资料选编：对外贸易卷（1949—1952）》，第472页。

② 陶文钊：《禁运与反禁运：五十年代中美关系中的一场严重斗争》，《中国社会科学》1997年第3期。

参考文献

一、英文资料

(一) 英国外交部解密档案 (Foreign Office, FO)

1. Move of Chinese Government from Nanking and Proposals that Foreign Missions in China Should Move with It, FO 371/75794-75796, 1949.

2. British Commercial Interests in China, FO 371/75864-75868, 1949.

3. Attack of H. M. S. Amethyst in the Yangtze River, FO 371/75887-75897, 1949.

4. Chinese Nationalist Government Blockade of Ports under Communist Control and Closure of Chinese Territorial Waters within 12 Mile, FO 371/75900-75917, 1949.

5. British Shipping Trade with China, FO 371/75918-75920, 1949.

6. Bombing of British Ships by Chinese Nationalist Air Forces; Claims for Compensation, FO 371/75921-75922, 1949.

7. Oil Shipments to China, FO 371/83492-82494, 1950.

8. Chinese Attacks on British Ships and Aircraft near Hong Kong; Frontier Incidents, FO 371/83328-83329, 1950.

(二)《美国对外关系文件集》
(Foreign Relations of the United States, FRUS)

1. *FRUS*, 1948, The Far East: China, Vol. 7.

2. *FRUS*, 1948, The Far East: China, Vol. 8.

3. *FRUS*, 1949, The Far East: China, Vol. 8.

4. *FRUS*, 1949, The Far East: China, Vol. 9.

5. *FRUS*, 1950, East Asia and the Pacific, Vol. 6.

（三）英文专著

1. ALDRICH R J. British Intelligence, Strategy and the Cold War, 1945 - 1951. London and New York: [s. n.], 1992.

2. ALEXANDER B. The Strange Connection: US Intervention in China, 1944- 1972. New York: Greenwood Press, 1992.

3. ARON S. Britain and China, 1941 - 1947: Imperial Momentum. London: Macmillan Pr. Ltd., 1984.

4. ARON S. The Fate of British and French Firms in China, 1949 - 54: Imperialism Imprisoned. Macmillan in Association with St Antony's College, Oxford, 1996.

5. BARTLETT C J. British Foreign Policy in the Twentieth Century. [S. I.]: Macmillan Press, 1989.

6. BAXTER C. The Great Power Struggle in East Asia, 1944 - 50: Britain, America and Post-War Rivalry. New York: Palgrave Macmillan, 2009.

7. BOARDMAN R. Britain and the People's Republic of China, 1949 - 1974, London: Macmillan Press, 1976.

8. CHAN L K. China, Britain and Hong Kong 1895 - 1945. [S. I.]: The Chinese University Press, 1990.

9. CLAYTON D. Imperialism Revisited: Political and Economic Relations between Britain and China, 1950 - 1954. Macmillan Press Ltd., 1997.

10. DOCKRILL M, YOUNG J. British Foreign Policy: 1945 - 1956. London: The Macmillan Press, 1989.

11. DUMBRELL J. A Special Relationship: Anglo-American Relations in the Cold War and after. London: Macmillan, 2001.

12. DYLAN H. Defence Intelligence and the Cold War: Britain's Joint Intelligence Bureau 1945 - 1964. [S. I.]: Oxford University Press, 2014.

13. FENG Z P. The British Government's China Policy, 1945 - 1950. Keele: Keele University Press, 1994.

14. JAMES T, HONG T. Britain's Encounter with Revolutionary China, 1949 - 1954. New York: St. Martin's Press, 1992.

15. KAUFMAN V S, Confronting Communism-US and British Policies toward China. Columbia and London: University of Missouri Press, 2001.

16. LOUIS R, BULL H. The "Special Relationship": Anglo-American Relations since 1945. Oxford: Clarendon, 1986.

17. LOWE P. Containing the Cold War in the East Asia: Britain Policies toward Japan, China and Korea, 1948 - 1953. Manchester and New York: Manchester University Press, 1997.

18. LUARD E. Britain and China. London: Chatto & Windus, 1962.

19. MAI Z K, Hong Kong and the Cold War: Anglo-American Relation 1949 - 1957. Oxford: Clarendon Press, 2004.

20. MARTIN E W. Divided Counsel: The Anglo-American Response to Communist Victory in China. [S. I.]: The University Press of Kentucky, 1986.

21. MASTANDUNO M. Economic Containment CoCom and the Politics of East-West Trade. New York: Cornell University Press, 1992.

22. MCCOURT D M. Britain and World Power since 1945: Constructing a Nation's Role in International Politics. [S. I.]: University of Michigan Press, 2014.

23. MONTAGUE W C. British Foreign Policy since the Second World War. London: Hutchinson, 1961.

24. OVENDALE R. Anglo-American Relations in the Twentieth Century. New York: St. Martin's Press, 1998.

25. PORTER B. Britain and the Rise of Communist China, A Study of British Attitudes 1945-1954. [S. I.]: Oxford University Press, 1967.

26. SEAN G, Britain and the Cold War, 1949 - 1991, London: [s. n.], 2000.

27. SHAO W G. China, Britain and Businessmen: Political and Commercial

Relations 1949-1957. Macmillan Academic and Professional Ltd., 1991.

28. XIANG L X. Recasting the Imperial Far East: Britain and America in China, 1945-1950. [S. I.]: M. E. Sharpe Inc. , 1995.

29. YOUNG J. The Foreign Policy of Churchill's Peacetime Administration, 1951-1955. Leicester: Leicester University Press, 1988.

30. ZHAI Q. The Dragon, Lion, and Eagle: Chinese/British/American Relations, 1949-1958. Kent: The Kent State University Press, 1994.

31. ZHANG S G. Deterrence and Strategic Cultural: Chinese-American Confrontations, 1949-1958. New York: Cornell University Press, 1992.

32. ZHANG S G. Economic Cold War-America's Embargo against China and the Sino-Soviet Alliance, 1949-1963. [S. I.] Stanford University Press, 2001.

（四）英文论文

1. CLEMENT A R. Britain and American: Common Aims, Different Opinions. Foreign Affairs, 1954, Jan.

2. DOCKRILL M L. The foreign Office, Anglo-American Relations and the Korean War, June 1950-June 1951. International Affair, 1986 (3).

3. FARRAR P N. Britain's Proposal for a Buffer Zone South of the Yalu in November 1950: Was It a Neglected Opportunity to End the Fighting in Korea? Journal of Contemporary History, 1983, 18 (2).

4. FOOT R J. Anglo-American Relations in the Korean War Crisis: The British Effort to Avert an Expanded War, December 1950-January 1951. Diplomatic History, 1986, 10 (1).

5. HUDSON G F. Will Britain and America Split in Asia? Foreign Affairs, 1953, July.

6. KAUFMAN V. " Chirep ": The Anglo-American Dispute over Chinese Representation in the United Nations, 1950-1971. English Historical Review, 2000 Apr, 115 (461).

7. OVENDALE R. Britain, the United States and the Recognition of Communist China. Historical Journal, 1983, March (26).

8. STUECK W. The Limits of Influence：British Policy and American Expansion of the War in Korea. Pacific Historical Review，1986，February，（1）.

9. TUCKER N B. China and America：1941-1991. Foreign Affairs，1991-1992，Winter（70）.

10. WARNER G. The Anglo-American Special Relationship. Diplomatic History，1989，Fall（13）.

11. WOLF D C. To Secure a Convenience：Britain Recognizes China-1950. Journal of Contemporary History，1983，Apr（18）.

12. XIANG L X. The Recognition Controversy：Anglo-American Relations in China，1949. Journal of Contemporary History，1992，Apr，27（2）.

13. YUAN J D. Between Economic Warfare and Strategic Embargo：US-UK Conflicts over Export Controls on the PRC，1949-1957. Issue and Studies，1994，March，（30）.

14. ZHAI Q. Britain，the United States，and the Jinmen-Mazu Crises，1954-1955 and 1958. Chinese Historians，1992，Fall（5）.

二、中文资料

（一）中文著作

1. 中国社会科学院、中央档案馆编《中华人民共和国经济档案资料选编：对外贸易卷（1949—1952）》，经济管理出版社，1994。

2. 中国社会科学院、中央档案馆编《中华人民共和国经济档案资料选编：交通通讯卷（1949—1952）》，中国物资出版社，1996。

3. 中央档案馆编《中共中央文件选集》（第16册），中共中央党校出版社，1992。

4. 中央档案馆编《中共中央文件选集》（第18册），中共中央党校出版社，1992。

5. 中国第二历史档案馆编《中华民国史档案资料汇编：第五辑·第三编》，江苏古籍出版社，1994。

6. 中华人民共和国外交部、中共中央文献研究室编《毛泽东外交文选》，中央文献出版社、世界知识出版社，1994。

7. 中共中央文献研究室编《毛泽东年谱（1893—1949）》，人民出版社、中央文献出版社，1993。

8. 中共中央文献研究室编《毛泽东年谱（1949—1976）》，中央文献出版社，2013。

9.《毛泽东选集》（第四卷），人民出版社，1991。

10. 中共中央文献研究室、中国人民解放军军事科学院编《周恩来军事文选》（第 3 卷），人民出版社，1997。

11. 中共中央文献研究室、中央档案馆编《建党以来重要文献选编（1921—1949）》（第 25 册），中央文献出版社，2011。

12. 艾奇逊：《艾奇逊回忆录》（上、下册），上海《国际问题资料》编辑组、伍协力译，上海译文出版社，1978。

13. 司徒雷登：《在华五十年：司徒雷登回忆录》，程宗家译，北京出版社，1982。

14. 艾登：《艾登回忆录》（上、下册），书报简讯社译，世界知识出版社，1960。

15. 顾维钧：《顾维钧回忆录》（第 8、9 分册），中华书局，1999。

16. 爱德温·W. 马丁：《抉择与分歧：英美对共产党在中国胜利的反应》，姜中才、韩华等译，中共党史资料出版社，1990。

17. 孔华润：《美国对中国的反应》，张静尔译，复旦大学出版社，1989。

18. 迈克尔·谢勒：《20 世纪的美国与中国》，徐泽荣译，生活·读书·新知三联书店，1985。

19. 唐耐心：《艰难的抉择：美国在承认新中国问题上的争论（1949—1950）》，朱立人、刘永涛译，复旦大学出版社，2000。

20. 谢艾伦：《被监押的帝国主义：英法在华企业的命运》，张平、张立、蒋清宏译，中国社会科学出版社，2004。

21. 陈乐民：《战后英国外交史》，世界知识出版社，1994。

22. 崔丕：《美国的冷战战略与巴黎统筹委员会、中国委员会（1945—1994）》，中华书局，2005。

23. 裴坚章主编《中华人民共和国外交史（1949—1956）》，世界知识出版社，1994。

24. 方连庆、刘金质、王炳元主编《战后国际关系史（1945—1995）》，北京大学出版社，1999。

25. 杭立武：《国民政府时代之中英关系》，台北：台湾商务印书馆，1983。

26. 黄鸿钊：《中英关系史》，香港：开明书店，1994。

27. 计秋枫、冯梁等：《英国文化与外交》，世界知识出版社，2002。

28. 李世安：《太平洋战争时期的中英关系》，中国社会科学出版社，1994。

29. 林利民：《遏制中国：朝鲜战争与中美关系》，时事出版社，2000。

30. 萨本仁、潘兴明：《20世纪的中英关系》，上海人民出版社，1996。

31. 石俊杰：《分歧与协调：英美对华政策比较研究（1949—1969）》，浙江大学出版社，2011。

32. 石志夫、徐昕：《中华人民共和国对外关系史（1949.10—1989.10）》，北京大学出版社，1994。

33. 时殷弘：《敌对与冲突的由来：美国对新中国的政策与中美关系（1949—1950）》，南京大学出版社，1995。

34. 陶文钊：《中美关系史（1911—1950）》，重庆出版社，1993。

35. 王为民主编《百年中英关系》，世界知识出版社，2006。

36. 吴东之主编《中国外交史：中华民国时期（1911—1949）》，河南人民出版社，1990。

37. 徐友珍：《分歧与协调：美英关系中的承认新中国问题（1949—1951）》，武汉大学出版社，2007。

38. 薛谋红、吕杰：《英美特殊关系与英国对华政策（1949—1954）》，西安交通大学出版社，2003。

39. 张宗保、王松、蒋仕民：《蒋介石与丘吉尔：民国中英关系研究》，湖北人民出版社，1998。

40. 赵学功：《巨大的转变：战后美国对东亚的政策》，天津人民出版社，2002。

41. 资中筠：《战后美国外交史：从杜鲁门到里根》（上、下册），世界知识出版社，1994。

42. 资中筠：《追根溯源：战后美国对华政策的缘起与发展（1945—1950）》，上海人民出版社，2000。

43. 上海社会科学院经济研究所、上海市国际贸易学会学术委员会编《上海对外贸易（1840—1949）》下，上海社会科学院出版社，1989。

（二）中文论文

1. 陈乐民：《英国外交史论要》，《世界历史》1992 年第 5 期。

2. 陈谦平：《论"紫石英"号事件》，《南京大学学报（哲学·人文科学·社会科学）》1998 年第 1 期。

3. 陈谦平：《上海解放前后英国对中共的政策》，《南京大学学报（哲学·人文科学·社会科学）》2000 年第 2 期。

4. 陈少铭：《新中国成立前后英国对华政策中的美国因素》，《中共党史研究》2010 年第 3 期。

5. 冯仲平：《论战后英国在香港问题上的态度（1945—1949）》，《世界历史》1993 年第 3 期。

6. 郭又新：《盟友之间的争执——冷战初期美英在对华贸易管制上的分歧》，《东南亚研究》2003 年第 2 期。

7. 金光耀：《1949—1950 年英国对新中国的承认》，《历史研究》1994 年第 5 期。

8. 金仁芳：《试论英国对香港政策的演变》，《华东师范大学学报（哲学社会科学版）》1996 年第 4 期。

9. 刘成：《试论英美两国在承认新中国问题上相悖的原因》，《南京社会科学》1999 年第 10 期。

10. 刘存宽：《英国重占香港与中英受降之争》，《抗日战争研究》1992 年第 2 期。

11. 刘蜀永：《英国对香港的政策与中国的态度（1948—1952）》，《中国社会科学》1995 年第 2 期。

12. 马丁：《上海解放后英国针对国民党封锁上海的对策及成因》，《史林》2016 年第 1 期。

13. 牛大勇：《英国对华政策与国民革命的危机》，《历史研究》1991 年第

4 期。

14. 牛军：《新中国外交的形成与主要特征》，《历史研究》1995 年第 5 期。

15. 时殷弘：《论美国承认新中国问题（1949—1950）》，《世界历史》1991 年第 1 期。

16. 陶文钊：《1949—1950 年美国对华政策与承认问题》，《历史研究》1993 年第 4 期。

17. 陶文钊：《禁运与反禁运：五十年代中美关系中的一场严重斗争》，《中国社会科学》1997 年第 3 期。

18. 陶文钊：《美国对华政策与新中国"一边倒"决策》，《党的文献》1990 年第 5 期。

19. 王建朗：《衰落期的炮舰与外交——"紫石英"号事件中的一些问题再探讨》，《近代史研究》2001 年第 4 期。

20. 王建朗：《新中国成立初年英国关于中国联合国代表权问题的政策演变》，《中国社会科学》2000 年第 3 期。

21. 王建朗：《英美战时废约政策之异同与协调》，《抗日战争研究》2003 年第 3 期。

22. 王振华：《英国外交的几个问题》，《浙江学刊》2003 年第 3 期。

23. 邢悦：《建国前后中英两国对香港的政策及其影响》，《山西大学学报》1995 年第 4 期。

24. 徐友珍：《1950 年英美向五届联大提交的台湾问题提案》，《史学月刊》2006 年第 8 期。

25. 徐友珍：《论英美在承认新中国问题上各行其是的深层原因》，《世界历史》2006 年第 1 期。

26. 徐友珍：《走向承认：英国承认新中国之决策背景分析》，《武汉大学学报》2004 年第 1 期。

27. 徐友珍：《走向半外交关系：1950—1954 年的中英建交谈判》，《史学集刊》2013 年第 5 期。

28. 袁红：《论英美特殊关系时期的矛盾》，《西南师范大学学报》1999 年第 3 期。

29. 杨瑛：《科孚海峡案涉及的无害通过权的法律问题分析》，《理论月刊》2018 年第 8 期。

30. 张顺洪：《论战后英美国际战略伙伴关系》，《世界历史》1998 年第 6 期。

31. 赵怀普：《英美特殊关系与国际秩序》，《美国研究》2004 年第 4 期。

32. 赵学功：《朝鲜战争与美英关系》，《史学集刊》2004 年第 2 期。

后　记

拙著是在我博士论文的基础上修改而成的。书稿即将出版之际，我衷心感谢给予我支持和帮助的老师、家人、好友、同事。由于自己才疏学浅和水平所限，加之时间仓促，本书难免存在不妥之处，恳请各位前辈学者、学界友人和读者批评指正。

该书的完成得益于很多人的无私帮助。博士论文从选题到定稿，始终得到我的导师王皖强教授的悉心指导。感谢老师，他在学术上对我的谆谆教诲，使我终身受益。在档案和文献资料收集查阅过程中，我有幸得到华东师范大学沈志华教授、梁志教授、韩长青教授，首都师范大学姚百慧教授、北京大学腾凯炜博士、时伟通博士，中国人民大学杨东东博士、白云天博士的帮助，得以收集到丰富的原始档案文献。论文写作中，我多次拜访华东师范大学沈志华教授、梁志教授，得到两位老师的悉心指导。中国社会科学院近代史研究所的张俊义教授、刘萍教授，中国人民大学历史学院许海云教授、何黎萍教授、赵秀荣教授、杜宣莹老师对我的论文也都提出独到的意见。吴必康教授作为我的博士论文答辩委员会主席，对论文提出了宝贵的修改意见。在人民大学求学的四年中，与陈海军、杨东东、罗永忠、白云天、祁磊等博士同学相处的岁月历历在目，令我难以忘怀。作为中国人民大学的一名博士研究生，我倍感自豪，感谢母校和历史学院给我提供了自由、便捷、包容的学术研究氛围。

在这里，最需要感谢的是我的妻子石伟红女士，她与我进入婚姻殿堂已十余年。对已过而立之年想继续深造的我，妻子给予鼓励支持。我赴北京求学期间，她既要完成学校教学和班主任的工作，又要照顾年幼的女儿。在我的博士论文写作期间，妻子又承担起全部家务，她付出了太多。

我的论文，她又是第一位阅读者。正是妻子的鼓励和支持，使我能在即将进入不惑之年时，最终顺利完成博士论文。求学期间，女儿尚在蹒跚学步，对女儿的思念萦绕心头，好在女儿聪明乖巧，学习上的不断进步让我倍感欣慰。

世界知识出版社的编辑们为本书提出了许多宝贵的意见和建议，付出了艰辛的劳动，谨向他们表示衷心的感谢。

吴泉成

2024 年 1 月于双华雅舍